명화, 어떻게 읽고 이해할까

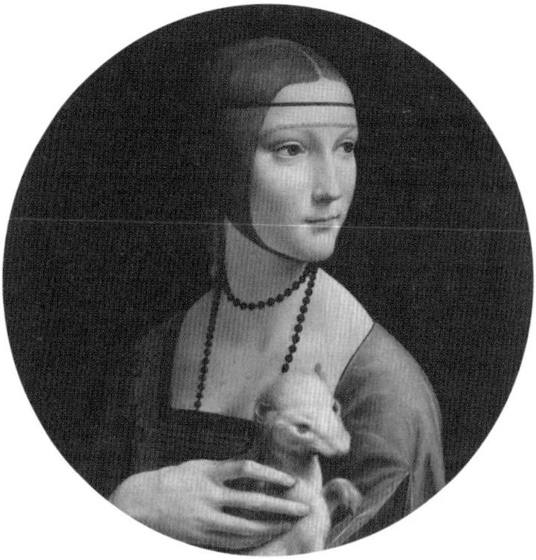

그림 감상도 공부가 필요합니다

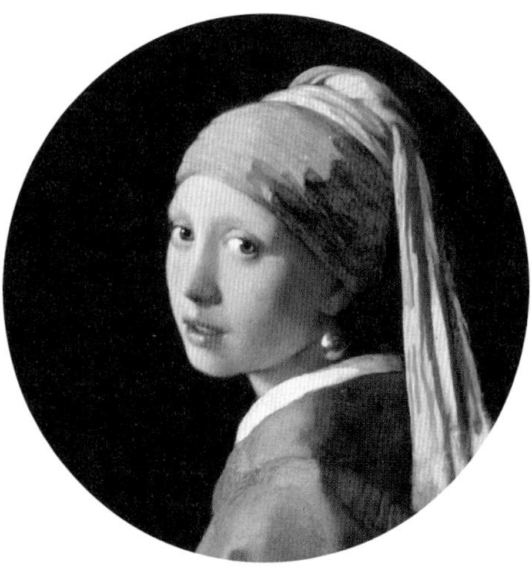

이명옥 지음

BOOKERS

프롤로그

미술과 친해지려고 전시회를 가거나 관련 서적을 읽는데도 작품 가치를 판별하는 눈안목이 길러지지 않았다면 분명 이유가 있을 겁니다. 보는 방식에 문제가 있거나 타성에 길들여진 눈으로 작품을 보았을 가능성이 높습니다. 다시 말해, 보았지만 실은 보지 않았던 겁니다.

미국의 미술사학자 에이미 E. 허먼Amy E. Herman은 미국의 심리학자 새뮤얼 렌쇼Samuel Renshow, 1892~1981의 글을 인용해 "제대로 보는 능력은 피아노를 치거나 프랑스어로 말하고 골프를 잘 치는 것처럼 배워야 하는 기술"이라고 말합니다. '미술은 단지 아름다움을 보고 느끼고 즐기는 것'이라는 수동적 감상법에 익숙한 사람들이 공부가 필요하다는 말에 동의하지 않을 수도 있습니다. 그러나 미술 감상이 말처럼 쉽지는 않을뿐더러 훌륭하고 좋은 작품과 평범하고 나쁜 작품을 가려내는 능력은 단편적 지식이나 이론, 경험을 통해서 저절로 얻어지는 것은 아니라는 것을 알게 되면 생각이 바뀌게 됩니다.

독일의 미학자이자 미술사가인 요한 요하임 빙켈만Johann Joachim Winckelmann, 1717~1768은 "아름다운 예술은 아름다운 자연보다 더 큰 감수성을 요구한다"고 감수성의 중요성을 강조합니다. 이탈리아 미술사학자이자 비평가인 마테오 마랑고니Matteo Marangoni, 1876~1958는 열정과 지성, 감성 세 가지를 모두 갖추지 않으면 예술작품에 대한 이해와 감상이 애당초 불가능하다고 쓴소리를 합니다. 그는 안목을 갖는 것이 어려운 이유를 이렇게 설명하지요.

예술을 사랑하려면 마음만으로는 되지 않는다. 즉 두뇌가 필요하다. 이점에 대해서라면 '회화는 오직 지성만이 감지할 수 있는 음악과 같은 것'이라고 했던 미켈란젤로의 말이 가장 적절하다. (…) 각각의 예술은 끈질긴 공부와 수고를 치르는 사람만이 음미할 수 있는 독특하고 고유한 언어를 지니고 있다.

그림 읽기는 초보자의 능력으로 버거운 일이며, 올바른 감상 훈련법을 가르쳐줄 수 있는 사람은 극소수에 불과하다는 학자들의 조언을 받아들인다면 '공부가 필요하다'는 책의 제목에 공감하게 될 것입니다. 이제 또 다른 의문이 생겨나겠지요. 그림 감상은 왜 그토록 어려울까? 또 작품의 장단점을 구별해내는 비평적 안목을 지니려면 어떻게 훈련해야 하는가?

예술작품의 이해가 쉽지 않은 것은 훌륭한 예술가일수록 자신이 개발한 고유의 스타일과 독창적 언어를 사용해 생각이나 감정을 표현하기 때문입니다. 독창적이라는 단어의 사전적 의미는 '다른 것을 모방함이 없이 새로운 것을 처음으로 만들어내거나 생각해내는 것'입니다. 즉 세상을 바라보고 표현하는 방식이 새롭고 남다르다는 뜻을 담고 있습니다.

2013년 노벨문학상 수상자인 캐나다 작가 앨리스 먼로Alice Munro, 1931~는 "저는 일어난 일을 조금은 다른 형식으로 이야기하고자 합니다. 어떤 우회로를 거쳐 낯선 느낌을 줄 수 있도록 말이죠"라고 말합니다. 작가들이 사랑하는 작가로 알려진 미국 소설가 레이먼드 카버Raymond Carver, 1938~1988의 글도 같은 의미로 읽혀집니다.

재능 있는 작가는 차고 넘친다. 하지만 특별한 방식으로 사물을 보는 작가, 그리고 그렇게 사물을 보는 방식을 예술적으로 표현하는 작가는 한 시대에 흔하지 않다.

따라서 안목을 기르기 위해서는 먼저 '특별한 방식으로 사물을 보는 작가, 그리고 그렇게 사물을 보는 방식을 예술적으로 표현하는 작가'가 누구인지 찾아내야 합니다. 고유의 스타일을 확립하고 자신만의 세계관을 예술적 언어로 표현하는 데 성공한 미술사의 거장들이 이에 해당되겠지요.

고유의 스타일이 무슨 말인지 감이 잡히지 않는다면 화풍으로 이해해도 됩니다. 흔히 '피카소 화풍', '반 고흐 화풍', '모딜리아니 화풍'으로 부르기도 하거든요. 예술가 인공지능AI의 예를 들어 볼까요? 화가의 작품 스타일을 딥러닝으로 완벽하게 숙지한 AI가 그의 화풍을 따른 그림으로 변환하는 기술이 상용화되었고 새로운 비즈니스 창출 시도가 이뤄지고 있을 정도입니다. 독특하고 강렬한 개성 표현이자 삶의 자세인 스타일의 중요성은 비단 미술뿐만 아니라 다른 예술 분야에서도 강조됩니다.

예를 들면 연주자들은 '베토벤 스타일', '모차르트 스타일', '쇼팽 스타일'로 연주한다는 말을 즐겨 사용합니다. 문학에서도 특별하고 독보적인 문체 실험으로 세계적 명성을 얻은 작가들에게 이런 찬사를 바칩니다. '헤밍웨이 스타일', '플로베르 스타일', '헤르만 헤세 스타일'을 탐구한다는. 그리고 미술언어는 색과 형태, 구도, 재료 등을 통해 표현되는 조형언어를 말합니다.

마랑고니는 가장 이상적인 미술작품이 지녀야 할 요소로서 스타일의 통일성과 언어의 일관성을 꼽았습니다. 이제 어떤 예술가를 선택해야 하는지에 대한 해답을 찾았습니다. 바로 고유의 스타일과 새로운 미술 언어를 고안한 창조적 작가들이지요. 그런 작가의 작품들 중에서 완성도가 가장 높은 걸작을 선정해 독창적 화풍과 표현기법, 혁신성을 분석하고 느껴보는 겁니다.

이 책에서 선택된 예술가는 총 30명입니다. 명단을 소개하면 레오나르도 다빈치, 요하네스 페르메이르, 빈센트 반 고흐, 파블로 피카소, 에드바르 뭉크, 구스타프 클림트, 클로드 모네, 에두아르 마네 등 대중들에게 널리 알려진 불멸의 화가들과 프란스 할스, 아르놀트 뵈클린, 장 시메옹 샤르댕, 제임스 앙소르, 존 컨스터블, 윌리엄 호가스, 헨리 푸셀리 등 일반인에게는 생소하지만 미술사에 큰 업적을 남긴 화가들이 포함되었습니다. 최초의 아이디어와 창작 동기, 시대적 배경, 독창적 화풍과 표현기법을 구현한 작업 과정과 후세에 미친 영향력, 그들의 혁신성이 미술사에서 어떤 평가를 받으며 대가의 반열에 오르게 되었는지 비교 분석하면서 살펴볼 수 있도록 구성했습니다. 어려운 감상 공부에 흥미를 주기 위해 독자의 접근성을 강화하는 방법도 시도해보았습니다. 예를 들면 책의 앙리 마티스편을 펼치면 다음과 같은 글로 시작됩니다.

누군가에게 사랑의 대상이자 기쁨의 원천이 되는 특정 장소를 '토포필리아'라고 부른다. 토포필리아는 '장소'를 의미하는 그리스어 topos와 '사랑'을 의미하는 philia가 결합한 합성어로, 중국 출신의 지리학자 이 푸 투안의 저서 『토포필리아』에서 처음으로 사용됐다. (…) 피카소와 함께 20세기 미술을 대표하는 거장 앙리 마티스Henri Matisse, 1869~1954의 토포필리아는 지중해 연안의 휴양도시 니스였다.

독일 철학자 프리드리히 니체Friedrich Wilhelm Nietzsche, 1844~1900의 저서 『우상의 황혼』에 인상 깊은 구절이 나옵니다.

긍정하고, 부득이한 경우에만 간접적으로 반박하고 비판하는 내 방식에서 멀어지지 않기 위해, 나는 즉시 교육자를 필요로 하게 하는 세 가지 과제를 설정해본다. 사람들은 보는 법을 배워야 하고, 생각하는 법을 배워야 하고, 말하고 쓰는 법을 배워야 한다. 이 세 가지 과제가 목표로 하는 것은 고귀한 문화다.

니체는 작품 보는 법을 왜 배워야 하는지, 그림 감상에도 왜 공부가 필요한지에 관한 이유를 명확하게 알려주었습니다. 공감하신다면 이제부터 공부 계획을 세우고 실천할 시간입니다.

2023년 1월
사비나 미술관장 이명옥

Contents

프롤로그 2

절망의 끝에서 마주하다 12
빈센트 반 고흐 〈붓꽃-아이리스〉

패션 아이콘 22
프리다 칼로 〈테후아나를 입은 자화상〉

북유럽 모나리자 34
요하네스 페르메이르 〈진주 귀고리 소녀〉

순수와 우아함에 대한 칭송 44
레오나르도 다빈치 〈흰 담비를 안고 있는 여인〉

오직 한 사람, 나의 뮤즈 54
파블로 피카소 〈꿈〉

이토록 생생한 공포 64
에드바르 뭉크 〈절규〉

세계 미술사의 최고 스캔들 74
프란시스코 고야 〈벌거벗은 마하〉

르네상스 시대 문화 아이콘, 황금비의 여인 86
산드로 보티첼리 〈비너스의 탄생〉

마티스가 꿈꾸었던 곳 98
앙리 마티스 〈열린 창문을 등지고 앉아 있는 여인〉

황금장식기법 최고 걸작 108
구스타프 클림트 〈아델레 블로흐 바우어의 초상〉

눈동자 없는 눈으로 바라본 영원의 세계 118
아메데오 모딜리아니 〈잔 에뷔테른 초상〉

빛이 곧 색채다 128
클로드 모네 〈정원의 여인들〉

부르주아의 위선을 고발하다 138
에두아르 마네 〈풀밭 위의 점심〉

영감의 원천 유레카! 148
살바도르 달리 〈기억의 지속〉

CONTENTS

반문명의 유토피아를 향해 158
폴 고갱 〈과일을 들고 있는 여인〉

회화의 신학 170
디에고 벨라스케스 〈시녀들〉

이슬람 하렘을 그린 최초의 서양화 182
외젠 들라크루아 〈알제의 여인들〉

최초의 결혼 기념 초상화 196
얀 반 에이크 〈아르놀피니 부부의 초상화〉

정치 선전화의 걸작 206
자크 루이 다비드 〈호라티우스 형제의 맹세〉

페르소나, 가면 뒤의 삶 216
제임스 앙소르 〈가면에 둘러싸인 앙소르〉

미술과 기상학의 융합 230
존 컨스터블 〈건초마차〉

최초로 그림에 표현된 악몽 244
헨리 푸셀리 〈악몽〉

애도의 방법 256
아르놀트 뵈클린 〈죽음의 섬〉

식물학 교재가 된 그림 266
존 에버렛 밀레이 〈오필리아〉

사랑은 신과 같다 276
프랑수아 제라르 〈에로스와 프시케〉

세계 최초의 명화 달력 286
랭부르 형제 〈베리 공의 매우 화려한 기도서〉

핀란드의 국가 그림 296
후고 짐베르크 〈부상당한 천사〉

모나리자 이후 가장 유명한 초상화 306
프란스 할스 〈웃고 있는 기사〉

평범한 일상의 위대함 316
장 시메옹 샤르댕 〈물잔과 커피포트〉

그림으로 보는 소설 326
윌리엄 호가스 〈당대의 결혼풍속〉

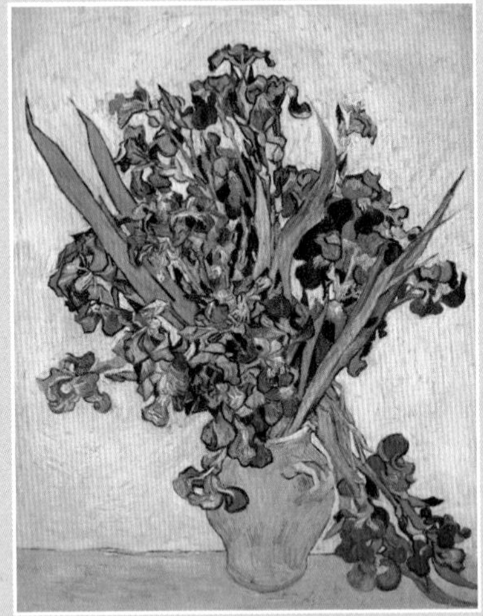

절망의 끝에서 마주하다

빈센트 반 고흐
〈붓꽃-아이리스〉

VINCENT VAN GOGH
IRISES

1889

자기암시 요법의 창시자인 프랑스의 에밀 쿠에Emile Coue, 1857~1926는 인간 내면에 숨겨진 자기암시의 힘을 이용하면 몸과 마음의 질병을 치료하고 자신감을 회복할 수 있다고 말했다. 자기암시의 힘을 끌어내는 방법은 의외로 간단하다. '나는 날마다 모든 면에서 점점 더 좋아지고 있다'는 말을 매일 습관적으로 반복하고, 실제로 그렇게 될 것이라고 믿는다. 의식적인 노력이나 의지로 생각을 바꾸는 것이 아니라 무의식을 길들여 생각과 의지를 자신이 원하는 방향으로 이끌어가는 것이다.

불멸의 화가 빈센트 반 고흐Vincent van Gogh, 1853~1890는 자기암시의 강력한 힘을 이용해 몸과 마음의 병을 치유하고자 시도했던 대표적 인물이다.

반 고흐가 남긴 편지에서 자기암시의 힘을 믿는 구절들을 발견할 수 있다.

> 나는 지금 내가 선택한 길을 계속 가야 한다. 아무것도 하지 않고, 공부하지 않고 노력을 멈춘다면, 나는 패배하고 만다. 묵묵히 한 길을 가면 무언가 얻는다는 게 내 생각이다. 오늘 우리를 병들게 하고 절망에 빠뜨리는 불행도 병에서 회복되는 내일이면 삶을 새롭게 살아갈 수 있도록 하는 에너지가 된다.

반 고흐의 걸작 〈붓꽃-아이리스〉Irises, 1889는 그가 절망의 순간에도 자기암시를 통해 고난과 역경을 이겨낼 용기를 얻었다는 것을 보여준다. 노란색 화병에 담긴 보라색 붓꽃을 그린 이 정물화는 반 고흐가 남프랑스 아를에서 15㎞ 떨어진 생레미 마을 인근 생폴 드 모졸 정신요양원에 입원한 기간에 제작한 그림 중 한 점이다.

반 고흐는 우울증과 잦은 발작으로 정신적 혼란을 겪던 중 스스로 생폴 드 모졸 정신요양원생레미 정신요양원에 입원하기로 결심했다. 그리고 1889년 5월 8일부터 1890년 5월 16일까지 374일 동

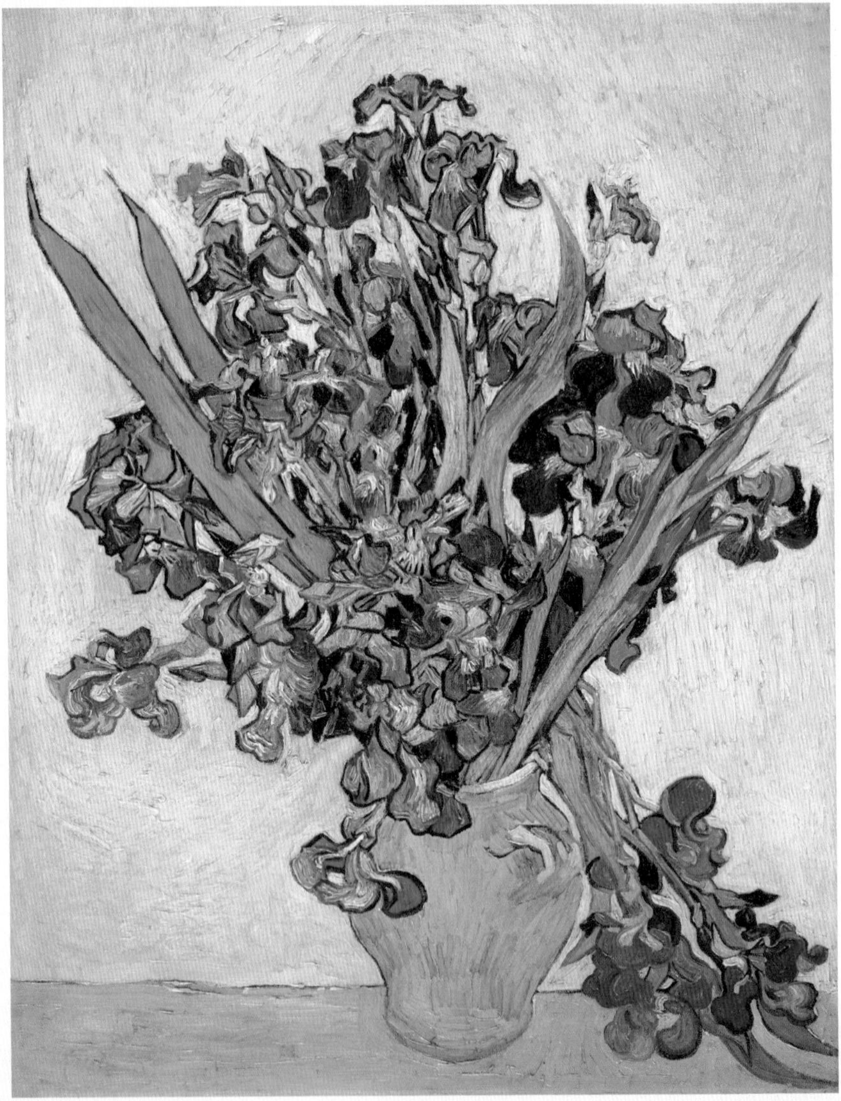

빈센트 반 고흐, 〈붓꽃-아이리스〉, 1889년
반 고흐 미술관, 암스테르담, 네덜란드

안 그곳에서 지냈다. 그가 신체의 자유를 자발적으로 구속한 가장 큰 동기는 반복되는 입원과 퇴원으로 심리적으로 불안정한 상태였고, 주변 사람들의 적대적인 시선에 몸과 마음이 지쳤기 때문이다.

반 고흐 전기 전문 작가인 미국의 스티븐 네이페와 그레고리 화이트 스미스에 따르면 반 고흐는 조울병에서 발병된 것으로 보이는 경계성 인격장애도 갖고 있었다. 경계성 인격장애는 일종의 정신질환으로 정서불안, 비정상적인 대인관계, 충동적인 행동을 보인다. 다른 사람에게 보호받고 있을 때는 우울증 환자와 비슷한 증상을 보이다가 위협을 느끼게 되면 극심한 공포를 느끼며 공격적으로 돌변한다. 한편으로 외부와 단절된 공간에서 오로지 창작활동에만 몰두하려는 욕구도 작용했다. 생폴 드 모졸St.-Paul-de-Mausole은 스스로 고립을 원한 반 고흐에게 최적의 조건을 갖춘 장소였다.

반 고흐 전문가 마틴 베일리에 따르면 이곳은 사립요양원으로, 다른 공립요양원과 달리 환자 수가 적었고, 비교적 자율적인 생활환경을 제공했다. 고흐는 건물 밖으로 외출할 수 있었던 유일한 환자였다고 한다. 그는 정신요양원에 있었지만 바깥으로 나가 풍경화를 그릴 수 있었다. 또 창작의 영감을 주는 아름다운 정

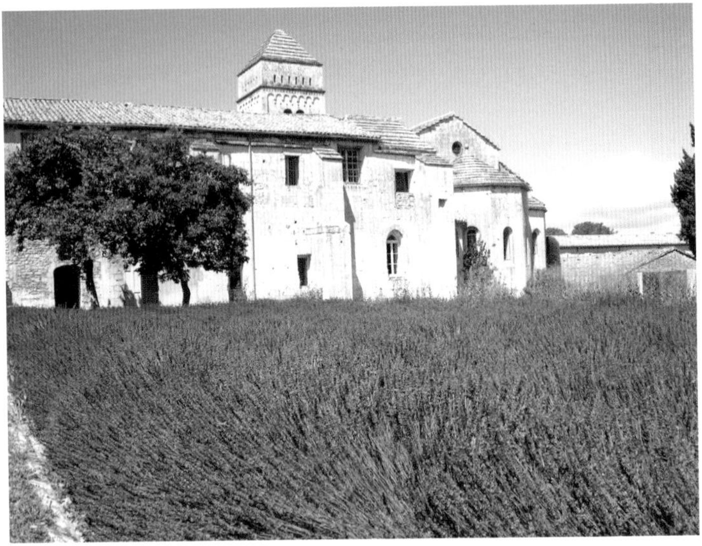

생폴 드 모졸 전경

원이 있었다. 생폴 드 모졸에 입원한 첫 주부터 반 고흐는 5월의 정원에 핀 붓꽃에 매료돼 곧바로 화폭에 옮기기 시작했고 이듬해 퇴원할 때까지 붓꽃을 소재로 한 4점의 그림을 완성했다.

그가 붓꽃에 흥미를 느끼고 지속적으로 탐구한 배경은 크게 두 가지다. 먼저 고흐는 '기쁜 소식', '행운'의 꽃말을 가진 붓꽃이 사악한 영혼으로부터 자신을 보호해줄 것이라고 믿었다. 붓꽃을 그리면 광기와 발작을 이겨낼 수 있다는 자기암시가 붓꽃에 집착하게 된 강력한 동기가 됐다. 그런 그의 심정이 동생 테오에게 보낸 편지에 적혀 있다.

이곳으로 오길 잘한 것 같다. 요즘 보라색 붓꽃 그림과 라일락 덤불 그림 두 점을 그리고 있는데 두 점 모두 정원에서 얻은 소재다. 그림을 그려야 한다는 생각이 다시 생겨나고 있다. 일을 할 수 있는 능력도 다시 회복될 것이다.

다음은 붓꽃을 활용한 색채 연구다. 정원에 핀 붓꽃을 실내로 옮긴 이 작품에 등장한 각기 다른 노란색의 탁자, 화병, 배경은 실물이 아니라 상상의 산물이다. 보라색 붓꽃과 보색 관계인 노란색을 사용하면 대담한 색상 대비로 장식미를 돋보이게 하는 동시에 강렬한 감정을 이끌어낼 수 있기 때문이다. 반 고흐는 "물감들이 어우러지면서 생겨나는 아름다운 색조를 항상 현명하게 사용하는 것, 즉 자신의 팔레트와 색의 조화에 대한 지식을 바탕으로 작업하는 것은 노예처럼 자연을 기계적으로 따르는 것과 크게 다르다. (…) 나는 자신을 보다 강렬하게 표현하기 위해 색을 자의적으로 사용한다"라고 말했을 정도로 색의 시각적 · 심리적 감정 효과를 열정적으로 탐구한 화가였다. 이런 반 고흐가 가장 사랑한 색이 노란색이었다. 그는 노란색을 더욱 강렬하고 선명하게 드러내기 위해 보색계열인 보라색 붓꽃을 선택한 것이다.

반 고흐는 생폴 드 모졸에서 지낸 일 년 동안 자기암시를 통해 점점 더 나아지고 있다는 확신을 갖게 됐다. 발작 증세와 자유를 구속당하는 삶으로 인해 잠시 절망에 빠지고, 그림 그리는 일이 불가능한 날들도 있었지만 그는 매번 자기암시를 통해 자신감을 회복하고 다시 붓을 쥐었다. 그 결과 놀라운 현상이 나타났다. 불과 일 년 동안 130점에 달하는 엄청난 양의 그림을 그린 것이다. 이는 2~3일에 한 점을 그려야 가능한 것이어서 굉장한 집중력을 갖고 경이로운 속도로 그림을 그렸음을 의미한다.

반 고흐는 늦깎이 화가로 그림에 입문한 1881년 말부터 세상을 떠나기 전 1890년 7월까지의 약 십 년 동안 2,100점에 이르는 회화와 소묘, 900여 통의 편지를 남겼다. 그가 창작에 대한 용기를 잃을 때마다 다시 매진할 수 있는 힘의 원천은 포기하지 않겠다고 다짐하는 내면의 목소리였다. 절망과 두려움에서 벗어나 진정한 자신을 찾기 위한 반 고흐의 노력은 그가 테오에게 보낸 편지에서 거듭 확인하게 된다.

나는 그림을 그만둘 수 없다. 나는 정말로 화가의 손을 가졌다.

네게 물어보자. 내가 그림을 시작한 이후로 한 번이라도 의심하거나 망설이거나 흔들린 적이 있었니? 내가 계속 밀고 나갔다는 건 너도 잘 알고 있다고 생각한다. 당연히 나는 그 전투에서 차츰 더 강해졌다. (…) 너무 많은 망설임은 나를 넘어뜨리고 오랫동안 다시 일어설 수 없게 만들지도 모른다. 내 상황은 모든 측면에서 위협받고 있으며, 그것을 모면하려면 오직 힘차게 작업하는 길밖에 없다.

자기암시로 태어난 '붓꽃' 연작은 고흐의 최고 걸작 중 하나로 평가받고 있다.

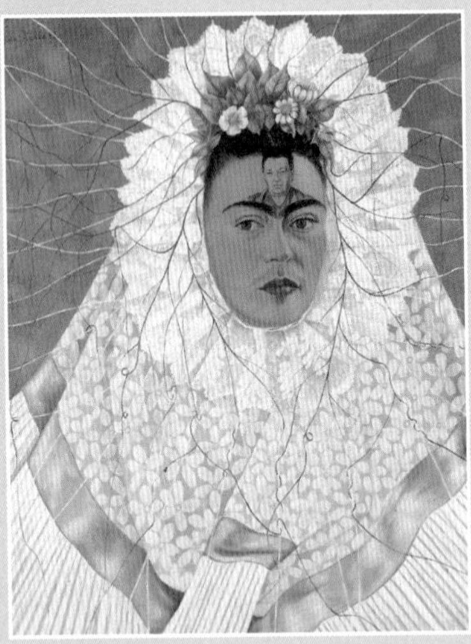

패션 아이콘

프리다 칼로
<테후아나를 입은 자화상>

FRIDA KAHLO
SELF PORTRAIT AS A TEHUANA
1943

옷은 나를 나 자신일 수 있게 만드는 것이다. 유행을 따르거나 패션이 당신을 소유하게 하지 마라. 옷을 입는 스타일과 생활 방식으로 당신이 표현하고자 하는 것이 무엇인지 스스로 결정하라.

이탈리아의 패션 디자이너 잔니 베르사체의 조언이다. 옷이 개성의 표현이자 자아정체성, 인생의 가치관이라는 베르사체의 패션 철학은 멕시코의 국민화가 프리다 칼로Frida Kahlo1907~1954의 삶과 작품세계를 이해하는데 도움을 준다. 프리다는 패션을 예술의 표현 수단으로 사용하여 개인적, 문화적, 정치적 정체성을 만들어낸 독보적인 예술가다. 패션은 프리다의 강력한 자기표현 방식이었고, 그녀를 20세기 패션 아이콘으로 만드는데 기여했다.

패션과 미술을 융합한 그녀의 작품과 프리다 스타일은 1930~1940년대 멕시코 문화의 상징이 되었고 패션 브랜드 지방시, 돌체앤가바나를 비롯해 세계적인 패션 디자이너 엘사 스키아파렐리, 칼 라거펠트, 장 폴 고티에, 발렌티노 가라바니, 캐롤라이나 헤레라, 리카르도 티시 등에게 영감을 줬다. 영국 빅토리아 앨버트 박물관, 파리 팔레 갈리에라파리 패션박물관, 이탈리아 밀라노 문화박물관Mudec 등 세계 유명 뮤지엄들이 프리다의 그림, 드로잉과 함께 그녀의 옷장에서 선택한 의상, 장신구, 공예품, 화장품, 의약품, 심지어 그녀가 착용했던 의료용 코르셋과 의족을 공개하는 특별전시회를 기획해 관객의 뜨거운 호응을 이끌어냈다.

파리 패션박물관 미렌 아르잘루즈Miren Arzalluz 관장은 「프리다 칼로, 보이는 것 그 너머에」Frida Kahlo: Au-delà des apparences 전시 기획 의도를 이렇게 밝혔다.

우리를 만들고, 자기 자신을 표현하는 의복의 중요성은 절대적이며, 이는 패션 아이콘이 된 이 비범한 여성의 영향력과 함께 우리가 전달하고자 하는 메시지이다.

프리다의 자화상은 그녀가 예술적 표현 수단으로 패션 스타일

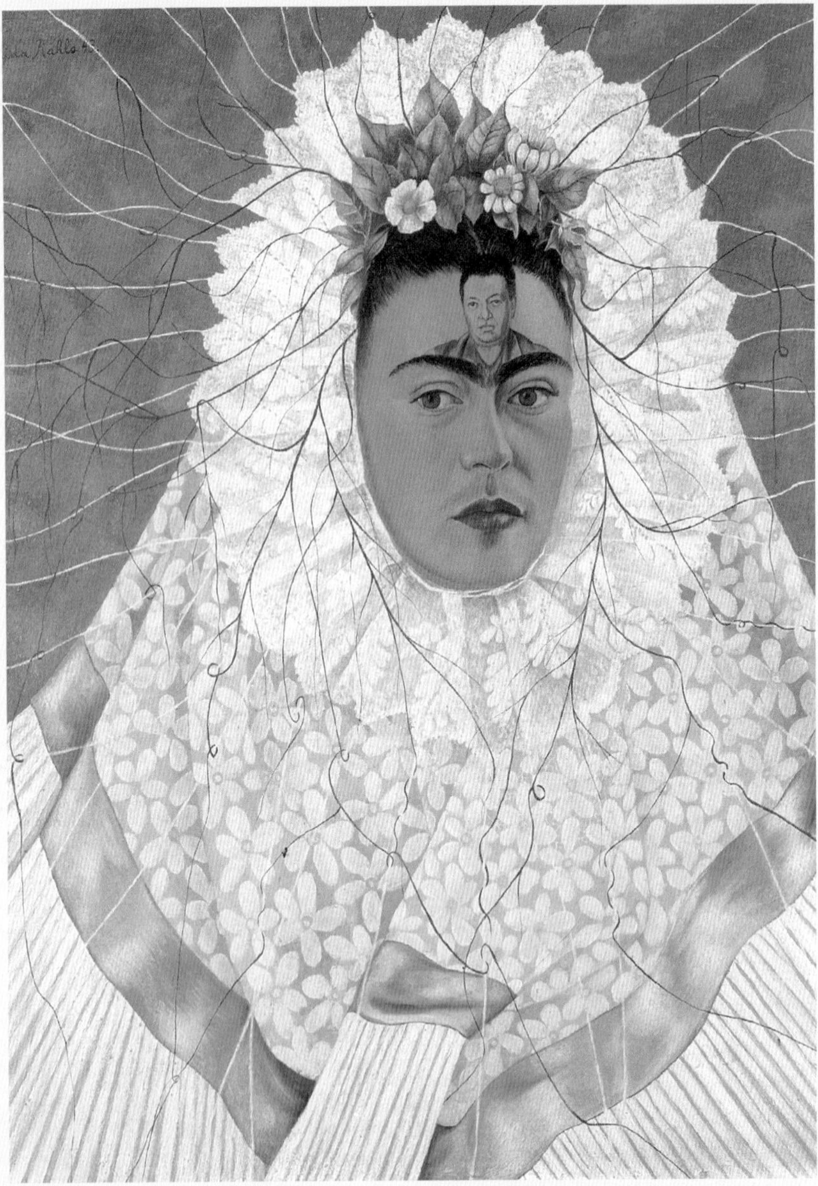

프리다 칼로, 〈테후아나를 입은 자화상〉, 1943년
개인 소장

을 어떻게 활용했는지 잘 보여준다.

그림 속 프리다는 멕시코 남동부 오악사카Oaxaca주 테후안테펙Tehuantepec 지협에서 유래한 테후아나Tehuana 여성들의 전통 의상을 입고 전형적인 머리 장식인 리스플랜더Resplandor를 착용하고 있다. 그녀의 이마 한가운데 새겨진 초상화 속 남자는 남편 디에고 리베라다. 운명의 남자이자 예술의 스승, 정치적 동지였던 남편에 대한 애착과 강박적인 사랑이 디에고의 초상으로 나타난 것이다.

프리다는 생전에 테후아나를 즐겨 입었는데 전통 옷을 선택한 요인은 두 가지다. 먼저 주름진 허리띠가 있는 긴 치마, 패턴이 들어간 네모 형태의 블라우스, 땋은 머리와 꽃으로 장식된 헤어스타일, 크게 세 가지로 구성된 테후아나 의상은 그녀의 신체적 장애를 가려주는 매우 효과적인 수단이었다.

프리다는 여섯살 때 소아마비를 앓아 오른쪽 다리가 제대로 자라지 못해 마른 나뭇가지처럼 가늘고 짧아지면서 다리를 절게 되었다. 마른 다리와 절뚝거림으로 학교 친구들에게 놀림감이 된 소녀는 의복으로 신체적 불균형을 보완할 수 있는 방법을 찾았다. 그녀는 다리의 장애를 숨기기 위해 긴 드레스를 입었고 얇은 종아리가 두껍게 보이도록 오른쪽 발에 3-4개의 양말을 겹쳐 신었으며 다리의 비대칭을 가리기 위해 굽이 높은 신발을 신었다. 바닥 길이의 긴 치마는 그녀의 마른 다리를 가려주고, 살랑거리는 치마의 움직임은 절뚝거리는 발걸음을 감추는데 효과가 있었다.

프리다는 1925년 열여덟 살 때 더 큰 불행을 겪었다. 그녀가 타고 가던 버스가 전차와 충돌하는 교통사고를 당해 척추와 갈비뼈, 골반이 부러지고 자궁을 다치는 치명적인 부상을 입었다. 이로 인해 사십칠 년의 인생에서 서른두 번의 수술과 세 번이나 유산했다. 그녀는 석고와 가죽 코르셋을 착용해 몸을 지탱했고, 1953년 오른쪽 다리를 절단한 이후에는 의족을 착용해야 했다.

나는 붕괴 그 자체이다.

그녀의 일기에 적힌 문장을 통해 프리다의 육체적, 정신적 고통이 얼마나 컸는지 느낄 수 있다. 신체적 장애와 정형외과 장치에 몸을 의존할 수밖에 없는 절망적 상황은 옷에 대한 프리다의 태도에 매우 큰 영향을 미쳤다. 중증 장애인이 된 프리다는 패션을 신체적 결점을 보강하는 수단으로 활용하는 한편 개성과 예술적 재능을 표현하는 치유의 도구가 될 수 있는 방법을 모색했다. 프리다는 머리부터 발끝까지 자신만의 스타일을 만들기 위해 많은 노력을 기울였다. 자수와 패턴이 들어간 강렬한 색상의 긴 드레스, 프릴 앞치마, 선명한 프린지 장식이 달린 레보소 스카프, 자수를 수놓은 주름과 리본이 있는 머리 장식, 여러 가지 빛깔의 리본과 장신구를 부착한 정교한 헤어스타일 등 자신만의 독특한 패션 감각을 발휘해 화려하게 외모를 꾸몄다.

테후아나를 활용한 프리다 패션은 머리와 얼굴, 상반신에 눈길을 집중시켜 하체에서 시선을 멀어지게 하는 동시에 그녀의 매력적인 미모를 돋보이게 하는 이중 효과숨기고 드러내는로 나타났다. 게다가 면과 실크와 같은 가볍고 부드러운 천으로 만들어진 헐렁하고 넉넉한 테후아나 블라우스는 그녀가 착용했던 코르셋과 의족을 위한 여분의 공간을 확보할 수 있어 편안하게 옷을 입을 수 있는 장점이 있었다. 프리다는 의료용 코르셋에 그림을 그리거나 의족을 화려한 문양으로 장식하는 방식으로 장애인의 신체적 특성을 강조한 새로운 예술표현기법을 선보여 장애에 대한 편견을 깨는데도 큰 역할을 했다.

빅토리아 앨버트 박물관 패션 큐레이터 클레어 윌콕스Claire Wilcox와 싱가포르 패션큐레이터 키르체 헤네스트로사Circe Henestrosa는

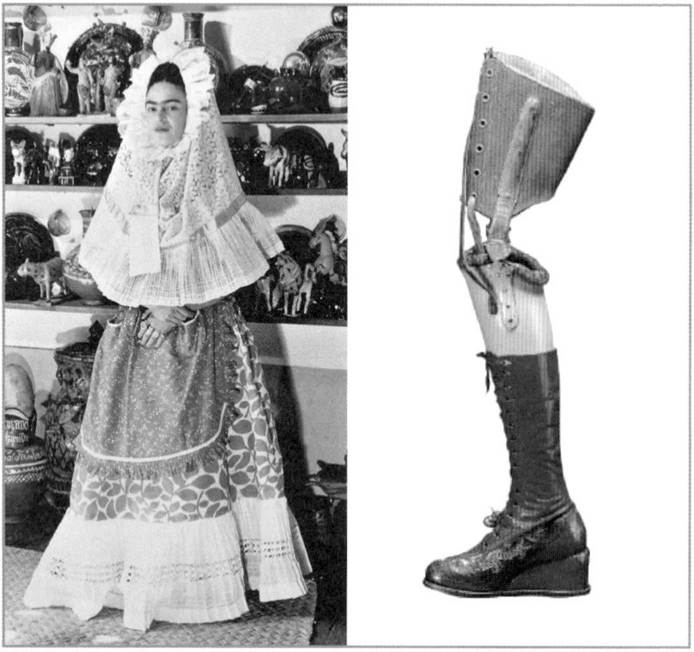

테후아나를 입은 프리다 칼로와 그녀가 착용한 의족

신체 장애에 굴복하지 않고 약점을 강점으로 전환시킨 프리다 패션의 의미를 이렇게 평가했다.

장애는 프리다의 삶에서 없어서는 안 될 부분이었다. 프리다의 독특한 드레스는 그녀의 몸을 효과적으로 숨기고 머리와 어깨에 시선을 집중시키는 이중 목적을 수행했다.

다음으로 프리다는 민속의상인 테후아나를 멕시코의 문화적 정체성, 애국심, 민족적 자부심을 상징하는 시각적 기호로 활용했다. 테후아나는 원주민 자포텍 종족의 문화권에서 권력과 사회적 지위를 반영하는 종족 정체성의 근본적인 요소였다. 서구화된 중산층 가정에서 자란 프리다에게 테후아나를 입도록 권유한 사람은 디에고 리베라였다.

멕시코 혁명기에 벽화운동을 주도한 거장 디에고는 최상층에 위치한 백인 지배자들에 대한 인디오라틴아메리카 원주민의 권익을 보호하기 위해 1910년에 일어난 멕시코 혁명의 열렬한 지지자였다. 멕시코 혁명은 인디오의 고유한 문화와 생활방식을 보존하고 부흥시키는 인디오 전통 부흥운동으로 이어졌다. 디에고와 함께 멕시코 혁명의 열렬한 지지자였던 프리다는 고대 잉카, 아즈텍 문명을 꽃피운 계승자로서의 민족적, 문화적, 정치적 정체성 구축을 위한 시각적 기호로 테후아나를 선택했다.

16세에 사회주의당, 20대 초반에 멕시코 공산당에 입당한 프리다는 스스로 '혁명의 딸'이라고 부를 만큼 정치적 신념이 투철했다. 이는 "나의 평생 소원은 디에고와 함께 사는 것, 그림을 계속 그리는 것, 혁명가가 되는 것, 이 세 가지다"라는 프리다의 말에서도 드러난다. 즉 프리다는 멕시코의 자유를 위한 투쟁과 저

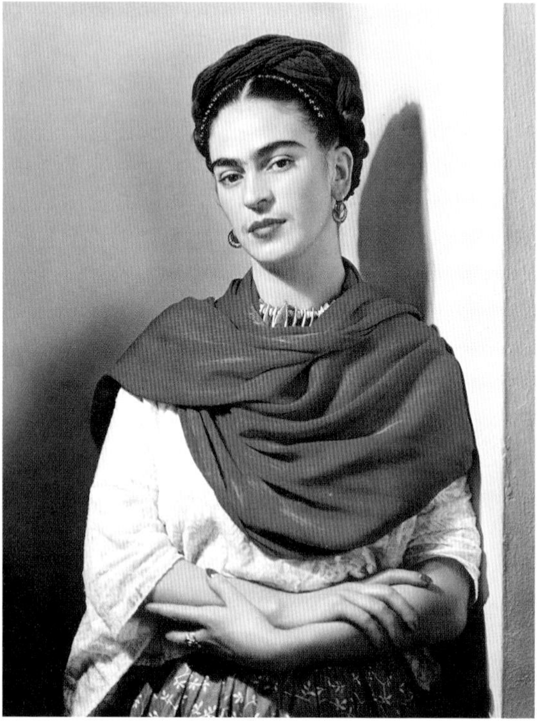

레보소를 한 프리다 칼로

항정신의 상징으로 테후아나, 레보소 스카프 등 민속 의상을 전략적으로 사용한 것이다. 화려하고 강렬하며 열정적인 프리다 패션은 그녀의 작품만큼 많은 관심을 끌었고 특히 패션계는 열광했다. 프리다 스타일은 잡지, 패션쇼, 전시, 바비 인형 패션에도 영향을 미쳤다.

2021년 11월 16일 당시 미국 뉴욕 소더비 경매에서 프리다 칼로의 자화상 〈디에고와 나〉Diego and I or Diego y Yo가 3,488만 달러(약 412억원)에 낙찰되어 역대 중남미 작가 작품 최고가를 경신했다. 소더비옥션의 줄리안 도스는 프리다가 가장 비싼 중남미 작가로 등극하게 된 배경을 이렇게 설명했다.

> 글로벌 문화 아이콘으로서 프리다 칼로의 위상은 논란의 여지가 없으며, 이번 이브닝 세일즈의 놀라운 결과는 20세기 예술의 거인으로서 그녀의 위치를 더욱 확고히 한다.

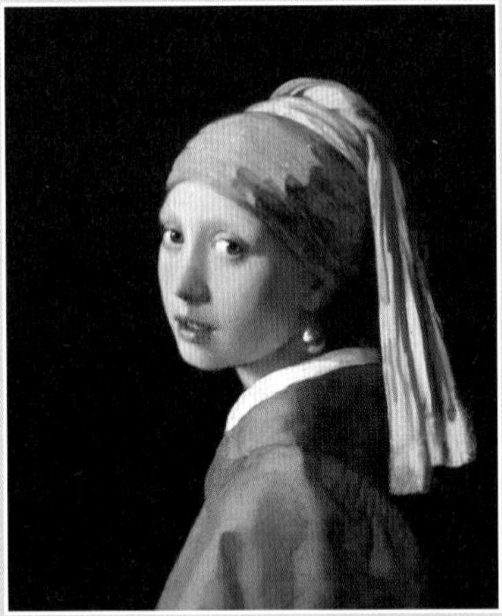

북유럽 모나리자

요하네스 페르메이르
〈진주 귀고리 소녀〉

JOHANNES VERMEER
THE GIRL WITH A PEARL EARRING

1665

영국의 신경생물학자 세미르 제키Semir Zeki는 명화를 감상하는 사람의 뇌에서 도파민dopamine 분비가 촉진된다는 흥미로운 연구 결과를 발표했다. 이탈리아 르네상스시대 화가 산드로 보티첼리의 걸작 〈비너스의 탄생〉을 관찰하는 자원봉사자들의 뇌에서 도파민 분비가 증가했다는 것 '사랑의 호르몬', '행복의 호르몬'으로도 불리는 도파민은 행복, 성취, 활력을 전달하는 역할을 하는 신경전달물질이다. 즉 아름다운 그림을 감상하는 것만으로도 기분이 좋아지고 행복을 느끼게 된다는 것이 과학적으로 증명됐다.

세기의 명화 중 어떤 작품이 도파민 분비를 많이 촉진할 수 있을까. 아마도 17세기 네덜란드 황금시대를 대표하는 화가 요하네스 페르메이르Johannes Vermeer, 1632~1675의 걸작 〈진주 귀고리 소녀〉The Girl with a Pearl Earring가 영광의 1위에 오를 가능성이 높다.

네덜란드 마우리츠하위스 미술관의 최고 소장품인 이 작품은 레오나르도 다빈치의 〈모나리자〉에 버금가는 인기를 누리며 '북유럽의 〈모나리자〉', '네덜란드의 〈모나리자〉'라는 찬사를 받고 있다. 2006년 5월 19일, 네덜란드 일간지 「트라우」Trouw가 뽑은 '가장 아름다운 그림'에 선정되기도 했다. 그만큼 그림 속 미녀는 보는 이들의 시선을 사로잡을 정도로 매혹적이다. 작품을 감상하면서 아름다움의 비밀을 풀어보자.

첫째, 모델의 신원이 밝혀지지 않은 이 작품에서 소녀는 얼굴을 왼쪽 방향으로 돌려 고개를 살짝 숙인 채 누군가를 바라보는 반측면(4분의 3 측면) 자세를 취했다. 정면과 측면의 장점을 결합한 반측면 자세는 인체 동세에 자연스런 변화를 주고 생동감을 불어넣는 효과가 있다. 그뿐만 아니라 얼굴이 가장 아름답게 보이는 얼짱 각도가 나온다. 얼굴선이 갸름해 보이고, 눈은 커 보이며, 이마에서 코로 이어지는 선이 또렷해지면서 얼굴이 입체적으로 보이는 착시 효과가 나타난다.

둘째, 머리에 파란색 터번을 두른 소녀의 이국적 패션이 서양미와 동양미의 완벽한 조화를 이루며 시대를 초월하는 아름다움을

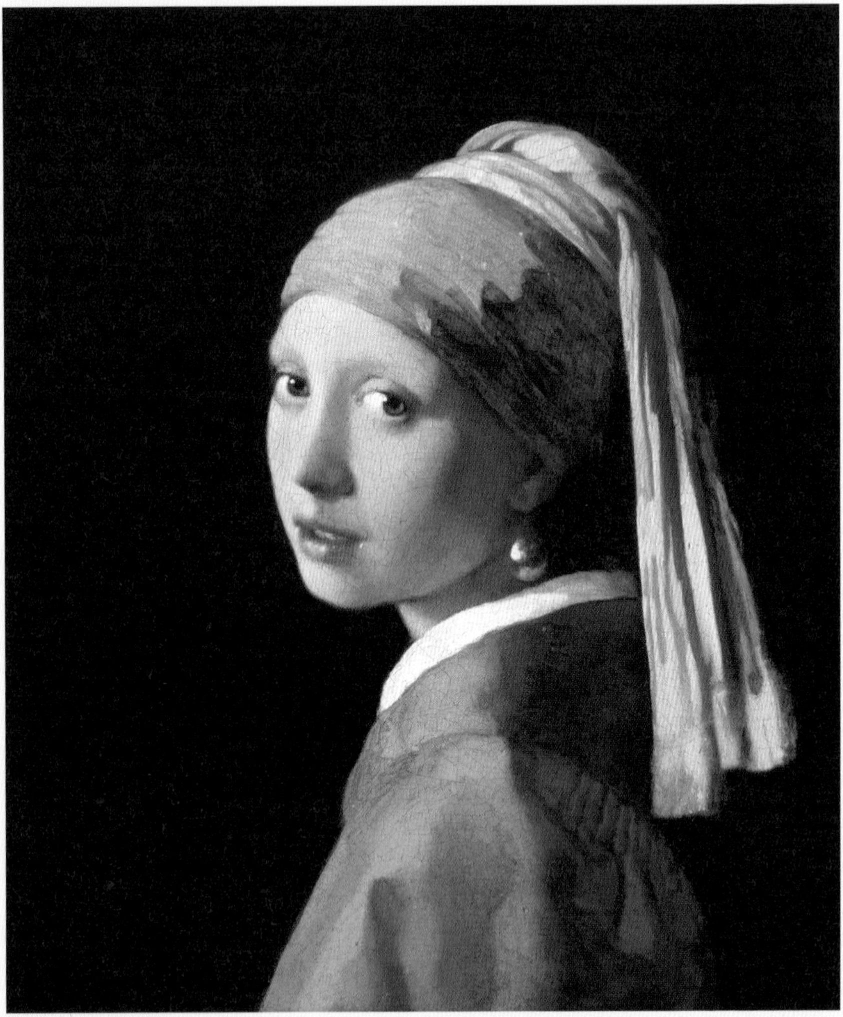

요하네스 페르메이르, 〈진주 귀고리 소녀〉, 1665년
마우리츠하위스 미술관, 헤이그, 네덜란드

낳았다. 16~18세기 서양에서 오스만 튀르크 제국의 영향으로 튀르키예turqurie, '터키인의 땅'을 뜻함 문화와 이슬람 복식 문화를 상징하는 튀르키예식 의복을 입는 패션이 크게 유행했다. 보석을 곱게 갈아 만든 울트라마린을 터번에 사용한 것도 신비한 이국적 분위기를 연출하기 위한 전략이다. 천연광물인 라피스 라줄리Lapis Lazuli, 즉 청금석靑金石 분말에 접착제를 섞어 만든 울트라마린은 당시는 황금보다 비싼 물감이었다.

1508년도 기록에 따르면 울트라마린 30g을 사려면 약 41g의 황금(약 12두카텐)을 지급해야 했다. 물감 값이 너무 비쌌기 때문에 성모 마리아나 왕, 귀족등 그림에서 중요한 인물이나 대상에만 울트라마린이 사용됐다. 1828년, 프랑스 화학자 장 바티스트 기메가 인공 울트라마린 안료의 제조법을 발명해 저렴한 가격에 물감을 구입할 수 있게 됐다.

마우리츠하위스 미술관의 연구원들은 세계 최고의 품질에 도달한 아프가니스탄산 라피스 라줄리로 만든 파란색 안료가 소녀의 터번에 사용되었다고 밝혔다. 신비한 빛을 발하는 파란색 터번과 노란 색조의 스카프, 흰색 옷깃으로 포인트를 준 황갈색 겉옷의 보색 대비 조합이 서양미와 동양미가 혼합된 복합적 아름다움을 이끌어냈다.

셋째, 투명하게 빛나는 물방울 모양의 진주 귀고리는 소녀의 맑고 커다란 눈망울과 어우러져 청순미의 극치를 보여준다. 은은하고 영롱한 빛깔의 진주는 순수, 정결, 고귀함을 상징하는 보석으로 소녀의 청순하면서도 우아한 매력을 돋보이게 한다. 진주알의 크기와 광택, 귀에 걸 수 있는 후크걸이가 없다는 점이 일부 학자들의 비상한 관심을 끌기도 했다.

대표적으로 네덜란드 천문학자 빈센트 아이케는 젊은 여성이 착용하기엔 진주알이 비현실적으로 크고, 창문에서 들어오는 빛을 반사하는 방식이 실제 진주와 일치하지 않는다는 분석 결과를 바탕으로 진주가 아니라는 결론을 내렸다. 마우리츠하위스 미술관 학예실은 소녀의 귀고리는 베네치아산 유리를 진주처럼 가공해 만든 값싼 수제품이라고 밝혔다. 양식 진주가 없었던 17세기에 천연 진주는 무척 희귀하고 값비싼 보석으로 왕족과 귀족, 극소수의 부자들만 소유할 수 있었기 때문이다.

한편으로 소녀의 귀고리는 대형 진주가 확실하며 젊은 여성의 아름다움을 특별히 사랑했던 페르메이르가 모델의 미모를 돋보이게 하는 장신구로 희귀한 진주를 선택했다고 해석한 학자들도 있다. 소녀의 귀고리가 진짜인지 모조품인지에 관한 학자들의 논란은 그림의 명성을 높이는 데 기여했다.

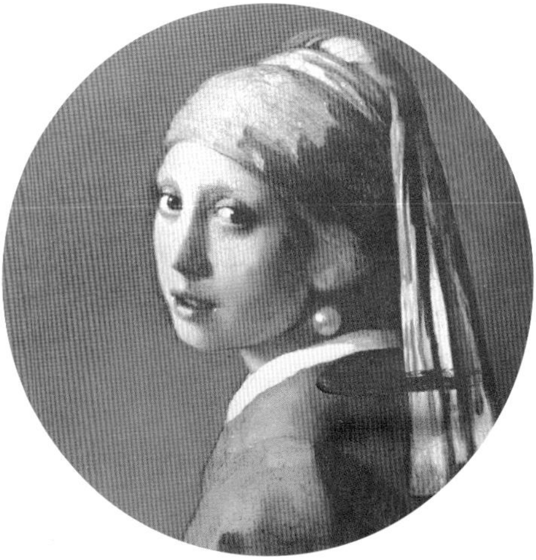

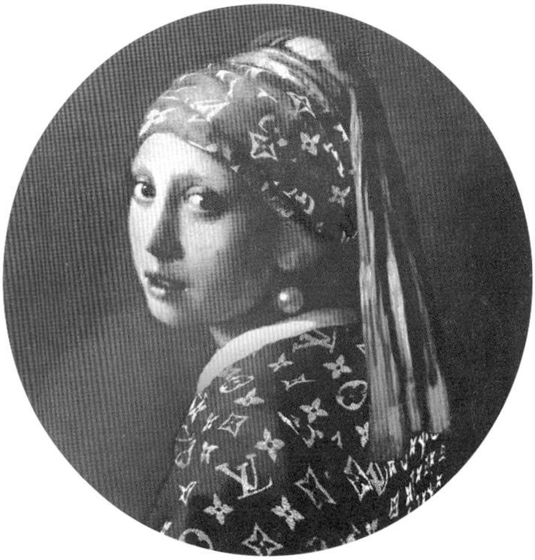

이이남의 〈진주 귀고리 소녀〉를 재해석한 작품

넷째, 페르메이르 특유의 부드러운 빛과 그림자를 활용한 독창적 명암법으로 관능미를 강조했다. 화면 왼쪽에서 스며드는 투명한 빛이 파란색 터번과 해맑은 눈망울, 약간 벌린 붉은 입술, 진주알에 반사돼 눈부시게 반짝인다. 벨기에 미술 평론가 귀스타브 반지프Gustave Vanzipe, 1869~1955가 '빛 속의 은빛이고 어둠속의 진주 빛'이라고 극찬한 바로 그 빛이다.

특히 도톰한 아랫입술에 닿은 빛은 마치 립글로스를 바른 것처럼 촉촉한 윤기를 더해 키스하고 싶은 충동을 불러일으킨다. '키스하고 싶은 입술'의 관능미와 청순미가 결합돼 세상에서 가장 아름다운 얼굴이 탄생했다. 〈진주 귀고리 소녀〉는 미술과 문학, 영화, 대중문화에도 많은 영감을 줬다. 미국 작가 트레이시 슈발리에의 장편소설 『진주 귀고리 소녀』는 세계적인 베스트셀러가 됐고, 영국 피터 웨버 감독의 영화로도 제작돼 큰 성공을 거뒀다.

2012년 도쿄, 2013 미국 애틀랜타, 2014년 샌프란시스코와 뉴욕에서 열린 「진주 귀고리 소녀」 특별전이 세계 미술계에 열풍을 일으켰다. 한국의 미디어 아티스트 이이남 작가는 〈진주 귀고리 소녀〉 복제 이미지를 디지털 프레임 속으로 끌어들인 후 애니

메이션 기법을 이용해 명화를 현대적으로 재해석한 작품을 선보여 눈길을 끌었다.

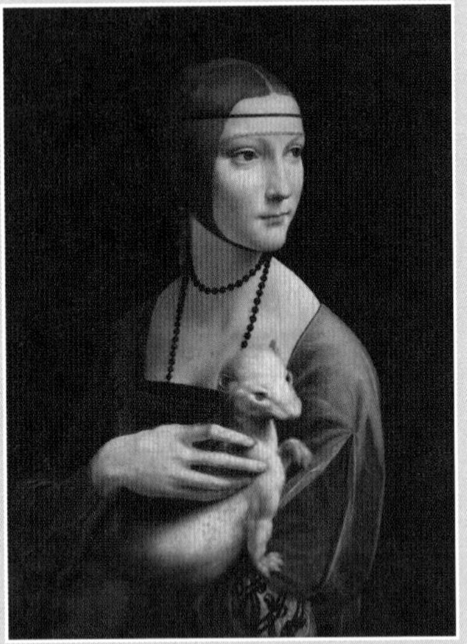

순수와 우아함에 대한 칭송

레오나르도 다빈치
<흰 담비를 안고 있는 여인>

LEONARDO DA VINCI
LADY WITH AN ERMINE

1489~1490

르네상스 시대 피렌체의 시인 베르나르도 벨린치오니는 소네트에서 초상화 속 여인의 미모를 이렇게 찬미했다.

이 여인은 어찌 이리도 아름다운가. 태양조차 그 눈동자에 비하면 빛을 잃을 정도이네. (…) 실재하는 여자들이 시샘할 정도이네. 이 아름다운 젊은 여인이 진짜로 살아서 말하는 것을 듣는 듯하기 때문이네. (…) 루도비코에게 감사드립니다. 그리고 레오나르도의 천재성과 손에도.

당시 벨린치오니는 일 모로라는 별명으로 불린 밀라노 공작 루도비코 스포르차의 후원을 받으며 밀라노 궁정시인의 지위에 있었다. 그런데 그는 왜 초상화 속 미녀뿐만 아니라 루도비코와

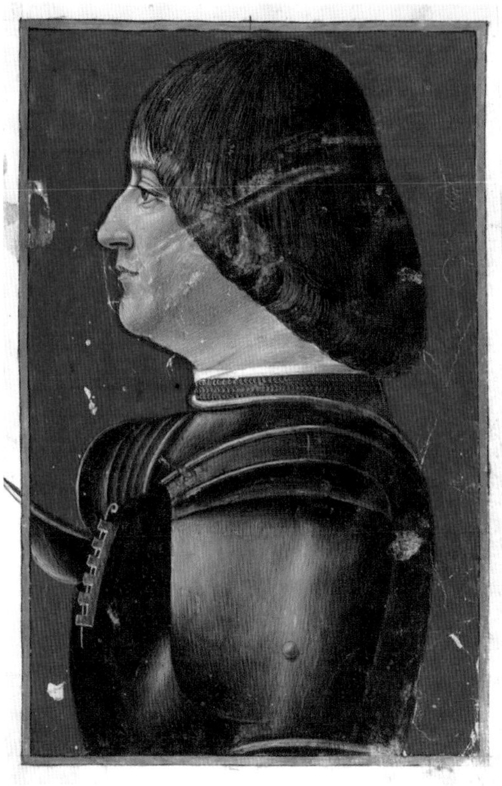

조반니 안토니오 볼트라피오, 〈루도비코 일 모로 초상화〉, 1500년경
밀라노 트리불치오 왕자 컬렉션

레오나르도에게도 찬사를 바쳤을까. 이 그림의 주문자는 루도비코이며 걸작을 그린 사람이 이탈리아 르네상스를 대표하는 천재 화가 레오나르도 다빈치Leonardo da Vinci, 1452~1519였기 때문이다.

우아하고 청순한 아름다움을 지닌 초상화 속 여인은 루도비코의 정부 체칠리아 갈레라니다. 밀라노 최고 미녀 중 한 명으로 꼽힌 체칠리아는 이 초상화를 그릴 때 열여섯 살이었다. 루디비코는 체칠리아가 열네 살 때 그녀를 만나 열정적 사랑에 빠졌다.

그녀는 비록 루도비코의 정실부인이 되지 못했지만 매혹적인 외모와 세련된 사교술로 공작의 사랑을 독차지했고 군주의 공인된 애첩으로 인정받았다. 둘 사이에 아들이 태어나자 그녀는 성과 영지도 선물받았다. 루도비코는 자신보다 열일곱 살이나 어린 정부의 아름다운 모습을 초상화로 영원히 기념하고 싶었다. 그는 자신의 초청을 받고 밀라노 궁정에서 전속 화가이자 건축가, 군사, 수력 · 기계 공학자로 일했던 레오나르도에게 애첩의 초상화를 의뢰했다.

레오나르도는 학문과 예술을 적극적으로 후원한 루도비코의 궁정에서 17년 동안 거주하는 동안 이 초상화를 비롯한 〈최후의 만찬〉 등 대표작들을 남겼다. 당시 특권층과 부유층에 초상화 주문과 수집은 단순히 예술을 사랑하고 즐기는 취미 이상의 의미를 지녔다. 사진술이 발명되기 이전 초상화는 정치적 과시이자 홍보 수단, 실내를 장식하는 최고의 명품이었고, 자신들의 모습을 후

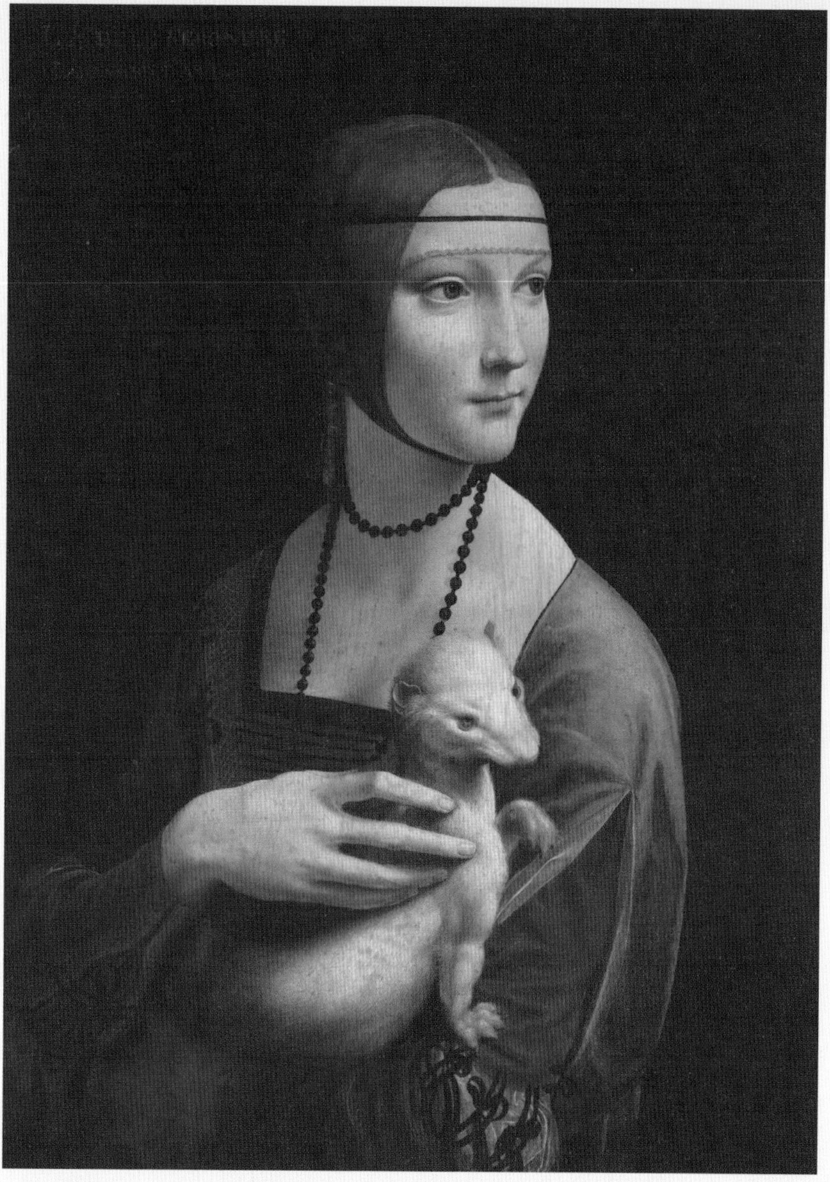

레오나르도 다빈치, 〈흰 담비를 안고 있는 여인〉, 1489~1490년경
차르토리스키 국립미술관, 크라쿠프, 폴란드

세에 남기고 싶은 불멸의 욕망을 충족시키는 도구였다.

또 사진이 없던 시절, 실물 대신 초상화를 구혼자에게 보내 결혼을 성사시켰던 중매 역할도 맡았다. 인류 역사상 가장 창의적 인물 중 한 명인 레오나르도는 후원자의 기대를 저버리지 않았다. 현재 폴란드 크라쿠프의 차르토리스키 국립미술관의 인기소장품이자 가장 위대한 보물이라는 극찬을 받는 걸작이 태어났다. 자, 이 작품이 초상화의 백미白眉로 평가받는 근거를 살펴보자.

먼저 단색으로 이뤄진 검은색 배경을 선택해 인물에 시선을 집중시키는 동시에 모델의 흰 피부색을 돋보이도록 했다. 다음은 당시 밀라노에서 유행한 스페인풍 고급 패션과 세련되고 정교한 헤어스타일, 값비싼 보석 장신구로 품위있고 우아한 아름다움을 연출했다. 여인의 머리카락은 같은 색 베일 소재로 만든 모자로 고정됐으며, 눈썹에 닿는 쇠사슬 모양의 장식띠로 이마를 장식했다. 머리카락을 뒤에서 묶어 턱 아래로 통과하는 투명한 베일 소재의 모자는 타원형 얼굴을 강조하면서 머리가 동그랗게 보이는 효과를 가져온다.

목을 한 번 휘감는 방식으로 걸친 검은 산호석 목걸이와 쇄골과 어깨를 드러낸 의상은 긴 목선을 강조하며 청순함과 관능성이 어우러진 이중적 아름다움을 보여준다. 다음은 미녀와 동물의 결합이 가져온 상승 효과다. 흰 담비를 품에 안은 여인은 고개를 왼쪽으로 돌린 채 곡선미가 돋보이는 길고 가는 손가락으로 동물을 쓰다듬고 있다. 상반신은 왼쪽, 얼굴은 오른쪽을 향하고 있어, 동세와 시선이 서로 반대 방향을 이루는 독특한 구도가 만들어졌다. 이런 역동적 자세는 인물에 움직임을 만들고 평면인 화폭에 생동감을 주는 효과가 있다.

이탈리아의 미술사가이자 레오나르도 연구가 카를로 페드레티는 움직임 속에서 인물을 표현하려는 화가의 의도가 드러난 이 작품에 대해 이렇게 평가했다.

> 레오나르도는 15세기 초상화 전통을 뒤엎고 혁신했다. 예술 역사상 최초의 근대 초상화가 되었다.

가장 흥미로운 부분은 젊은 미녀와 담비의 공통점이다. 둘은 생김새와 피부색이 비슷하고 자세도 닮았다. 담비의 몸과 머리는 여인처럼 반대 방향이고 그녀의 손가락과 담비의 발가락, 담비 몸체의 나선형 비틀림이 매우 유사하다. 학자들은 세실리아의 오른손과 담비의 형태는 레오나르도의 해부학적 지식을 반영하고 있다고 분석한다.

레오나르도가 체칠리아와 담비를 결합한 숨은 동기가 있다. 롬바르디아 지역에서 길러졌던 담비는 전통적으로 순수함과 덕의 상징이었다. 전설에서 담비는 불결한 것을 몹시 싫어해 몸이 더러워지면 죽고, 하루에 한 끼밖에 먹지 않았다고 한다. 또한 담비는 그리스어 '갈레'로 체칠리아의 성姓인 갈레라니를 연상시킨다. 즉, 체칠리아를 닮은 흰 담비를 빌려 그녀가 순수하고 덕이 많은 여인이라고 칭송하는 것이다.

학자들은 루디비코가 1488년 나폴리의 국왕으로부터 수여받은 기사 작위 상징이 흰 담비였고 이후 담비는 그의 문장으로 사용됐다는 자료를 근거로 그를 상징한다고 해석하기도 한다. 루도비코의 상징인 담비를 쓰다듬고 있는 체칠리아의 모습이 담긴 이 그림이 두 사람의 연인 관계를 기념하는 공식적인 증거라고 보는 견해도 있다. 이 그림은 당시에도 세상에서 가장 아름다운 초상화 중 하나라는 찬사를 받았다. 이를 증명하는 유명한 일화도 전해진다.

예술 수집가이자 후원자였던 만토바의 후작부인 이사벨라 데스테는 체칠리아에게 편지를 보내 초상화를 잠시 자신에게 빌려

달라고 요청한다. 체칠리아는 이제는 자신의 모습이 더 이상 초상화와 닮지 않았음을 유념해달라는 점을 전제로 이사벨라에게 초상화를 보냈다. 그림을 본 이사벨라는 부러움이 생겨 레오나르도에게 자신의 초상화를 그려줄 것을 수차례 간청하는 편지를 썼다. 심지어 피렌체 주재 만토바 대사를 앞세워 압력을 가했지만 밑그림인 목탄 데생을 받았을 뿐 평생의 소원을 이루지 못했다고 한다.

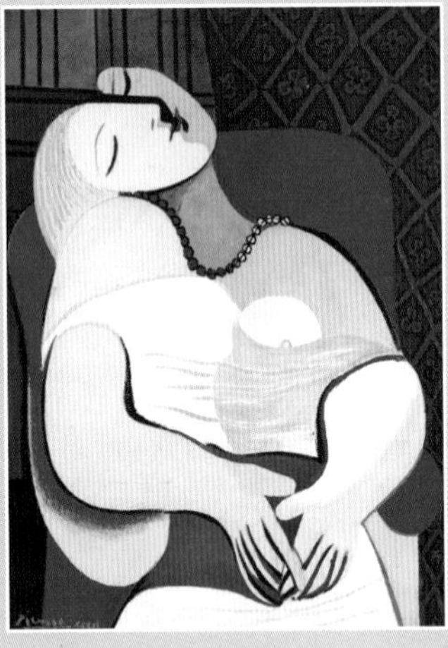

오직 한 사람, 나의 뮤즈

파블로 피카소

<꿈>

PABLO PICASSO

THE DREAM

1932

그리스 신화에 나오는 뮤즈는 학예, 시, 음악, 무용을 관장하는 아홉 명의 여신이다. 현대에 이르러서는 예술가의 창작 활동에 영감을 주고 예술적 재능을 불어넣는 존재를 의미한다. 신화가 아니라 현실 세계에도 창작자에게 영감을 주는 '살아있는 뮤즈'가 존재한다.

현대미술의 제왕으로 불리는 파블로 피카소Pablo Picasso, 1881~1973의 내연녀였던 마리 테레즈 발테르Marie-Thérèse Walter 1909~1977는 현실의 뮤즈 중 가장 유명한 사례로 꼽힌다. 피카소가 쉰 살이었을 때 스물두 살의 마리 테레즈가 모델을 섰던 〈꿈〉La rve, 1932은 그의 작품 중 가장 관능적이고 화려하며 서정적이라는 평가를 받고 있다. 마리 테레즈를 향한 피카소의 연애 감정과 성적 욕망이 작품에 반영됐기 때문이다.

여인은 빨간색 안락의자에 앉아 고개를 옆으로 떨어뜨린 채 깊은 잠에 빠져들었다. 한쪽으로 기대고 있는 여인의 머리와 목에 드리워진 우아한 진주목걸이, 그녀의 얼굴과 몸에 사용된 부드러운 곡선은 여체의 부드러움과 꿈의 가벼움을 강조한다. 한쪽만 드러난 젖가슴, 강렬한 빨강 · 노랑 · 파랑의 삼원색 대비, 배경의 율동적인 장식 문양은 관능적인 아름다움을 보여준다.

비평가들의 분석에 따르면 당시 마리 테레즈에 대한 피카소의 사랑이 너무도 강렬해서 그 자신도 감당하지 못할 정도였다. 그녀는 피카소의 열정을 자극해 창작 활동으로 이끄는 에로틱한 뮤즈였다. 그 증거가 그림에 있다. 이 그림을 자세히 살펴보면 피카소가 두 부분으로 나뉜 연인의 거꾸로 된 얼굴 윗부분에 자신의 발기된 직립형태의 남근을 추상적으로 표현했다는 것을 알게 된다. 또 여인의 포개진 두 손이 그녀의 은밀한 부위에 놓여 있어 감상자의 시선을 그곳으로 유도한다. 관능으로 가득 차 있는 이 작품은 마리 테레즈가 피카소의 욕망의 대상이자 성적 소유물이었다는 것을 암시한다.

이 그림을 그릴 때 피카소는 쉰 살, 마리 테레즈는 스물두 살로 스물여덟 살 연하였다. 피카소는 러시아 출신 발레리나인 첫 번째 아내 올가 코클로바의 눈을 속이며 5년 동안 마리 테레즈

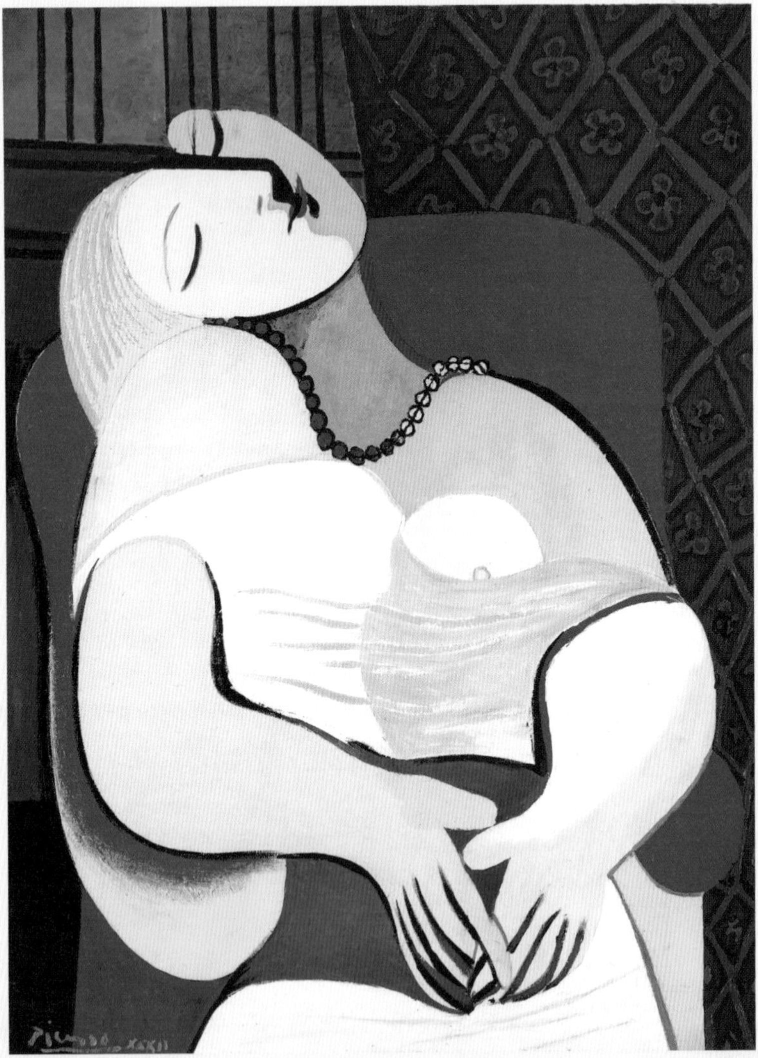

파블로 피카소, 〈꿈〉, 1932년
개인소장

와 내연관계를 지속하고 있었다. 새로운 뮤즈는 우아하고 가녀린 외모의 올가와 달리 그리스 조각처럼 윤곽이 또렷한 눈, 코, 입과 풍만한 가슴, 튼튼한 다리를 가진 건장하고 육감적인 젊은 여성이었다. 게다가 마리는 명랑하고 쾌활한 성격과 활기찬 정신력으로 삶의 기쁨을 선물했다.

십대인 연인의 싱그러운 아름다움과 욕망을 자극하는 육체, 온화한 성품은 가정불화와 창조성 고갈로 고통 받던 피카소에게 마음의 평온과 행복, 창작의 영감을 선물했다. 피카소는 마리 테레즈에게 그녀가 자신의 생명을 구했다고 말한 적이 있다. 실제로 두 사람이 연인관계였을 때 피카소는 가장 열정적으로 작업했고 엄청나게 많은 작품을 창작했다. 두 사람은 1927년 파리 갤러리 라파예트 백화점 근처 길목에서 처음 만났다.

마흔다섯 살의 유부남 피카소는 열입곱 살 처녀의 풋풋한 아름다움에 첫눈에 반해 즉석에서 구애했다. 그는 그녀의 팔을 잡고 이렇게 말했다고 한다.

마드모아젤, 나는 피카소야! 당신은 흥미로운 얼굴을 가지고 있어. 당신의 초상화를 그리고 싶어. 당신과 나는 함께 위대한 일을 할 수 있을 거야.

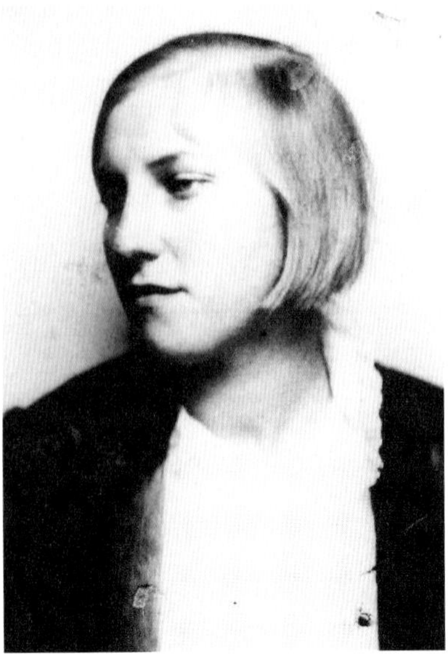

마리 테레즈

피카소는 혼란에 빠진 처녀를 서점으로 끌고 가서 자신의 화집을 보여주면서 열정적으로 구애했다. 그러나 그녀는 피카소가 세계적인 유명화가라는 사실을 알지 못했다. 훗날 마리는 첫 만남의 순간을 이렇게 회상했다.

나에게 피카소는 아무 의미가 없었다. 나의 관심을 끈 것은 그의 빨간색과 검은색이 섞인 멋진 넥타이였다. 게다가 매력적으로 느껴졌다. 그는 나를 카페에 데려가 함께 점심을 먹고 그 다음에는 자신의 작업실로 데려갔다. 그는 나에게 '내일 다시 와요'라고 말했다.

첫 만남 이후 피카소는 걷잡을 수 없이 마리 테레즈에게 빠져들었다. 두 사람이 연인이 되면서 피카소는 자신의 집 인근에 비밀 거처를 마련하고 밀회를 즐기는 한편 그녀를 모델로 한 수많은 작품을 만들어냈다.

피카소와 내연관계인 8년 동안 마리 테레즈는 그림, 드로잉, 에칭, 조각 등 그의 모든 예술작품에 영감을 주는 뮤즈로 등극했다. 피카소는 특히 연인의 잠든 모습을 그리는 것을 좋아했다. 꿈은 피카소가 잠든 테레즈를 그린 작품 중 가장 유명하다. 피카소의 전기 작가 존 러처드슨은 마리 테레즈가 피카소의 여인들 중 가장 많은 사랑을 받았다고 증언했다.

마리 테레즈는 피카소의 인생에서 가장 큰 사랑이었다. 그는 그녀를 절대적으로 사랑했다. (…) 모든 것이 그녀와 관련이 있었다.

영국의 미술 전문가 니겔 코오돈은 두 사람의 연애 시절에 피카소의 창작열이 가장 높았다고 설명했다.

피카소가 마리 테레즈와 은밀한 관계를 가지며 광적이라고 할 만한 성애를 나눈 시기의 그의 예술세계는 강렬한 창조성으로 빛을 발했다. 피카소에게 섹스와 창조력은 손을 잡고 함께 가는 것이었다.

당시 피카소가 얼마나 깊이 마리 테레즈에게 빠져들었는지 보여주는 일화가 있다. 피카소는 아내 올가와 어린 아들 파울로와 함께 프랑스 해안에서 휴가를 보내는 동안에도 연인과 잠시라도 떨어질 수가 없었다. 그는 근처에 마리 테레즈를 위한 작은 호텔을 마련하고 아내가 해변에서 아들과 노는 시간을 이용해 밀회를 즐겼다.

마리 테레즈는 둘의 관계를 "그와 함께한 삶은 항상 비밀스러웠다. 조용하고 평화로웠다. 우리는 아무에게도 아무 말도 하지 않았다. 우리는 그렇게 행복했고 더 이상 아무것도 묻지 않았다"라고 말했다. 1936년 여름, 피카소는 마리 테레즈에게 보내는 편지에 이렇게 썼다.

나는 당신보다 더 당신을 사랑하오. 당신의 외모보다, 당신의 손보다, 온 몸보다, 당신에 대한 나의 모든 사랑이 이제까지 사랑할 수 있는 것보다 점점 더, 더 많이.

1935년 9월 5일, 피카소와 마리 테레즈 사이에 딸 마야가 태어났지만 두 사람은 합법적인 부부가 될 수 없었다. 피카소의 아내 올가는 남편의 외도와 그와 다른 여성 사이에 혼외 자식이 태어났다는 사실을 알았을 때 즉시 피카소를 떠나 아들 파울로와 함께 프랑스 남부로 이주했다. 그러나 그녀는 피카소의 이혼 요구에 동의하지 않고 남편에게서 생활비를 받으며 1955년 사망할 때까지 별거 상태를 유지했다. 세월이 흐르면서 두 연인의 열정적 관계도 막을 내리는 순간이 다가왔다.

1936년께 피카소는 초현실주의 사진가인 도라 마르와 열애에 빠졌고, 도라는 십여 년 동안 피카소의 예술세계에 새로운 뮤즈로 등장했다. 마리 테레즈에 대한 사랑이 식은 후에도 피카소는 그녀와 딸을 금전적으로 계속 지원했고 모녀가 거주할 집도 제공했다. 떠나간 연인을 그리워하며 평생을 기다림 속에서 살았던 마리 테레즈는 1973년 피카소가 사망하고 4년 후, 두 사람이 처음 만난 지 50년 뒤, 자신의 집 차고에서 목을 맸다. 위대한 거장의 뮤즈였던 과거의 영광만을 간직한 채….

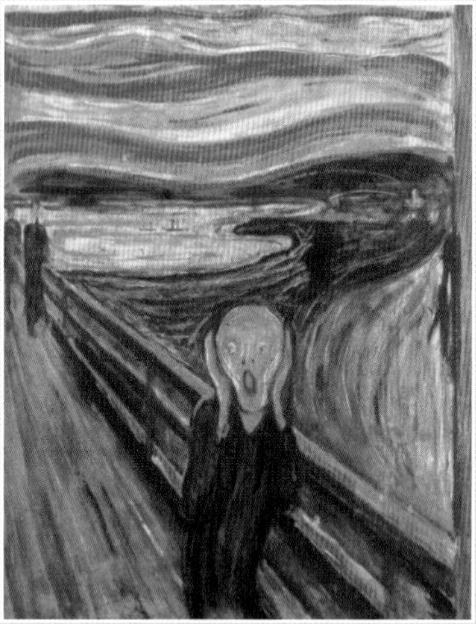

이토록 생생한 공포

에드바르 뭉크

〈절규〉

EDVARD MUNCH

THE SCREAM

1893

세계적인 화장품 회사 에스티로더의 회장 로널드 로더는 불멸의 걸작을 미국식 감탄사에 비유해 설명한 적이 있다.

저는 미술을 사랑합니다. 미술 작품을 보고 난 뒤의 반응은 세 단계로 분류할 수 있습니다. 일단 '오!', 다음으로 '오 마이!(어머나)', 마지막으로 '오 마이 갓(으악)!'이 있습니다. '오 마이 갓!' 반응을 불러오는 작품을 사야 합니다. 그 작품의 가치는 하늘로 치솟기 때문이죠.

노르웨이 국민 화가 에드바르 뭉크Edvard Munch, 1863~1944의 대표작 <절규>The Scream, 1893는 로더가 말한 '오 마이 갓!'에 해당한다. 절규는 세계 각 나라 미술 교과서, 영화, 대중문화, 출판물, 패러

디, 각종 복제품에 빠지지 않고 등장하는 걸작이기 때문이다. 세계적인 미술품 경매회사 소더비는 르네상스 천재 화가 레오나르도 다빈치의 걸작 〈모나리자〉와 뭉크의 〈절규〉를 세상에서 가장 유명한 그림으로 꼽았다.

절규는 왜 불멸의 명작으로 평가받을까. 인간이 살아가면서 겪는 두렵거나 불길한 감정, 느낄 순 있지만 눈으로는 볼 수 없는 공포와 불안, 절망감을 회화로 구현했기 때문이다. 뭉크는 인간의 실존적 불안과 삶의 두려움을 그림에 최초로 표현한 화가라는 평가를 받고 있다. 그런 뭉크의 명성을 입증하듯 절규의 분위기는 한눈에 봐도 불안하고 절망적이다. 그림 속 남자의 얼굴은 해골을 연상시킨다.

그가 다리 위에 서서 양손으로 귀를 막고 비명을 지르고 있다. 공포에 질린 인간이 본능적으로 내지르는 비명이 그림 밖으로 생생하게 들려오는 것만 같다. 그 모습은 보는 이에게 불길한 감정을 불러일으킨다. 뭉크는 그림의 주제, 구도, 색채를 활용해 극도의 불안감과 공포심을 강조했다. 겁에 질린 남자의 눈과 입, 피를 떠올리게 하는 붉은 구름, 검푸른 바다와 꿈틀거리는 피오르 빙하가 깎아 만든 U자 골짜기에 바닷물이 흘러들어 형성된 만, 사선 방향으로 급격하

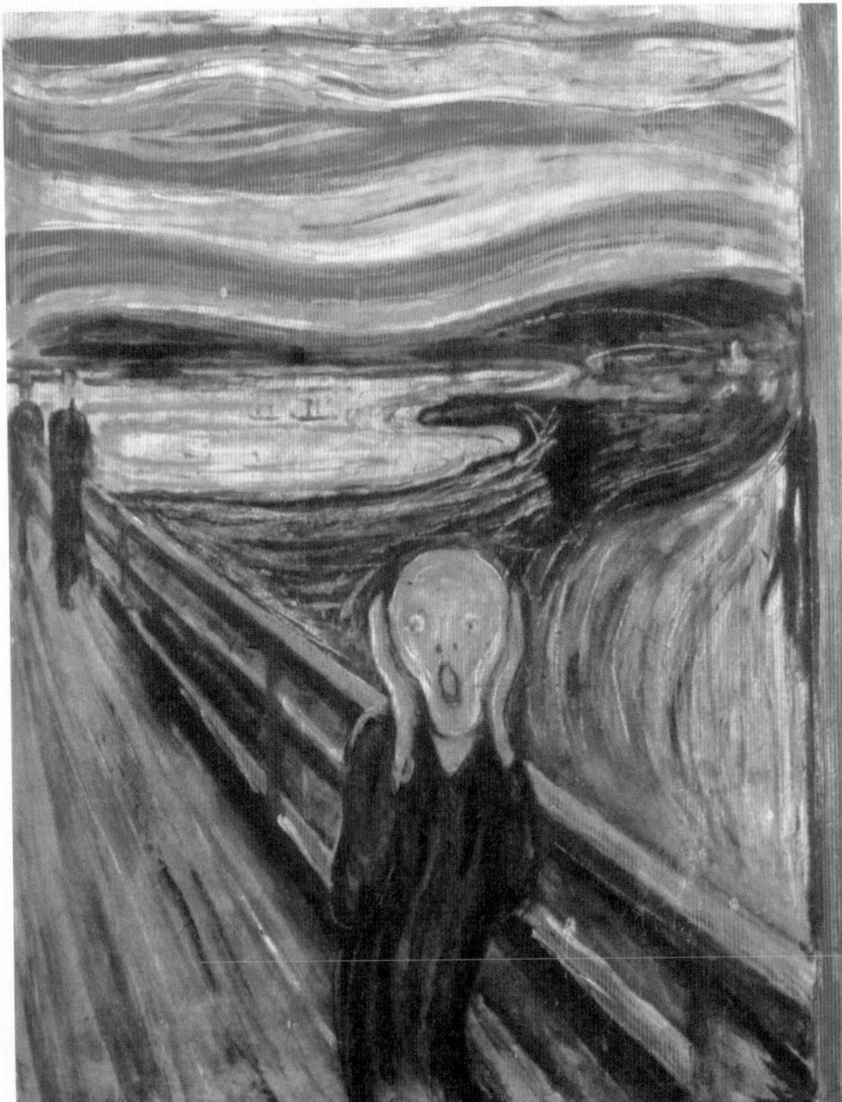

에드바르 뭉크, 〈절규〉, 1893년
오슬로 국립미술관, 오슬로, 노르웨이

게 기울어진 다리를 통해 소름 끼치도록 오싹한 불안감을 관객에게 전달한다.

그중에서도 가장 강렬한 이미지는 겁에 질린 남자의 눈과 크게 벌어진 입이다. 뭉크 이전에 어떤 화가도 인간의 내면에 깃든 두려움과 공포를 이토록 강렬하고도 생생하게 그림에 표현한 적이 없었다. 그런 만큼 이 그림은 전시회에 발표된 순간부터 화제를 불러일으켰고 이에 관한 흥미로운 일화들도 전해진다. 당시 한 신문에는 '뭉크의 그림은 너무 위험하다. 불길한 기운에 전염될지 모르니 조심해야 한다'는 경고성 글을 실렸고, 학계 일부에서 '뭉크의 정신 건강이 의심스럽다'는 주장을 펼쳤다고 한다. 뭉크 스스로도 이 그림이 관객의 공포 심리를 극도로 자극할 거라고 생각했던 것 같다. 작품 왼쪽 하단에 새겨진 비밀스런 연필 글씨가 그 증거물이다.

노르웨이 국립미술관 마이브리트 굴렝 큐레이터는 적외선 스캐너를 활용해 글귀의 필체를 분석한 결과를 토대로 '미친 사람에 의해서만 그려질 수 있는'이라는 뜻을 가진 글귀는 뭉크가 작품이 완성된 1893년 이후 직접 썼다고 발표했다. 이런 일화들은 '절규'가 긴장과 공포심을 극대화하는 효과를 가졌다는 것을 말해준다. 뭉크는 오슬로의 에케베르그 언덕에서 자신이 실제로 경험

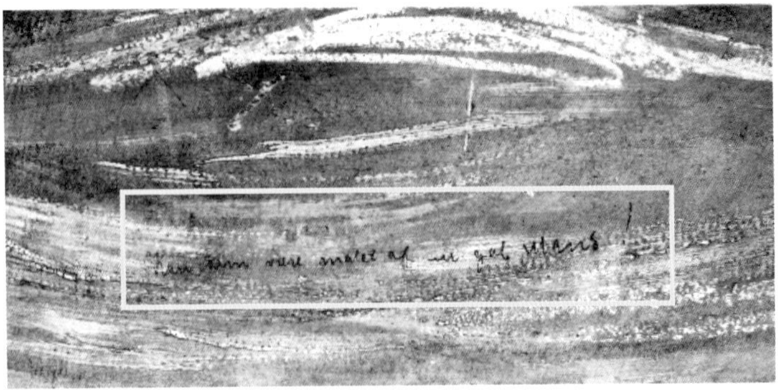

뭉크가 연필로 남긴 글귀

한 강렬한 불안감을 이 작품에 표현했다고 일기에 적었다.

> 나는 두 친구와 함께 길을 걷고 있었다. 해가 지고 있었고 약간 우울한 기분이 들었다. 그때 갑자기 하늘이 핏빛으로 변했다. 나는 심한 피로감에 멈춰 서서 난간에 몸을 기댔다. 불타는 듯한 구름이 짙푸른 피오르와 도시 위로 피 묻은 칼처럼 드리워져 있었다. 친구들은 계속 걸어갔지만 나는 불안으로 몸을 떨며 서 있었다. 자연을 꿰뚫는 거대하고 끝없는 절규가 들리는 듯했다.

뭉크가 인간의 어두운 감정을 작품에 담은 사연이 있다. 그가 다섯 살 때 어머니가 결핵에 걸려 사망했고, 열세 살 땐 가장 의

지하고 따랐던 누이 소피에도 결핵으로 세상을 떠났다. 이후 아버지와 동생 안드레아스가 연달아 죽음을 맞았고, 여동생 라우라는 정신병을 앓다가 저세상으로 갔다.

어릴 적부터 가족의 죽음을 경험한 뭉크는 평생 불행한 기억에서 벗어나지 못했고 자신도 일찍 죽을지 모른다는 불안과 두려움에 시달렸다. 그는 죽음과 질병에 대한 공포심에 사로잡혀 환각, 불안장애, 피해망상, 신경과민증 같은 정신병을 앓기도 했다. 1908년 환각증세가 심해져 '정신분열증' 진단을 받고 병원에 7개월이나 입원한 적도 있었다. 훗날 뭉크는 '절규'를 그리던 시절 광장공포증을 앓고 있었다고 말했다.

몇 년 동안 나는 거의 미쳐 있었다. 광기에 대한 공포가 비틀린 고개를 쳐들던 시기였다. 내 그림 〈절규〉를 아는가? 나는 극도로 긴장된 상태였다. 내 피 속에서 자연이 절규하고 있었다. 나는 한계점에 와 있었다. (…) 당신은 내 그림을, 그 전부를 알고 있다. 난 그 모든 걸 느꼈다. 그 후로 나는 다시 사랑할 수 있으리란 희망을 버렸다.

뭉크는 불안과 공포에 짓눌릴 때마다 절망적인 감정에서 벗어

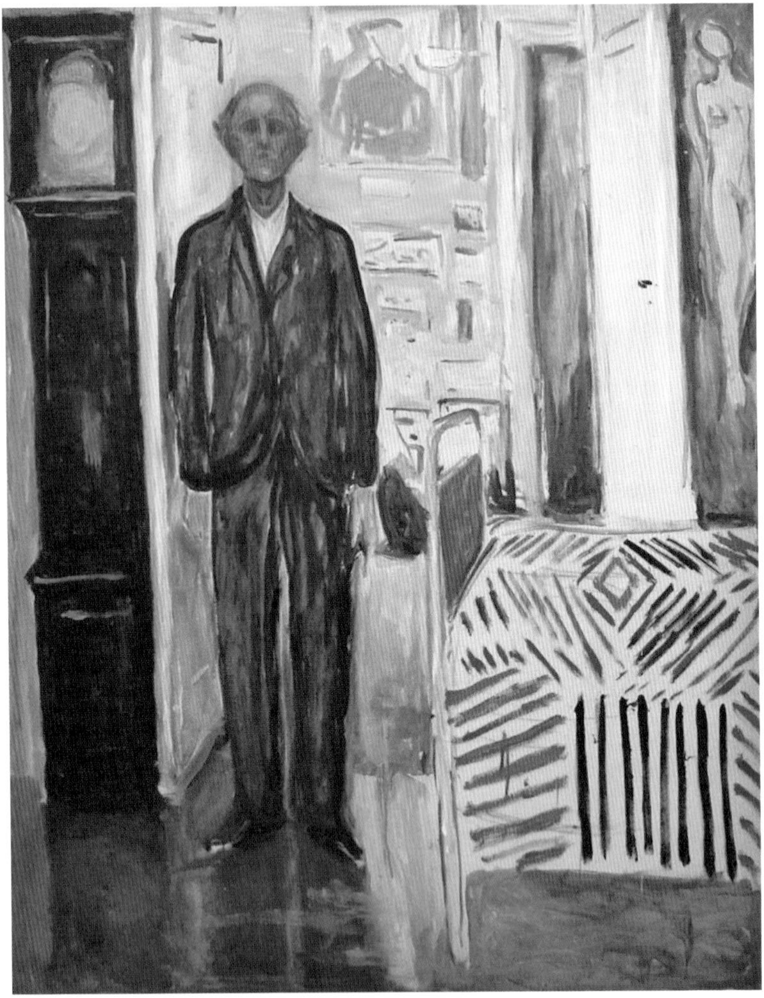

에드바르 뭉크, 〈자화상-시계와 침대 사이〉, 1940~1943년

뭉크 미술관, 오슬로, 노르웨이

나기 위해 더욱 작업에 몰두했다. 뭉크 연구자들에 따르면 그는 81세로 세상을 떠날 때까지 회화 1,150여 점, 판화 1만 7800여 점, 수채화와 드로잉 4,500여 점을 남겼다. 뭉크가 불안을 창작의 에너지로 바꿨다는 사실은 "나의 예술은 침몰하는 배에서 무전 전신기사가 보내는 경고 전신과도 같다. 하지만 나는 이 불안이 내게 필요하다고 느낀다. 삶에 대한 두려움과 병이 없었다면 나는 키를 잃은 배와 같았을 것이다"라는 그의 글에서도 나타난다.

뭉크가 창조한 절규하는 인간상은 불안과 두려움에 떠는 현대인을 상징하게 됐고, 인간이 매우 위급하거나 몹시 두려운 감정을 느끼며 살아간다는 것을 일깨워줬다.

더 나아가 죽음의 본질과 삶의 의미를 되돌아보게 한다. 다시 말해 이 작품은 죽음을 표현했지만 궁극적으로는 삶을 이야기하고 있다. "나는 예술로 삶과 그것의 의미를 설명하고자 노력한다. 그래서 내 그림들이 다른 이들에게 자신의 삶을 좀 더 명확하게 하는 데 도움이 되기를 바란다"라고 창작의 목표를 밝혔던 뭉크, 그의 불안 극복을 통한 용기와 희망이 담긴 이 작품은 그래서 불후의 걸작이라는 찬사를 받는 것이다.

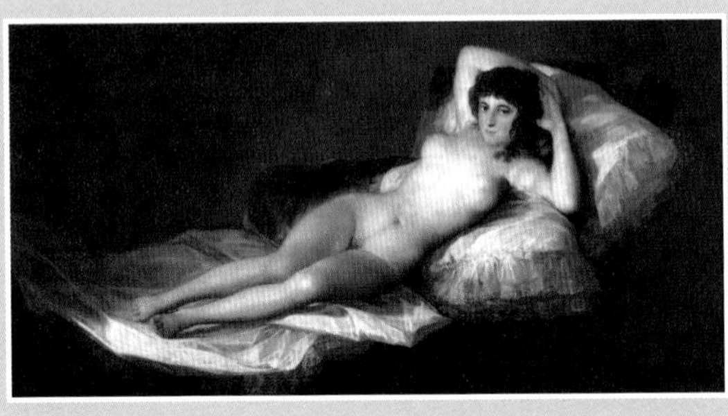

세계 미술사의 최고 스캔들

프란시스코 고야
〈벌거벗은 마하〉

Francisco de Goya The Nude Maja

1795~1800

프랑스 미술비평가 피에르 카반에 따르면 질서, 익숙함, 안전이 위협받을 때 스캔들이 일어난다. 대중은 스캔들이 자신과 다른 시각에서 비롯됐다는 것을 인식하지 못하고 스캔들을 일으킨 예술가를 '비정상적'이라고 비난한다는 것이다.

스페인 화가 프란시스코 고야Francisco de Goya, 1746~1828의 걸작 〈벌거벗은 마하〉The Nude Maja, 1795~1800는 세계 미술사에서 대형 스캔들을 일으킨 대표적인 사례로 꼽힌다. 19세기 최고 거장 중 한 명으로 평가받는 고야가 남긴 유일한 누드화이자 회화 역사상 최초로 실존하는 여성의 나체를 그렸다는 것, 베일에 가려진 신비한 모델의 정체, 이 작품을 소장한 컬렉터의 신분, 스페인 종교재판소에서 음란물 판정을 받은 사건 등이 대중의 호기심을 증폭시켜 세계에서 가장 유명한 누드화가 됐다. 그럼 〈벌거벗은 마하〉

를 감상하면서 스캔들에 얽힌 흥미로운 이야기에 귀 기울여보자.

나체 여성이 비단 시트와 레이스 장식 베개가 놓인 긴 녹색 벨벳 소파 위에 누워서 유혹하는 눈빛으로 관객을 응시한다. 여성은 두 다리를 가지런히 모으고 두 팔은 머리 뒤로 돌려 팔베개 자세를 취했다. 그런 자세로 인해 여자의 젖가슴이 꽃잎처럼 양옆으로 벌어지고, 가는 허리와 풍만한 엉덩이, 육감적인 허벅지가 만나는 S라인의 몸매가 노골적으로 드러나는 효과가 나타났다. 여성의 반쯤 내려뜬 두 눈과 장밋빛으로 물든 뺨, 여체에 와 닿는 사각거리는 비단 소재 시트의 감촉도 관음증을 자극한다. 그림 속 벌거벗은 여성의 배꼽에서 외음부로 이어지는 부분을 자세히 관찰하면 놀랍게도 체모를 발견하게 된다. 이는 현존하는 나체 여성을 모델로 세워 그림을 그렸다는 뜻이다. 이 그림은 서양미술사에서 최초로 여성의 체모를 묘사한 누드화라는 진기록을 세웠다. 고야는 누드를 이상적으로 표현해야 한다는 회화의 전통과 관습을 파괴하고 동시대 스페인 여성의 나체를 그려 사회적 금기를 위반했다.

수천 년 동안 서양 문화사에서 누드는 매우 중요한 주제였다. 누드는 보편적이며 영원한 가치를 지닌 표현 수단이자 완벽한 표

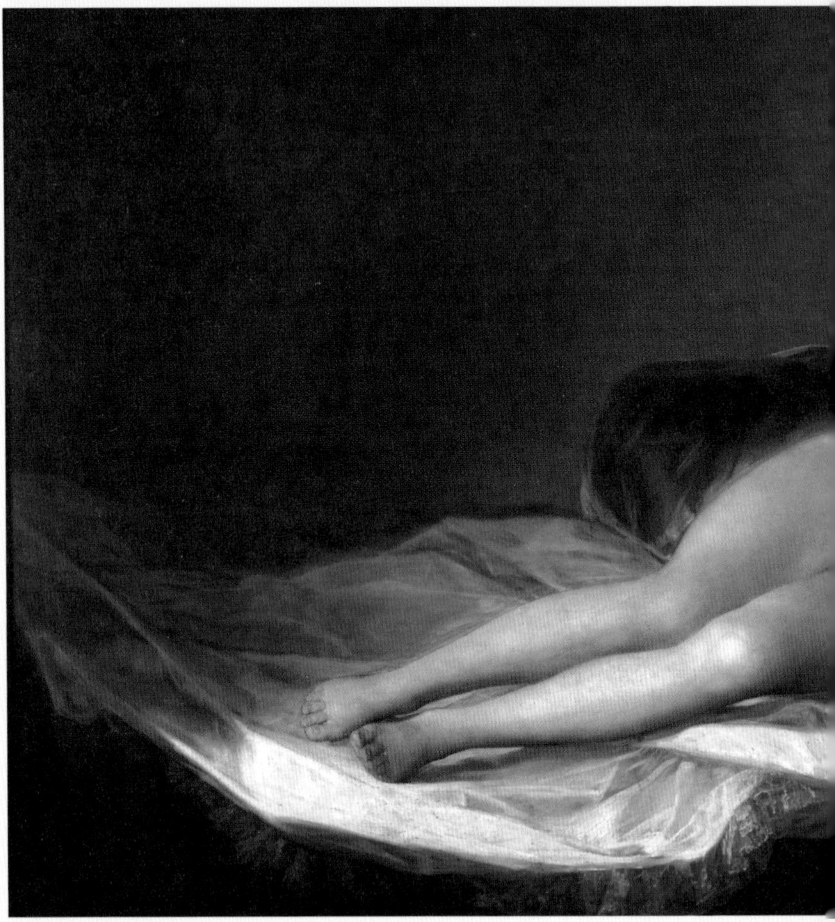

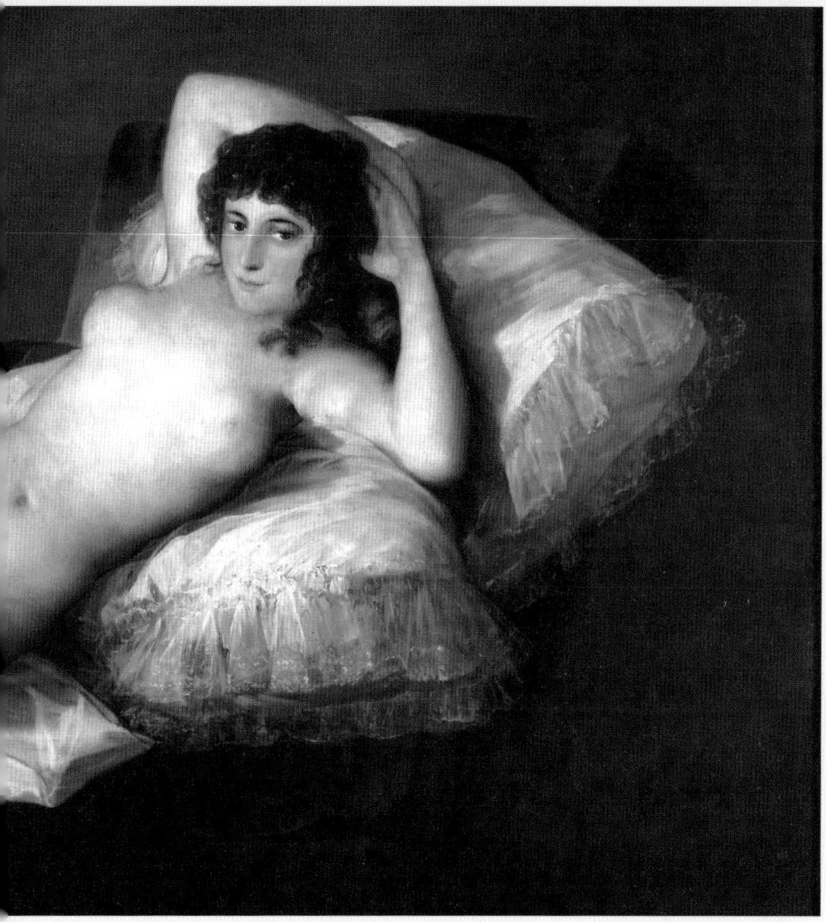

프란시스코 고야, 〈벌거벗은 마하〉, 1795~1800년경
프라도 미술관, 마드리드, 스페인

준이 되는 '미의 척도'였다. 아울러 균형과 조화, 비례, 대칭 등 아카데믹한 표현기법을 훈련하는 미술의 기초로 여겨졌다. 그런 이유에서 누드화의 주인공은 인간이 아닌 신화 속 여신이나 요정들의 몫이었다.

체모 묘사는 이상적 미의 상징인 누드를 동물적 수준으로 떨어뜨리는 음란 행위였다. 체모는 동물성, 퇴폐, 불결함, 타락한 성욕을 의미했다. 화가들은 현실 속 여성 나체를 음란물로 대하는 사회적 거부감을 의식한 나머지 누드화를 그릴 때 인간적인 흔적을 제거하기 위해 다양한 방법을 찾았다. 천이나 손, 다리를 꼰 자세를 통해 체모를 가리거나 아예 없는 듯 매끈하게 붓질하는 방식으로 인간적인 흔적을 지웠다.

그런 시절에 고야는 대담하게도 누드화의 전통을 깨고 후세의 학자들이 '에로틱한 거짓과 위선적인 누드화의 종말', '환상이라는 베일에 가려진 우리의 시선을 벌거벗은 인간 세계로 끌어 내린다'라고 극찬한 혁신적 누드화를 창조해 큰 충격을 줬다. 더욱 놀랍게도 〈벌거벗은 마하〉와 한 쌍을 이루는 〈옷을 입은 마하〉를 또 한 점 제작해 마하가 여신이 아니라 현실 세계에 존재하는 여자라는 사실을 보란 듯 증명했다.

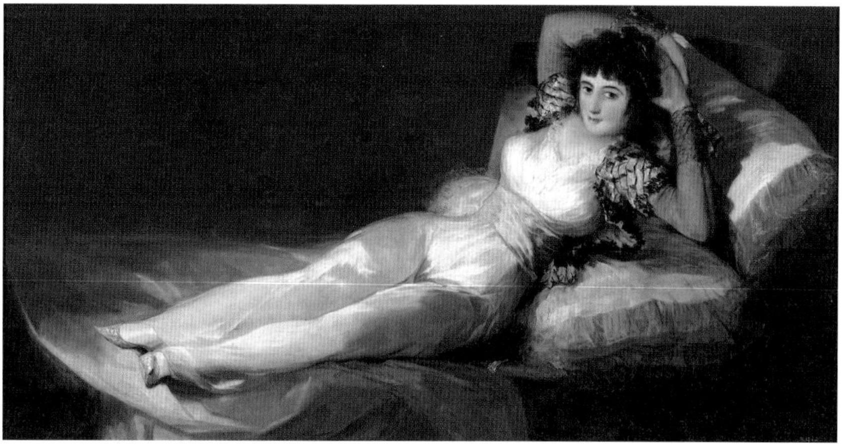

프란시스코 고야, 〈옷을 입은 마하〉, 1805년경
프라도 미술관, 마드리드, 스페인

화면에 벌거벗은 마하를 쏙 빼닮은 여인이 등장했다. 두 그림을 비교해보라. 모델, 자세, 작품 구도, 실내 정경도 똑같다. 유일한 차이점은 한 여자는 옷을 벗고 다른 한 명은 옷을 입었다는 것이다. 옷을 입은 여자도 벌거벗은 여자만큼이나 유혹적이다.

여자의 짙은 화장, 당시 스페인에서 유행한 최신 패션도 관능미를 강조한다. 짙은 화장 얼굴에 연지와 분을 발랐고 눈과 눈꺼풀에도 검정 분가루를 칠했다, 당시 스페인에서 유행한 이국적 패션 몸의 곡선이 선명하게 드러난 터키 풍 의상에, 터키 풍 황금 슬리퍼를 신었다의 인공미가 관객의 욕정을 자극한다. 그 시절 가톨릭의 수호자를 자처한 스페인 정부는 누드화를 엄격하게 검열했다.

그림의 제왕은 단연 종교화였다. 누드화를 죄악으로 여기는 스페인의 공포 분위기를 짐작할 수 있는 유명한 일화도 있다. 카를로스 4세는 왕실 소장의 누드화들을 불태우려고 시도했지만 미술아카데미 회원들이 그림들을 황제의 눈에 뜨지 않은 방에 감춘 덕분에 화를 면했다는 기록이 남아있을 정도다. 가톨릭이 지배해온 억압적인 사회 분위기에서 감히 나체 모델을 섰던 여성은 누구일까? 미술사를 통틀어 이 누드화만큼 모델의 정체를 밝히려는 시도가 많았던 적도 없었다. 그림의 주인공을 둘러싼 다양한 추측과 숱한 논란 끝에 스페인 최고의 귀족이자 고야의 연인이었던 알바 공작부인, 당시 절대 권력자였던 재상 마누엘 데 고도이의 애첩 페피타 튜도, 둘 중 한 여성으로 추정되고 있다.

두 그림의 소장자와 이 작품들이 스페인 프라도 미술관에 정착할 때까지 겪었던 파란만장한 여정도 불후의 명작으로 꼽히는데 영향을 미쳤다. 두 그림은 마리아 루이사 왕비와 함께 국정을 통치한 실세 권력자인 고도이가 소유하고 있었다. 당시 문서에 따르면 고도이는 저택 안 비밀 전시실에 소장품을 숨겨두고 지인들에게만 그림들을 보여줄 정도로 철저하게 보안을 유지했다. 옷을 입은 마하가 태어났던 배경에 대한 흥미로운 일화도 전해진다. 〈옷을 입은 마하〉는 〈벌거벗은 마하〉의 눈가리개용 그림으로 제작됐다는 것이다. 눈가리개용 그림이란 음란한 그림을 가리기 위한 용도로 만들어진 덮개 그림을 말한다.

당시 야한 그림을 소장한 유럽의 호색가들은 남의 눈을 피하기 위한 위장용 그림을 화가에게 주문하곤 했다. 평상시에는 덮개 그림으로 음란물을 감추고 필요할 때는 덮개 그림을 치우고 야한 그림을 즐겼다고 한다. 누드화가 발각될까 늘 마음을 졸인 고도이는 덮개 그림의 필요성을 절감하고 고야에게 옷을 입은 마하를 주문했다는 것이다. 권력을 빼앗긴 고도이가 프랑스로 망명한 이후 스페인 정부는 수천 점에 달하는 그의 소장품을 몰수해 산 페르난도 왕립 미술 아카데미 보관실에 방치했다. 1813년 <벌거벗은 마하>는 외설물 혐의를 받은 다른 그림들과 함께 종교재판소에 압수됐다. 그림이 압류되는 과정에서 고도이의 소장품 목록에 '고야, 집시여인'이라고 적혀 있던 원래 제목이 '벌거벗은 마하'로 바뀌게 된다. 마하는 스페인어로 성적 매력이 넘치는 멋쟁이 여성을 뜻한다.

1815년 고야는 음란물을 그린 혐의를 받고 법정에 소환됐지만 스페인 최고의 화가이자 궁정화가였던 그의 재능을 아끼는 지인들의 도움으로 간신히 화형을 면하고 사면됐다. 재판정에서 고야는

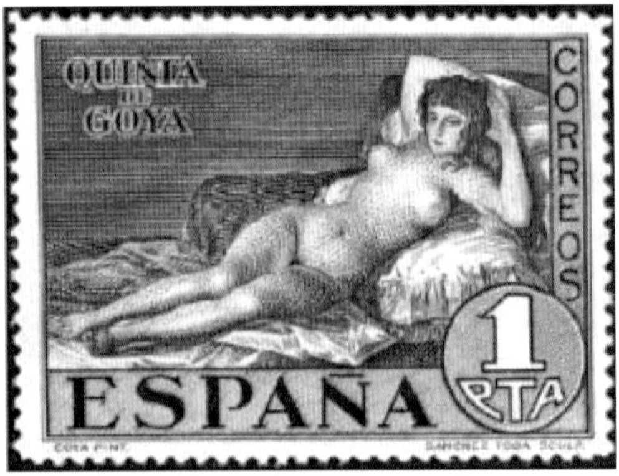

스페인 정부가 1930년 발행한 '벌거벗은 마하' 우표

모델의 신원에 대해 끝까지 입을 다물었다고 한다. 이 그림은 1901년까지 프라도 국립미술관 컬렉션의 일부가 되었으며 1910년 카탈로그에 처음으로 언급됐다. 1930년 스페인 정부는 '벌거벗은 마하' 이미지를 실은 우표를 발행했다. 인류 역사상 최초로 여성 누드화를 우표로 기념한 역사적 사건이었다.

1930년 시인 카렐 차페크는 『스페인 일지』에 "벌거벗은 마하, 에로틱한 거짓과 위선적인 나체화의 종말, 고야의 유일한 누드화는 아카데미 그림에 나온 1,000kg에 달하는 여인들의 살덩이 무게보다 훨씬 더 많은 진실을 드러낸다"라는 찬사를 보냈다.

미술사학자인 제니스 톰린슨은 고야의 누드화가 시대정신을 담았다고 평가한다. 해석의 증거로 마하가 대담하게 관객을 응시하는 눈길을 제시했다. 당시 스페인의 시사평론가들이 상류층 여인들 사이에서 수줍고 순종적인 여성상을 거부하는 풍조가 유행처럼 번진 것을 개탄한 사례를 들어 이러한 사회분위기가 고야의 누드화에 반영됐다는 것이다. 회화의 위선을 거부하고 실재하는 여성의 나체를 등장시킨 <벌거벗은 마하>는 세계 회화 역사상 가장 유명한 누드화 중 하나가 됐다.

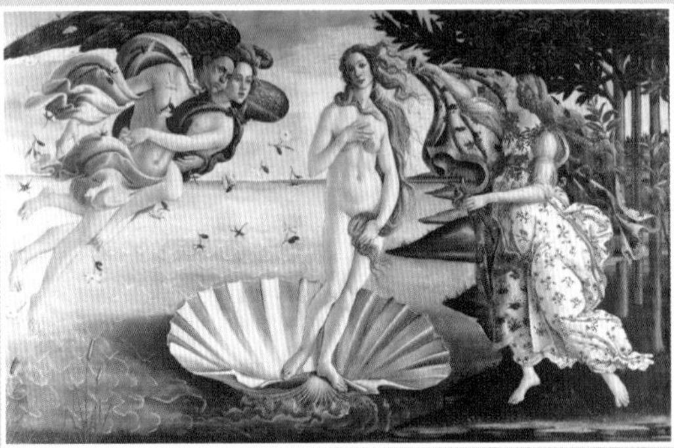

르네상스 시대 문화 아이콘, 황금비의 여인

산드로 보티첼리
〈비너스의 탄생〉

SANDRO BOTTICELLI
THE BIRTH OF VENUS

1484~1486

고대 그리스의 시인 호메로스는 그리스 신화에 나오는 사랑과 미, 다산을 관장하는 여신 아프로디테비너스를 찬양하는 시를 남겼다.

나는 위풍당당하게 찬양하리라. 황금의 관을 쓰고 바다 한 가운데 키프로스의 성벽 도시들을 지배하는 지극히 아름다운 아프로디테를, 서풍의 촉촉한 숨결이 그녀를 부드러운 거품에 실어 울부짖는 바다위로 실어 보냈고 황금으로 머리를 동여맨 호라이는 기뻐하며 그녀를 맞으리, 그 들은 천국의 옷을 그녀에게 입히고.

_ 호메로스, 아프로디테 찬가 중에서

아름다움의 여신답게 최고의 미모를 가진 비너스는 서양 미술사에서 매우 인기 있는 주제였다. 고대 그리스부터 19세기까지 이어지는 수천 년 동안 많은 예술가들이 이 매력적인 주제에 도전했다. 하지만 이탈리아 르네상스 미술의 거장 산드로 보티첼리Sandro Botticelli, 1445~1510가 창조한 비너스의 아름다움에 견줄 만한 작품은 찾아보기 힘들다.

우피치 미술관 소장품인 보티첼리의 대표작 〈비너스의 탄생〉The Birth of Venus, 1484~1486은 이상화된 아름다움을 여성 누드를 통해 구현한 최고 걸작 중 하나로 평가받는다. 이 그림을 주문한 사람은 '예술의 도시' 피렌체를 지배하던 메디치 가문의 로렌초 디 피에르 프란세스코다. 그는 피렌체 공화국의 실제적인 통치자로, 막강한 권력을 지녔던 로렌초 디 피에로 데 메디치일명 로렌초 일 마 니피코 Lorenzo il Magnifico의 친척이었다.

학문과 예술의 후원자인 로렌초는 피렌체에서 가장 유명한 화가 중 한 명인 보티첼리에게 피렌체 근교에 위치한 메디치 가문이 소유한 카스텔로 별장 실내장식을 위한 그림을 의뢰했다. 보티첼리는 아름다움이 절대적 가치를 지녔으며 예술의 유일한 목적은 미와 조화, 균형감을 모두 갖춘 이상적 아름다움을 표현하

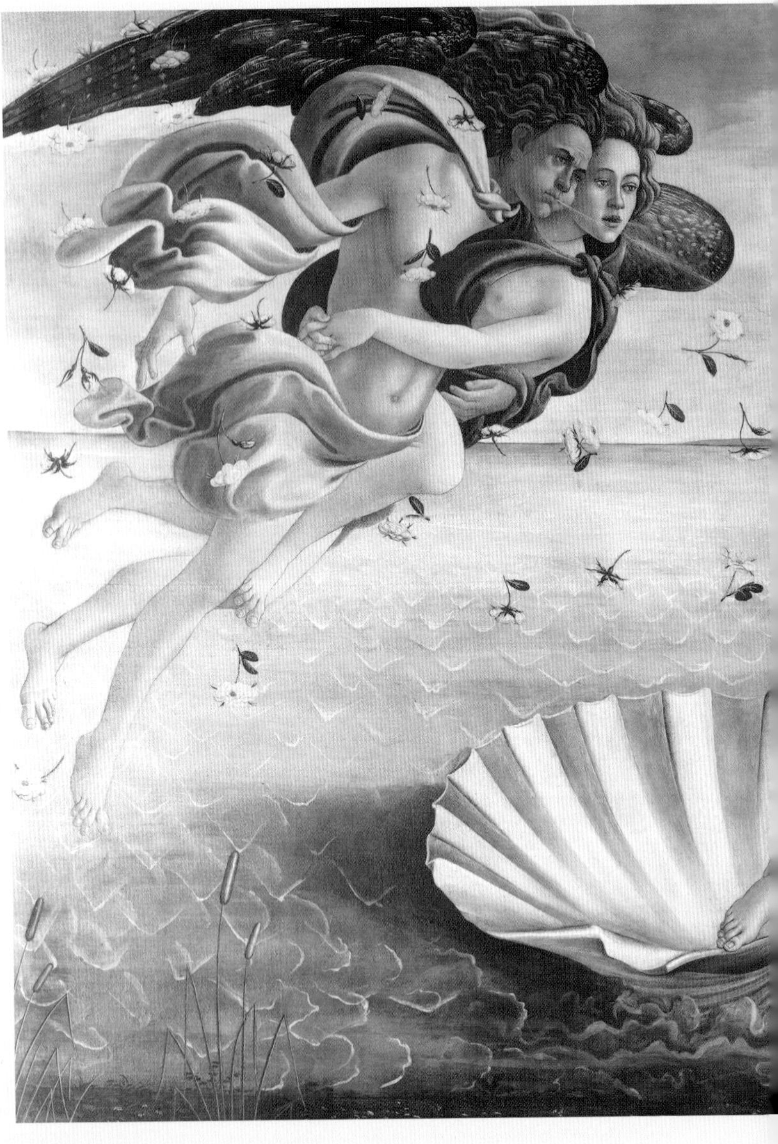

산드로 보티첼리, 〈비너스의 탄생〉, 1484~1486년경
우피치 미술관, 피렌체, 이탈리아

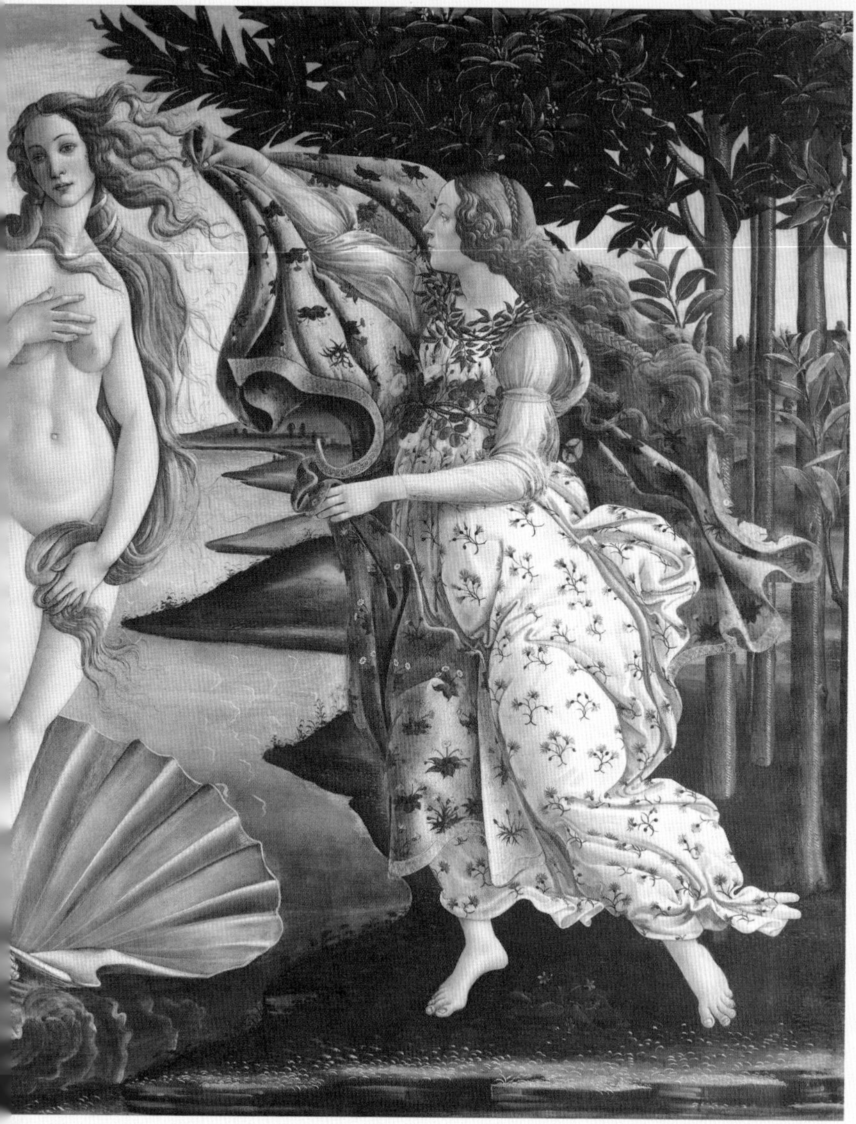

는 것이고 이는 오직 예술을 통해서만 가능하다는 예술관을 가졌다. 그는 메디치가로부터 의뢰받은 작품에 르네상스 시대정신인 이상미, 즉 영적인 속성과 감각적 속성이 결합된 절대적인 아름다움을 담고자 했다. 일본의 미술사학자 다카시나 슈지에 따르면 당시 메디치 가문의 재정지원을 받던 피렌체 인문주의자들을 중심으로 한 독특한 사상 신플라톤주의이 문화예술을 꽃피웠다.

중세는 신 중심의 세계관이 지배하던 시기이고, 르네상스는 현실 세계를 긍정함으로써 신의 영역에 이르려고 했던 인간 중심의 세계관이 발현된 시기라고 할 수 있다. 현실 세계와 이상 세계를 융합하려는 인문주의자들의 사상이 피렌체 지식인들과 교류했던 화가 보티첼리의 작품세계에 영향을 미쳤다는 것이다. 그럼, 이상적 아름다움을 추구한 르네상스 시대정신이 그림에 어떻게 반영됐는지 살펴보도록 하자.

이 장면은 바다 물거품에서 성숙한 여성으로 태어난 비너스 아프로디테가 조개껍데기를 타고 키프로스 또는 키테라 해안에 상륙하는 순간을 묘사했다. 그림 왼쪽에서 서풍의 신 '제피로스와 미풍의 여신 아우라 또는 요정 클로리스가 비너스를 태운 조개껍데기를 해안으로 밀어내기 위해 힘차게 숨을 내뿜는다. 오른쪽 해안에서는 은매화 화환을 목에 걸고 장미 허리띠를 두른 계절의 여신 호라이가 여신의 벗은 몸을 감싸주려고 커다란 분홍색 비단 망토를 들고 황급히 달려오고 있다. 화려한 망토는 장미열정, 앵초중생, 머틀다산 등 사랑의 상징인 봄꽃들을 수놓아 장식했다. 하늘에서 비너스의 상징인 분홍 장미가 빗방울처럼 바다로 떨어지는데 신화에 따르면 장미는 비너스의 피에서 생겨났다.

여신이 탄 조개껍데기 아래 파도의 흰 물거품은 아프로디테의 이름이 그리스어로 거품이라는 뜻의 아프로스에서 유래했다는 탄생 신화를 말해준다. 고대 그리스의 서사시인 헤시오도스Hesiodos, 기원전 740~670년경는 그리스 신들의 이야기를 집대성한 1,022행의 서사시 〈신들의 계보〉에서 비너스의 탄생 과정을 이렇게 노래했다.

타이탄 크로노스가 아버지 우라누스의 남근을 낫으로 잘라 육지에서 키프로스의 바닷속으로 던지자 그 주위로 불사不死의 살점에서 흰 거품이 일더니 그 안에서 한 소녀가 자라났다. (…) 신들과 인간들이 그녀를 아프로디테(거품에서 생겨난 여신)라고 불렀다. (…) 그녀를 키프로스 출신이라고 부르는 것은 그녀가 파도에 둘러싸인 키프로스에서 태어났기 때문이며, 남근을 좋아한다고 부르는 것은 그녀가 남근에서 출현했기 때문이다.

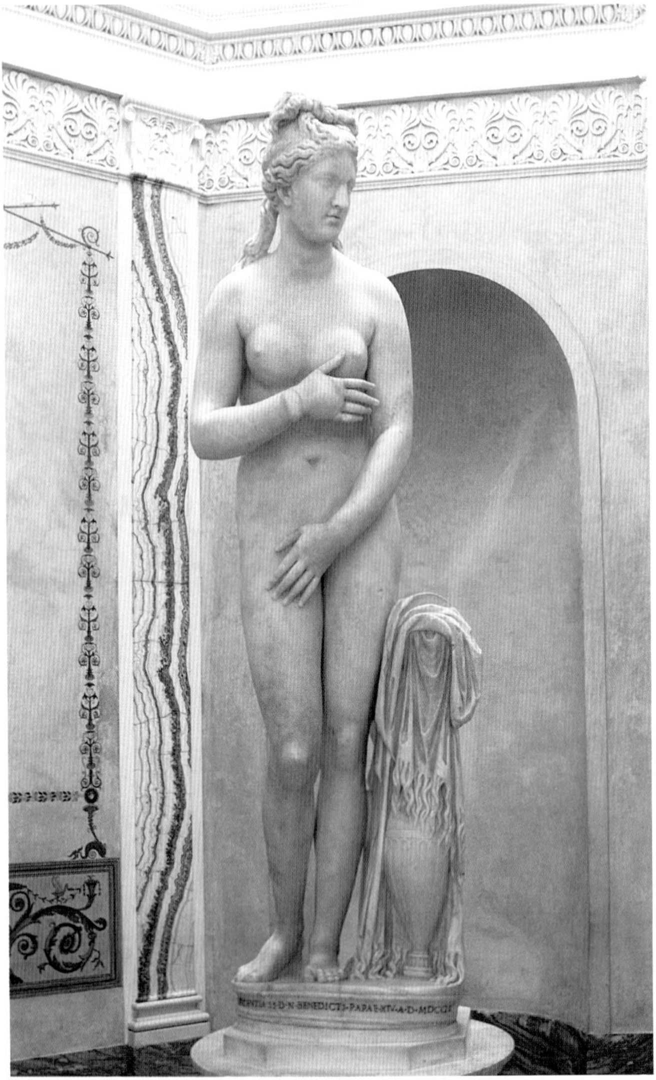

카피톨리노의 비너스 청동작품을 2세기에 대리석으로 모각한 작품

비너스는 두 손 중 하나를 가슴에 얹고 다른 하나는 성기를 가리는 독특한 몸짓과 콘트라포스토contrapposto 자세를 취했다. '대비된다'는 뜻의 이탈리아어에서 유래한 콘트라포스토는 그리스 고전 조각에서 확립된 미적美的 법칙으로 신체의 중심을 한쪽 다리에 두고 다른 쪽 다리는 편안하게 놓아 운동감을 부여하고 곡선미를 주기 위한 S자형 자세를 말한다.

그림 속 여신의 몸동작과 자세는 정숙한 비너스, 순결한 비너스의 전형으로 불리는 고대 그리스 고전기 조각상에서 빌려온 것이다. 고대 조각상과 보티첼리의 그림 속 여신은 둘 다 누드이고 몸짓과 자세가 유사하다는 공통점이 있지만 결정적인 차이점이 있다.

고대 조각상은 비록 벌거벗었지만 관능적으로 느껴지지 않는다. 여신은 단지 목욕을 하기 위해 옷을 벗었을 뿐이다. 정숙한 비너스는 두 손 중 하나는 가슴에, 다른 하나는 성기에 얹고 여성적 특징을 가리는 자세를 취하고 있다.

반면 그림 속 여신은 더없이 우아하고 아름답지만 관능미를 발산한다. 황금빛으로 빛나는 긴 머리카락이 바람에 휘날리며 사랑의 애무처럼 비너스의 우유빛 피부와 길고 유연한 신체, 우아한 곡선으로 이뤄진 몸을 어루만지고 지나가면서 육체적 욕망을 자극한다.

특히 황금빛 머리카락으로 은밀한 부위를 가리는 비너스의 손 동작은 시각을 촉각적인 감각 자극으로 전환하며 에로틱한 감정을 불러일으킨다. 게다가 그림 속 비너스는 해부학적으로 불가능한 포즈를 취하고 있다. 조각상의 어깨는 수평을 이루는 반면 그림 속 비너스의 어깨는 삼각형 형태인데다 거의 모든 신체 무게가 다리 한쪽에 몰려있고 이 경사진 다리가 전체 몸무게를 지탱하고 있다.

비너스가 해부학적으로 불가능한 포즈를 취한 의도가 있다. 누드에 조화로운 리듬을 부여하는 동시에 정적인 신체에 움직임을 가져와 바다 위에 우아하게 떠있는 듯한 효과를 주기 위해서다. 고요함과 움직임이 공존하는 비너스의 누드는 영혼과 육체가 조화를 이룬 이상적 아름다움을 상징한다. 학자들은 캔버스 치수와 비너스의 누드에 미적으로 완벽한 비율인 '황금비율(1:1.618)'이 적용됐다는 연구 결과도 발표했다. 황금비에 가까운 형태는 시각적으로 안정감과 균형감, 아름다움을 느끼게 한다.

또한 보티첼리는 금세공사 장인 밑에서 도제로 일했던 경험을 바탕으로 비너스의 머리카락, 나무 이파리와 꽃, 조개껍질, 망토, 계절의 여신 호라이의 의상을 황금빛으로 장식했는데 이것은 아름다움이 고귀하고 신성한 가치를 지녔다는 메시지를 전하기 위해서였다. 신성한 아름다움천상의 사랑과 관능적 아름다움지상의 사랑이 조화를 이룬 이 작품은 영혼과 육체의 결합을 통한 이상화된 아름다움을 추구한 르네상스 시대 문화 아이콘이 됐다.

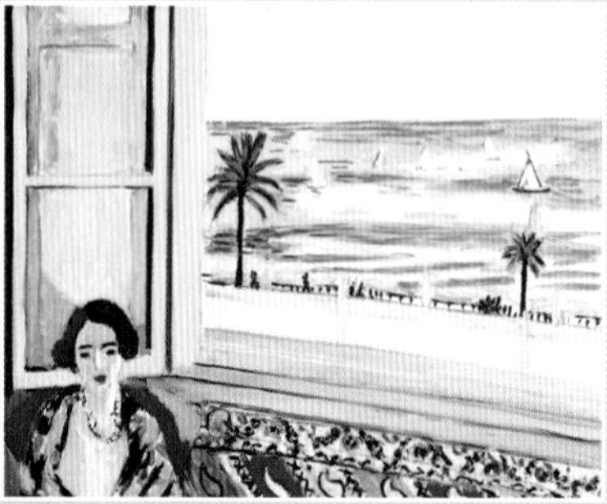

마티스가 꿈꾸었던 곳

앙리 마티스
〈열린 창문을 등지고
앉아 있는 여인〉

HENRI MATISSE
BACK TURNED TO THE OPEN WINDOW
1922

누군가에게 사랑의 대상이자 기쁨의 원천이 되는 특정 장소를 '토포필리아'라고 부른다. 토포필리아는 '장소'를 의미하는 그리스어 topos와 '사랑'을 의미하는 philia가 결합한 합성어로, 중국 출신의 지리학자 이 푸 투안의 저서 『토포필리아』에서 처음으로 사용됐다.

특정 장소에 정서적 유대감과 애착을 느끼는 장소애場所愛는 창조성을 자극하는 요인이 되기도 한다. 피카소와 함께 20세기 미술을 대표하는 거장 앙리 마티스Henri Matisse, 1869~1954의 토포필리아는 지중해 연안의 휴양도시 니스였다. 마티스는 영국, 스페인, 모로코, 러시아, 이탈리아 등 세계 각국을 여행하며 예술적 감흥을 얻었는데 특히 니스는 야수파의 창시자인 그에게 강한 영감을 줬다.

야수파 포비즘 fauvism는 20세기 초 프랑스 파리에서 태동한 혁신적 미술 사조를 가리킨다. 처음에는 말 그대로 강렬한 원색 사용과 거친 붓질 등의 표현기법으로 미술계에 큰 충격을 안겨줬던 화가 그룹을 야수에 비유해 경멸하는 용어로 사용됐다. 야수파'라는 명칭이 탄생하게 된 계기는 프랑스 비평가 루이 복셀 LouisVauxcelles이 1905년 가을 살롱전Salond'Automne에 출품된 마르케의 청동 조각에 대해 "야수의 우리 속에 갇힌 도나텔로 이탈리아 르네상스 시대 조각가 같다"라고 말한 것에서 비롯됐다.

마티스는 명암법과 원근법을 적용해 대상을 실물과 닮게 사실적으로 재현하는 전통적인 회화의 표현방식을 거부하고 강렬한 원색과 거칠고 대담한 붓질로 감정을 표현하는 독창적 화풍을 개발했다. 마티스의 그림 속 나무는 빨강, 인물의 피부는 초록, 하늘은 노랑으로 칠해졌다.

색을 섞지 않고 원색을 사용해 개성을 드러내는 그의 혁신적 스타일은 전통회화에 대한 도전이며 전복이었다. 미술 역사에서 최고의 컬러리스트이자 색채심리학자로 평가받는 마티스에게색은 매우 강력한 힘을 지닌 창작 도구였다. 이는 다음과 같은 마티스의 말에서도 나타난다.

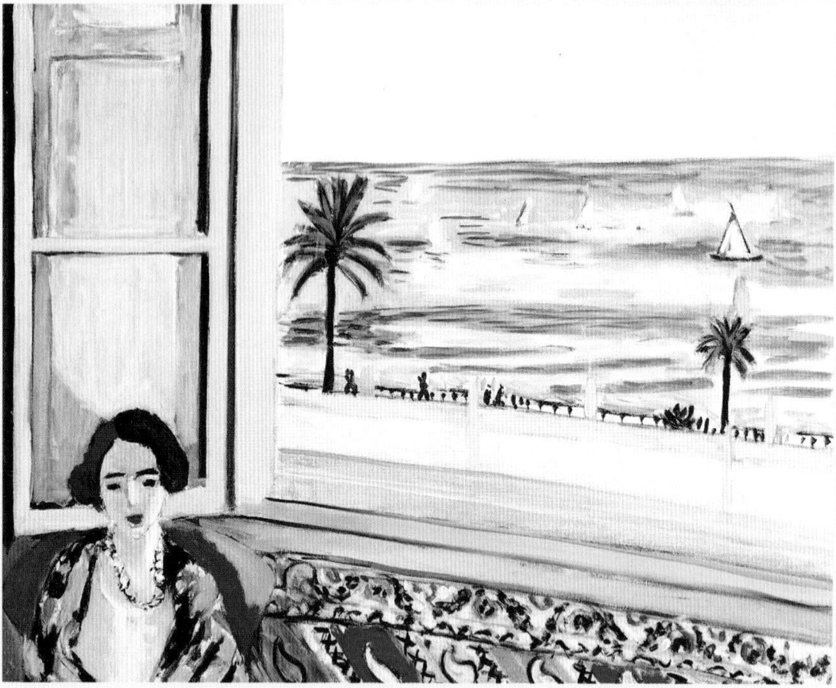

앙리 마티스, 〈열린 창문을 등지고 앉아 있는 여인〉, 1922년
몬트리올 미술관, 퀘벡, 캐나다

내 손에 물감 상자를 받은 순간, 나는 천국을 발견했다. (…) 색은 단순할수록 내면의 감정에 더 강력하게 작용한다. (…) 내가 쓰는 모든 색은 한데 어우러져 노래한다. 마치 합창단처럼.

마티스는 '색채의 해방'을 선언하고 색이 인간의 감정뿐만 아니라 건강, 패션, 건축, 인테리어 디자인 등에도 큰 영향을 미친다는 예술관을 평생에 걸쳐 작품에 구현했다.

니스가 마티스의 토포필리아가 될 수 있었던 배경은 크게 두 가지다. 먼저 니스의 강렬한 빛과 온화한 기후, 아름다운 바다색이 색채를 실험하던 마티스에게 강한 영감을 주었다. 1916년 마티스는 지중해의 신선한 공기가 기관지염에 도움이 될 것이라는 의사의 권유로 파리를 떠나 휴양도시 망통으로 향하고 있었다. 그런데 지중해의 보석으로 불리는 니스의 아름다운 자연풍경에 매료돼 애초 계획을 바꿔 니스에 짐을 풀었다.

마티스는 니스의 밝고 투명한 빛에 이끌려 한동안 파리와 니스를 오가며 그림을 그리다가 아예 그곳에 정착하기로 결심했다. 니스의 자연풍경이 마티스의 작품 세계에 큰 변화를 가져왔기 때문이다. 그는 니스의 찬란한 빛이 얼마나 감동적인지 이렇게 털어놓았다.

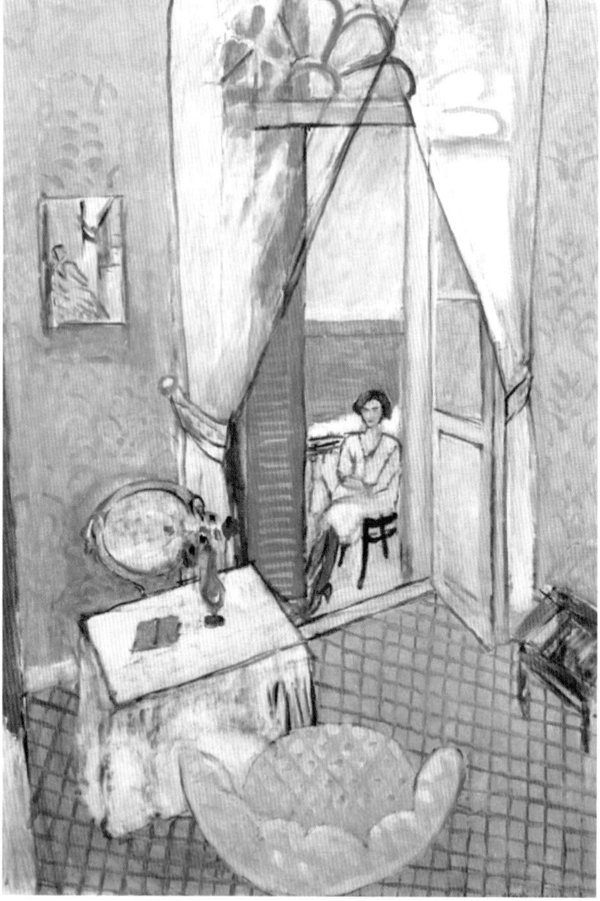

앙리 마티스, 〈니스의 실내 풍경〉, 1919~1920년경
시카고 미술관, 시카고, 미국

모든 것이 거짓말 같고, 어이가 없고, 숨 막히게 매혹적이다. 나는 매일 아침 이 황홀한 빛을 보게 될 것이라고 깨달았을 때, 내게 주어진 행운을 믿을 수 없었다. (…) 나는 니스를 떠나지 않기로 결심했고, 거의 평생 그곳에 머물렀다.

마티스는 니스의 호텔과 아파트를 임차해 화실을 마련하고 그곳을 배경으로 그림을 그리면서 빛과 색의 효과를 탐구했다.

미술사에서는 마티스가 니스에서 활동하면서 수많은 작품을 남겼던 1917~1930년을 '니스 시절'이라고 부른다. 니스는 또한 마티스가 꿈꾸던 평온하고 안락한 삶을 누릴 수 있는 최적의 장소였다. 마티스는 20세기 대재난으로 불리는 제1차 세계대전 이후 파리의 혼란스러운 정치적 상황에서 벗어나 자유롭게 관능성을 탐닉할 수 있는 안식처가 필요했다.

니스가 마티스 영혼의 피신처였다는 것은 "나는 파리에서의 고민으로부터 멀리 떨어져 있는, 숨을 쉬고, 휴식을 취할 수 있는 조용한 공간이 필요했다"라는 그의 말에서도 확인된다. 삶의 절망과 고통, 비극적 요소가 전혀 스며들지 않은 예술, 그가 평소 입버릇처럼 '내가 꿈꾸는 것은 편안한 안락의자와 같은 예술'이라고 말했던 예술세계의 실현이 니스에서는 가능했다.

창문 밖으로 펼쳐진 드넓은 바다와 동양풍 문양으로 장식된 호텔 실내를 배경으로 젊은 미녀가 의자에 앉아 휴식을 취하는 〈열린 창문을 등지고 앉아 있는 여인〉Back Turned to the Open Window, 1922에는 마티스가 꿈꾸던 모든 것이 담겨 있다. 그것은 창문을 통해 들어오는 투명한 햇빛, 눈부시게 푸른 바다, 장식적 문양, 아름다운 풍경만큼이나 매혹적인 여성과의 황홀한 조합을 말한다. 이 작품은 색채, 장식성, 관능성의 세 가지 요소가 조화롭게 구성된 니스 시절의 특징을 잘 보여주고 있다.

내부세계인 호텔방과 외부세계인 지중해 풍경을 하나로 결합한 이 그림에서 시선을 압도하는 것은 열린 창문을 통해 보이는 드넓은 바다이다. 화면의 대부분을 지중해 풍경에 할애한데다 확 트인 전망과 바다가 내려다보이는 사선 구도를 선택했다. 덕분에 감상자는 그림 속 피서객들처럼 야자수가 서있는 해변에서 요트가 떠다니는 니스의 바다를 한가롭게 바라보는 듯한 느낌을 갖게 된다. 평온하고 이국적이며 관능적 분위기가 물씬 풍기는 이 그림은 마티스가 왜 니스에 애착을 느꼈는지, 생을 마감한 1954년까지 왜 니스를 떠나지 못했는가? 라는 질문에 대한 대답이기도 하다. 지중해의 찬란한 빛 속에서 마티스는 색의 해방이라는 평생의 숙제를 풀 수 있었다. 또 그가 그토록 갈망한 휴식과 평온, 행복, 기쁨, 사랑의 감정도 누릴 수 있었다. 오늘날 마티스는 니스를 대표하는 화가로 꼽히고 니스의 시미에 언덕에 있는 마티스미술관에는 그와 그의 가족이 니스시에 기증한 작품 450여 점이 전시돼 관객을 맞고 있다.

마티스를 좋아하는 많은 사람에게 니스는 영원한 예술의 토포필리아다.

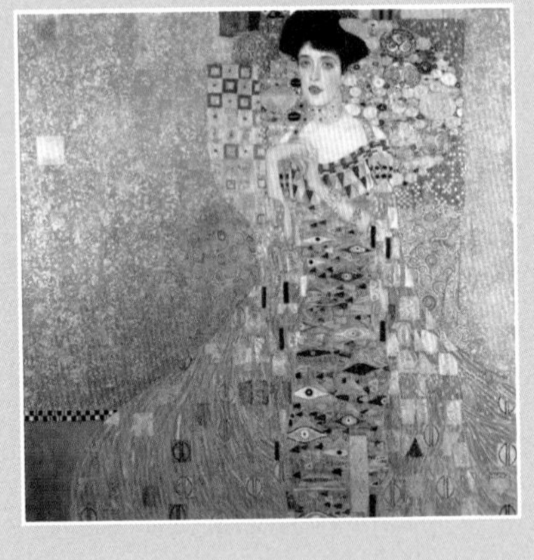

황금장식기법 최고 걸작

구스타프 클림트
<아델레 블로흐 바우어의 초상>

GUSTAV KLIMT
PORTRAIT OF ADELE BLOCH BAUER
1907

그리스 신화에 나오는 프리기아의 왕 미다스는 무엇이든 손에 닿기만 하면 황금으로 변하게 하는 능력을 신에게서 부여받고 무척 행복했다. 그러나 음식이나 술잔, 꽃 심지어 사랑스러운 딸 오렐리아 공주까지 금으로 변해버리자 왕은 큰 슬픔에 빠졌다. 왕은 신성한 팍톨로스 강물에 몸을 씻고서야 비로소 황금을 만드는 손의 불행에서 벗어날 수 있었다.

스페인 왕 페르난도 2세는 콜럼버스의 탐험을 지원하면서 이렇게 말했다.

금을 가져와라. 가능한 한 인도적으로, 그러나 어떠한 위험을 무릅쓰고라도 금을 반드시 가져와라.

황금의 손을 가진 미다스 왕 전설과 콜럼버스의 탐험에 관한 이야기는 금을 향한 인간의 집착이 얼마나 강한지 상징적으로 보여준다. 금을 숭배하고 소유하기를 갈망하는 인간의 심리를 작품에 반영해 거장이 된 예술가가 있다. 오스트리아의 국민 화가 구스타프 클림트Gustav Klimt, 1862~1918다. 그의 대표작 〈아델레 블로흐 바우어의 초상〉Portrait of Adele Bloch Bauer, 1907은 황금이 사용된 가장 화려하고 아름다운 작품으로 평가받고 있다. 그럼 작품을 감상하면서 황금으로 그려진 명화의 탄생 배경을 살펴보자.

이 그림은 '레이디 인 골드'황금의 여인라는 이름으로도 불리고 있다. 그만큼 황금이 풍부하게 재료로 사용됐다. 클림트의 초상화 중 가장 많은 금이 사용된 작품이기도 하다. 초상화 속 모델은 설탕 제조업으로 막대한 부를 쌓은 오스트리아의 부유한 사업가 페르디난트 블로흐의 아내 아델레다. 부유한 유대인 은행가 집안에서 태어난 아델레는 18세에 체코 태생인 부호 '페르디난트 블로흐'와 결혼했다. 블로흐는 자신의 부와 사회적 지위, 예술적 취향을 아내의 초상화를 통해 과시하기를 원했다. 블로흐의 마음을 꿰뚫어 본 클림트는 자신이 창안한 황금장식기법으로 아델레를 화려하게 장식해 고객의 요구를 충족시켜줬다.

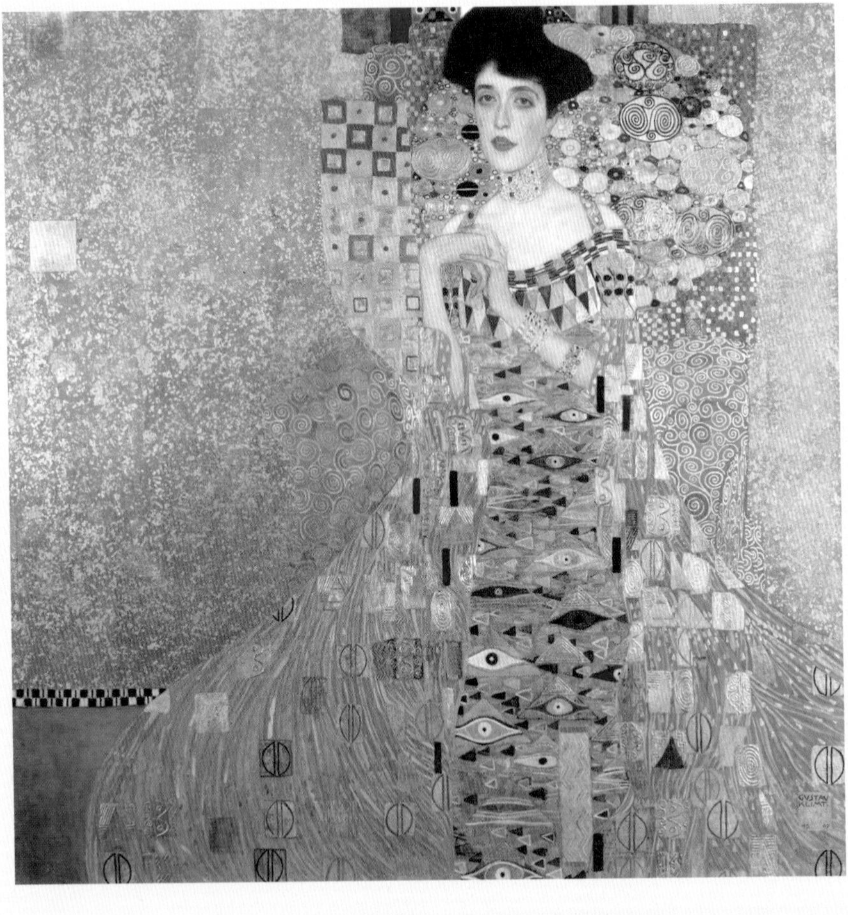

구스타프 클림트, 〈아델레 블로흐 바우어의 초상〉, 1907년
노이에 갤러리, 뉴욕, 미국

황금장식기법은 금과 다양한 문양을 결합해 호화롭게 장식한 클림트 특유의 표현기법을 말한다. 황금장식기법의 효과는 크게 두 가지로 나타난다. 먼저 황금은 부와 권력, 아름다움, 불멸의 상징으로 인간이 숭배와 경의를 바치는 대상이다. 이집트 제18왕조 파라오 투탕카멘의 미라를 덮은 황금 가면은 금의 절대적 가치를 상징적으로 말해준다. 중세시대 화가들은 그리스도와 성모 마리아를 그릴 때 외경심을 불러일으키기 위해 물감 대신 순금가루를 사용해 화려하게 치장했다.

클림트는 귀하고 사치스러운 속성을 가진 황금을 풍부하게 사용해 현실의 여성인 아델레를 비현실적 세계에 존재하는 숭배의 대상으로 격상시켰다. 또한 화려한 문양은 여성의 관능미를 강조하는 데 큰 효과를 발휘한다.

아델레의 얼굴과 목, 어깨, 손, 발을 제외한 몸 전체는 다양한 문양으로 장식됐다. 드레스를 장식한 독특한 문양들은 고대 이집트와 고대 그리스 디자인에서 가져왔다. 배경에는 직사각형 문양과 기하학적 도형, 동심원 문양, 꽃과 식물 문양이 사용됐다. 클림트가 황금장식기법을 창안한 계기는 무엇일까.

클림트는 금 세공사였던 아버지가 금의 중량과 순도를 맞추고 광을 내는 섬세한 작업과정을 오랫동안 지켜보면서 금이 막강한

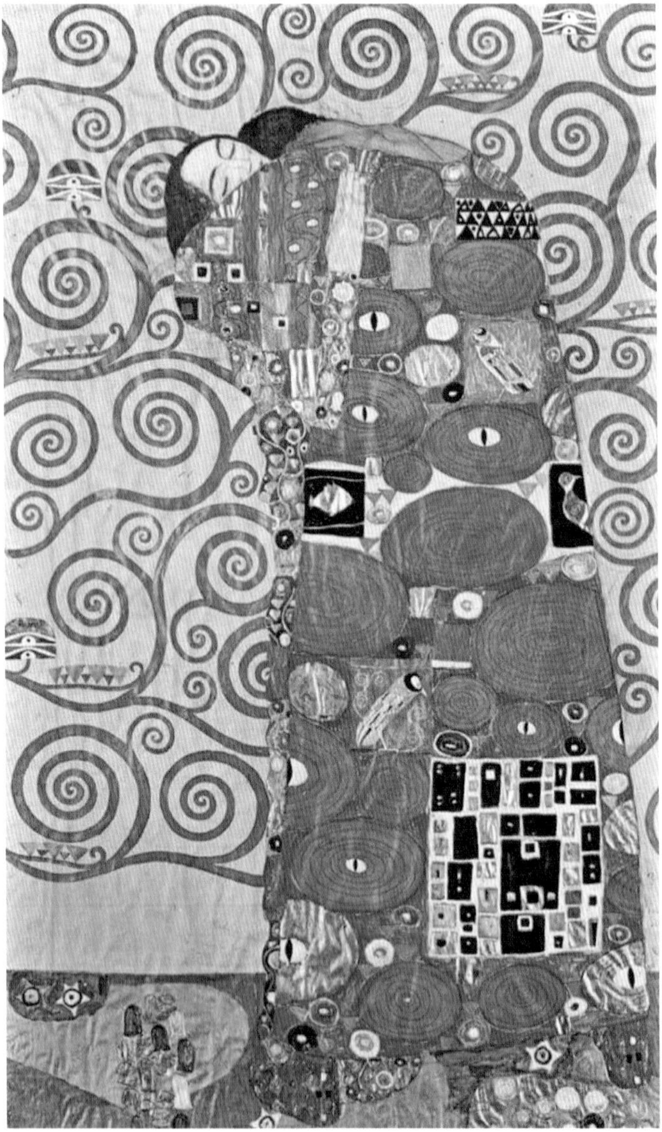

구스타프 클림트, 〈성취〉, 1905~1909년경
몬트리올 미술관, 퀘벡, 캐나다

영향력을 행사한다는 것을 느꼈다. 그는 세공 장인의 재능을 이어받아 자신의 작품에 황금을 다양하게 활용했다. 또 1903년 이탈리아의 도시 라벤나를 두 차례 방문한 여행 경험을 통해 영감을 받았다. 클림트는 산 비탈레 성당의 제단 벽면을 장식한 비잔틴제국의 황제 유스티니아누스와 황녀 테오도라의 모습을 담은 황금빛 모자이크를 보고 황금이 불멸성과 신성한 아름다움을 표현하는 미술재료가 될 수 있다는 것을 깨달았다.

클림트는 많은 연구와 실험 끝에 황금빛 모자이크로 장식된 혁신적 화풍을 창조했다. 하지만 장식성이 강한 클림트 화풍은 처음에는 오스트리아 예술계의 비웃음을 받았다. 보수적이며 권위적인 미술계는 과도하게 장식된 그림에 대해 예술성과는 무관한, 단지 예쁜 그림에 불과하다는 편견을 갖고 있었다. 심지어 장식미술을 범죄 행위로 보는 비평가도 있었다. 클림트는 순수미술과 장식미술의 융합으로 새로운 미술의 영역을 개척하겠다는 야망을 품고 있었다. 황금장식기법은 인간의 본능인 관능적 욕구를 아름답게 승화시킨다는 자신의 예술관을 구현하는 데 반드시 필요한 수단이었다.

독창적인 황금장식기법으로 에로티시즘 미학을 구현한 클림트의 작품들은 뒤늦게 미술계의 인정을 받았고 대중적 인기도 누렸다. 고품격 에로티시즘을 보여준 클림트의 초상화에 빈 상류층 여성들이 열광했다. 사교계 여성들이 경쟁적으로 클림트에게 초상화를 주문한 덕분에 그는 오스트리아에서 최고의 인기를 구가하는 유명화가가 됐다.

황금장식기법의 최고 걸작인 이 그림은 세계적인 화장품회사 에스티 로더의 로널드 로더 회장이 2006년 뉴욕 크리스티 경매에서 당시 세계 최고가인 1억 3,500만 달러(약 1,500억 원)에 구입해 더욱 유명해졌다. 또한, 2015년 이 그림의 상속녀인 아델레의 조카 마리아 알트만이 오스트리아 정부를 상대로 그림을 돌려받기 위한 8년의 법정 투쟁 끝에 소중한 유산을 되찾았던 실화를 바탕으로 한 사이먼 커티스 감독의 영화 「우먼 인 골드」가 개봉돼 화제를 낳았다.

오스트리아 정부는 나치가 페르디난트에게서 약탈한 〈아델레 블로흐 바우어의 초상〉을 불법으로 취득해 벨베데레 박물관 소장품으로 만든 과정을 철저히 은폐하고 있었다.

오스트리아에서 미국으로 유산을 가져온 마리아 알트만은 대중에게 공개한다는 전제 조건을 내걸고 <아델레 블로흐 바우어의 초상>을 크리스티 경매에 올렸다. 경매에서 이 작품을 거액에 구입한 로널드 로더는 약속을 지켰다. 현재 이 작품은 2001년 에스티로더 가문이 미국 뉴욕의 센트럴 파크 뮤지엄 마일 86번가에 개관한 '노이에 갤러리' 인기 소장품으로 관객의 사랑을 받고 있다.

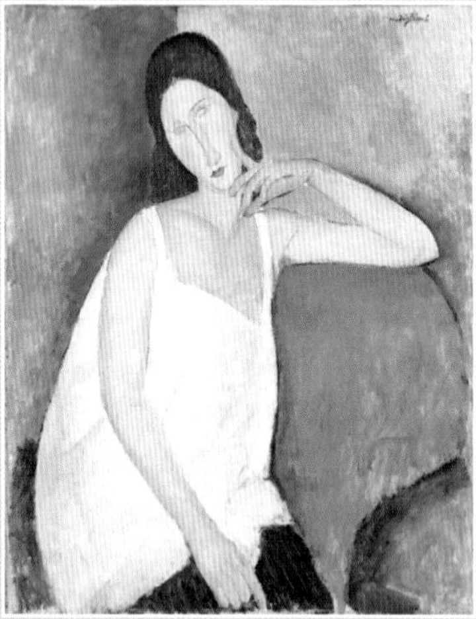

눈동자 없는 눈으로 바라본 영원의 세계

아메데오 모딜리아니
〈잔 에뷔테른 초상〉

AMEDEO MODIGLIANI
PORTRAIT OF
JEANNE HEBUTERNE

1919

재능 있는 작가는 차고 넘친다. 하지만 특별한 방식으로 사물을 보는 작가, 그리고 그렇게 사물을 보는 방식을 예술적으로 표현하는 작가는 한 시대에 흔하지 않다.

미국 소설가 레이먼드 카버의 말이다. 20세기 이탈리아 출신 화가 아메데오 모딜리아니Amedeo Modigliani, 1884~1920는 '특별한 방식으로 사물을 보고 이를 예술적으로 표현한' 대표적인 작가에 해당한다.

모딜리아니의 부인이자 뮤즈였던 잔 에뷔테른이 모델을 섰던 1919년 작품 <잔 에뷔테른 초상>Portrait of Jeanne Hebuterne, 1919은 20세기의 가장 독창적이고 상징적인 작품 중 하나로 꼽힌다.

모딜리아니 이전에는 누구도 이런 독특한 방식으로 인물을 초상화에 표현한 적이 없었다. 모딜리아니 화풍의 특별함은 어디에서 비롯된 걸까. 그림을 자세히 살펴보면서 특별함의 비결을 추적해보자.

그림 속 여자는 흰색 속옷 차림으로 큰 의자에 비스듬히 앉아 생각에 잠겼다. 여자의 머리는 오른쪽으로 살짝 기울어졌고 왼손 검지로는 뺨을 만지는 자세를 취했다. 얼굴과 몸은 인체 비례를 무시한 왜곡된 형태로 표현됐다. 달걀형의 얼굴은 몸에 비해 유난히 작고 손과 팔, 코는 지나치게 길쭉하다. 또 눈, 코, 입은 윤곽선만을 사용해 간결하고도 단순하게 표현됐다.

놀랍게도 아몬드 모양의 비대칭 눈에는 눈동자가 없다. 눈동자 없는 여인의 눈이 현실 세계가 아닌 이상의 세계, 영원한 세계를 바라보고 있다. 기다랗고 평면적인 비대칭의 얼굴 형태와 인체 비례가 맞지 않는 몸, 텅 빈 눈, 단순하면서도 대담한 윤곽선은 모딜리아니 화풍의 두드러진 특징이다. 그의 화풍은 데포르마시옹deformation을 가장 창의적으로 활용한 대표적인 사례에 해당된다. 데포르마시옹은 시각적 표현의 영역을 확장하거나 작가의 감정 표출을 위해 의도적으로 특정 부분을 강조하거나 주관

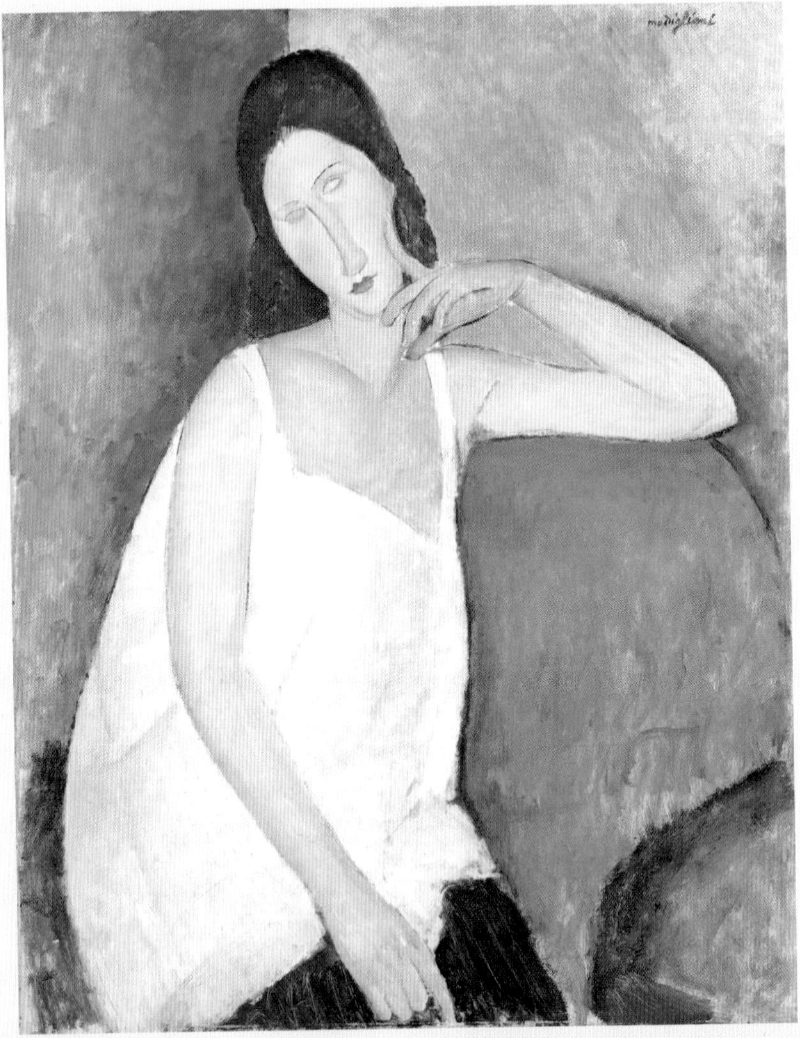

아메데오 모딜리아니, 〈잔 에뷔테른 초상〉, 1919년
메트로폴리탄 미술관, 뉴욕, 미국

적인 왜곡을 더해 변형시키는 미술기법을 말한다. 모딜리아니는 작품 속에 등장하는 인물과 사물에 둥근 원의 형태로 왜곡된 데포르마시옹을 사용했다. 모딜리아니가 동시대 화가들과 차별화된 독창적 화풍을 창안하게 된 계기는 무엇이며, 어디에서 영감을 얻었을까.

시간을 거슬러 20세기 초 프랑스 파리로 되돌아가 보자. 1906년, 스물두 살의 모딜리아니는 고국 이탈리아를 떠나 세계미술의 중심지 프랑스 파리로 이주한 이후 자신만의 표현 양식을 찾기 위해 많은 노력을 기울였다. 그가 파리에서 창작에 몰두하던 시절 화가 피카소, 조각가 브랑쿠시를 비롯한 전위적인 예술가들이 비서구권 나라의 미술에 비상한 관심을 보였다. 특히 유럽 열강들의 식민지인 아프리카, 오세아니아 지역의 원시 조각과 부족 가면의 비사실적 표현성과 추상성이 강조된 조형 기법에 깊이 매료됐다. 혁신적인 예술가들은 원시인들이 대상을 실물과 닮게 사실적으로 묘사하는 것을 중요하게 여기지 않았다는 데 큰 충격을 받았다.

원시시대 예술가들이 인체를 실물과 똑같이 묘사할 필요성을 느끼지 못했던 이유는 예술의 목적이 종교의 원초적 형태와 신

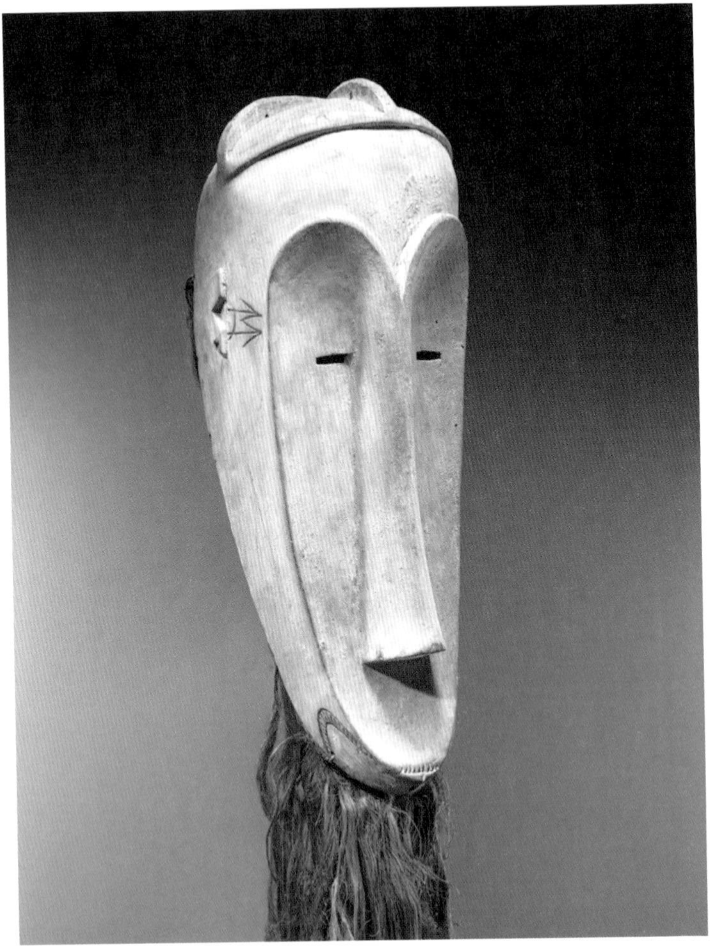

아프리카 가면, 원시조각

화를 상징적으로 구현하거나, 초자연적인 세계와 교감하는 데 있었기 때문이다. 인간 내면의 감정과 정신세계를 기하학적 형태로 단순하게 표현한 원시 미술은 서구 전통미술의 한계를 뛰어넘어 새로운 미술 영역을 개척하던 예술가들에게 강한 영감을 줬다. 파리의 진보적 예술가들은 유럽 문명인들이 야만적이고 미개한 사회라고 배척한 원시인의 예술에서 혁신의 가능성을 발견했다.

그들은 서양문명사회에서 잃어버렸던 원시적 활력을 되찾기 위해 원시 시대로의 회귀를 시도했다. 파리의 민속박물관에 전시된 식민지 공예품들이 유럽인들의 이국적 취향을 자극하는가 하면 아프리카 원시 조각과 부족 가면이 매우 싼 가격에 매매되어 가난한 예술가들도 손쉽게 구할 수 있었던 환경이 만들어진 것도 당시 원시주의 열풍이 불었던 또 다른 동기가 됐다.

모딜리아니는 새로운 표현 양식을 개발하기 위해 원시적 형태와 기법을 탐구한 대표적인 예술가였다. 그는 눈과 입이 없고 길쭉한 코만 조각된 구석기와 청동기 시대 두상 조각과 불균형적이며 형체가 왜곡된 아프리카 가면들을 보고 큰 충격을 받았다. 인물을 단순한 형태로 표현하면 더 강렬한 감정을 전달할 수 있다는 것을 깨달았다. 인체를 비정상적으로 길쭉하게 늘어진 형태로 표현한 아이디어는 부드러운 여성성과 우아한 자태를 강조하기 위한 것으로, 중세 성모상과 1520년경부터 17세기 초에 걸쳐 회화를 중심으로 유럽에서 유행한 미술양식인 매너리즘 화풍에서 가져왔다.

오늘날 모딜리아니는 서구 전통미술의 조형 어법과 비서구권 원시주의의 표현성을 독창적으로 융합한 위대한 화가라는 평가를 받고 있다. 프랑스 시인 장 콕토는 모딜리아니의 초상화를 이렇게 극찬했다.

인체의 곡선은 매우 가늘고 가벼워서 마치 영혼의 선처럼 느껴진다. 그 유려한 선들은 샴 고양이처럼 부드럽게 물결치면서 우아함의 극치를 보여준다. 모델의 얼굴과 목을 길게 늘이고, 눈의 비대칭을 강조하고, 눈동자가 없는 텅 빈 눈을 그리기로 결정한 것은 모딜리아니의 의지가 아니다. 이런 특이한 형상은 그의 본능 속에 이미 자리하고 있었으니까.

프랑스의 시인이자 비평가 막스 자코브는 자신만의 양식을 완성시킨 모딜리아니의 예술세계를 이렇게 평가했다.

모딜리아니에게 예술의 목표란 순수함에 도달하는 것이다. 현실과 타협하지 않고 극한까지 몰고 가는 그의 집념과 열정, 그 강한 자부심은 수정처럼 투명한 절대순수에 도달하려는 욕구의 표현이다.

그러나 인간의 본질인 고요한 내면세계의 아름다움을 혁신적 화풍으로 구현한 모딜리아니의 초상화는 그의 생전에는 인정받지 못했다. 그는 가난과 폐결핵, 알코올 중독으로 고통 받다가 1920년 1월 24일 서른여섯 살의 젊은 나이로 파리의 자선병원에서 사망했다. 그의 유해는 파리 도심에 있는 공동묘지 페르 라셰즈에 묻혔다. 이 초상화의 모델인 잔느는 남편이 사망한 다음 날 5층 아파트 창문에서 뛰어내려 스스로 목숨을 끊었다.

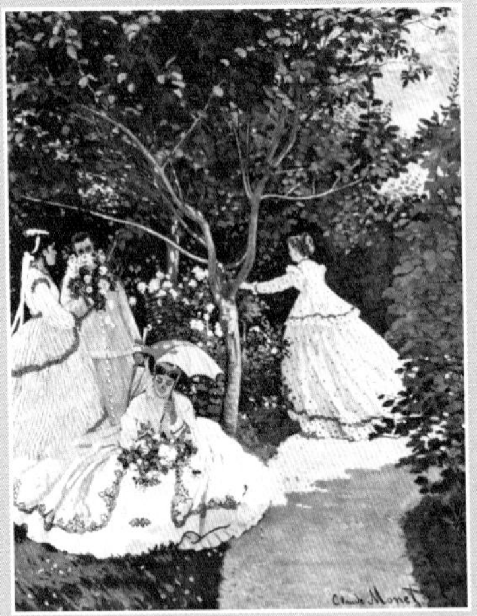
Claude Monet

빛이
곧 색채다

클로드 모네

<정원의 여인들>

CLAUDE MONET

FEMMES AU JARDIN

1866

미국의 경영학자 피터 드러커는 저서 『위대한 혁신』에서 '어떤 방법으로 혁신을 이루어야 하는가?'라는 질문에 이렇게 답했다.

혁신은 엄청난 근면과 인내심, 책임감을 요구하는 아주 힘든 노력이라고 할 수 있다. 그 노력은 목표가 분명해야 하고 초점도 놓치면 안 된다. 이런 노력이 없다면 자질, 천재성, 지식도 아무런 소용이 없다.

인상주의 대가 클로드 모네Claude Monet, 1840~1926의 걸작 <정원의 여인들>Femmes au jardin, 1866은 위대한 혁신이 번뜩이는 천재성의 결과물이 아니라 힘든 노력의 결실이라는 것을 보여준다.

모네가 무명 시절인 스물여섯 살에 그린 이 작품은 인상주의 역사에서 매우 중요한 의미를 갖고 있다. 그가 최초의 예술적 관심사를 어떤 방식으로 발전시켜 인상주의 화풍을 완성했는지 알려주기 때문이다. 당시 모네는 화실이 아니라 야외 태양광선 아래에서 자신의 눈에 보이는 자연 풍경을 화폭에 직접 그리는 혁신적인 창작 방식을 실험하고 있었다. 미술계를 장악했던 아카데미 화가들은 물체 자체의 고유색이 있다고 믿었지만, 그는 야외에서의 관찰 경험을 통해 사물에는 고유색이 없으며 빛이 사물의 형태와 색채를 결정한다는 사실을 발견했다.

그리고 빛이 물체에 반사되거나 통과되는 것에 따라 눈에 보이는 물체의 색이 달라지는 빛과 색의 관계성을 과학적인 색채이론적 관점에서 접근했다. 그런데 빛은 색의 근원이며 색은 빛의 산물이라는 사실을 그림으로 증명하는 일이 생각만큼 쉽지 않았다. 물체가 반사하는 빛의 색반사색이 그 물체의 색이라는 원리를 어떻게 그림으로 입증할 수 있을까.

모네는 부단한 연구와 실험을 거쳐 혁신적인 창작 방식을 개발했다. 바로 실내 작업실이 아닌 야외에서 자연광선에 의해 시시각각 달라지는 색의 변화와 순간적 효과를 이용해 사물의 첫인상을 정확하고 객관적으로 화폭에 기록하는 방식이다.

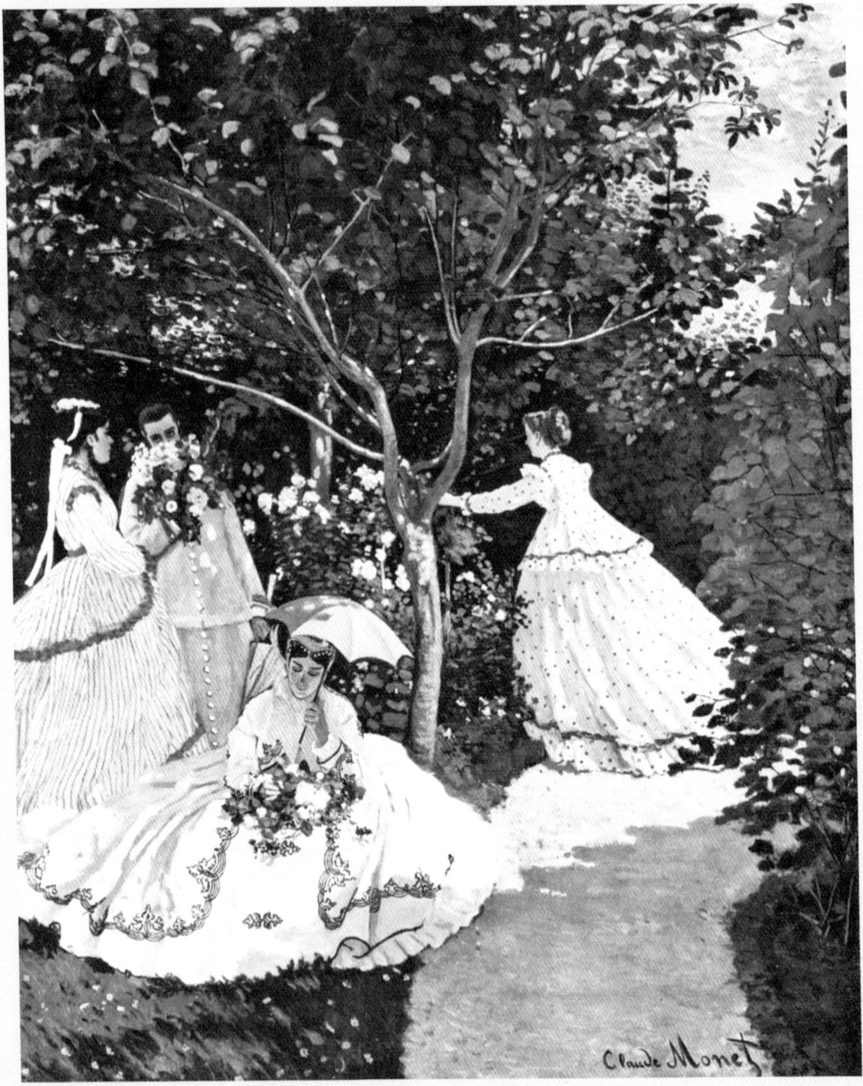

클로드 모네, 〈정원의 여인들〉, 1866년

오르세 미술관, 파리, 프랑스

화창한 여름날 네 명의 여성이 정원을 산책하는 장면을 담은 이 그림은 혁신의 비결이 무엇인지 말해주고 있다. 먼저 당시로는 이례적으로 세로 255cm, 가로 205cm의 대형 캔버스에 그림을 그렸다. 큰 캔버스를 선택한 이유는 매년 열리는 살롱전에 대작을 출품해 관객의 시선을 집중시키겠다는 야망을 품었기 때문이다. 그러나 야외에서 밑그림도 그리지 않고 큰 화폭에 곧바로 그림을 그리기 위해서는 먼저 장애물을 극복해야했다. 화폭이 워낙 커서 붓이 닿지 않은 부분에 대한 문제가 있었다. 그것은 프랑스 파리 교외 빌다브레에 임대한 자신의 집 정원에 도랑을 파고 도르래를 이용해 캔버스의 높낮이를 조정하는 방식으로 해결했다.

또 구름이 나뭇잎을 가리면 다시 태양빛이 비칠 때까지 붓을 내려놓고 인내심을 갖고 기다렸다. 모네는 훗날 야외 현장에서의 작업 과정을 다음과 같이 회고했다.

나는 정말로 큰 캔버스를 그 자리에서 단숨에 채워버렸고 자연을 직접 바라보며 그렸다. 그 자리에서 끝내지 못한 부분은 빈 공간으로 남겨두었으며 점점 캔버스를 도랑 속으로 낮게 내려 팔이 닿지 않던 윗부분을 칠했다.

다음으로 아내 카미유를 분장시켜 그림 속 네 명의 여인으로 등장시켰다. 카미유 혼자서 1인 4역 모델을 맡게 한 것이다. 순종적인 아내였던 카미유는 온종일 강한 햇빛을 받으며 남편이 원하는 포즈를 취하는가 하면 최신 패션 드레스를 여러 번 갈아입어야 하는 상황에서도 전혀 불평하지 않았다고 한다. 왜 아내에게 여러 여성의 역할을 맡겼던 걸까?

모네는 인물을 실물 그대로 재현하거나 심리상태를 표현하는 것에는 관심이 없었다. 그런 증거로 여인들의 얼굴이 세부적으로 묘사되지 않았다. 그에게는 인물이 시시각각 변화하는 빛에 따라 달라지는 색채를 표현하는 도구에 불과했다.

끝으로 모네는 '빛이 곧 색채'라는 예술적 신념을 그림에 구현하기 위해 끈기와 인내심을 발휘하며 빛의 효과를 관찰했다. 그의 목표의식이 얼마나 강했는지 보여주는 흥미로운 일화도 전해진다.

프랑스 화가 귀스타브 쿠르베가 모네를 찾아갔을 때 그는 매우 한가하고 지루한 시간을 보내고 있었다. 쿠르베가 "왜 그렇게 시간을 보내고 있느냐?"고 묻자 모네는 "태양을 기다리고 있다"고 대답했다. 쿠르베는 "그동안에 배경이라도 그릴 수 있지

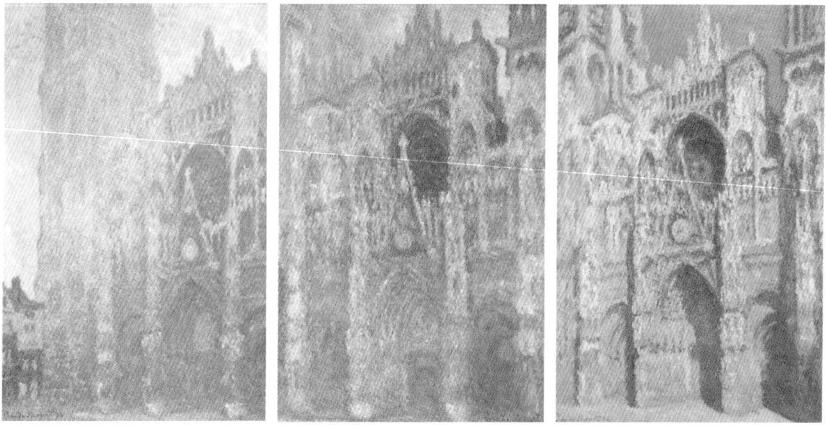

클로드 모네, 〈루앙 대성당〉, 1894년
오르세 미술관, 파리, 프랑스

않으냐?" 라고 말했지만 모네는 그의 충고를 받아들이지 않고 자신이 그리려는 기상 조건과 정확히 같은 빛의 효과를 얻을 때까지 관찰하면서 기다렸다고 한다. 그토록 집요하게 빛의 효과를 추적한 결과 이 작품에 자연광선에 의해 시시각각 달라지는 색의 변화와 순간적 효과를 생생하게 표현할 수 있었다.

그림 속 양산을 쓴 여인의 얼굴색과 세 여인의 흰색 드레스에 드리워진 그림자를 관찰해 보라. 자수로 장식된 우아한 흰색 드레스를 입고 잔디밭에 앉아 있는 양산을 쓴 여성의 얼굴 피부가 강한 햇빛에 의해 반사된 나무의 초록색이 반영돼 녹색조로

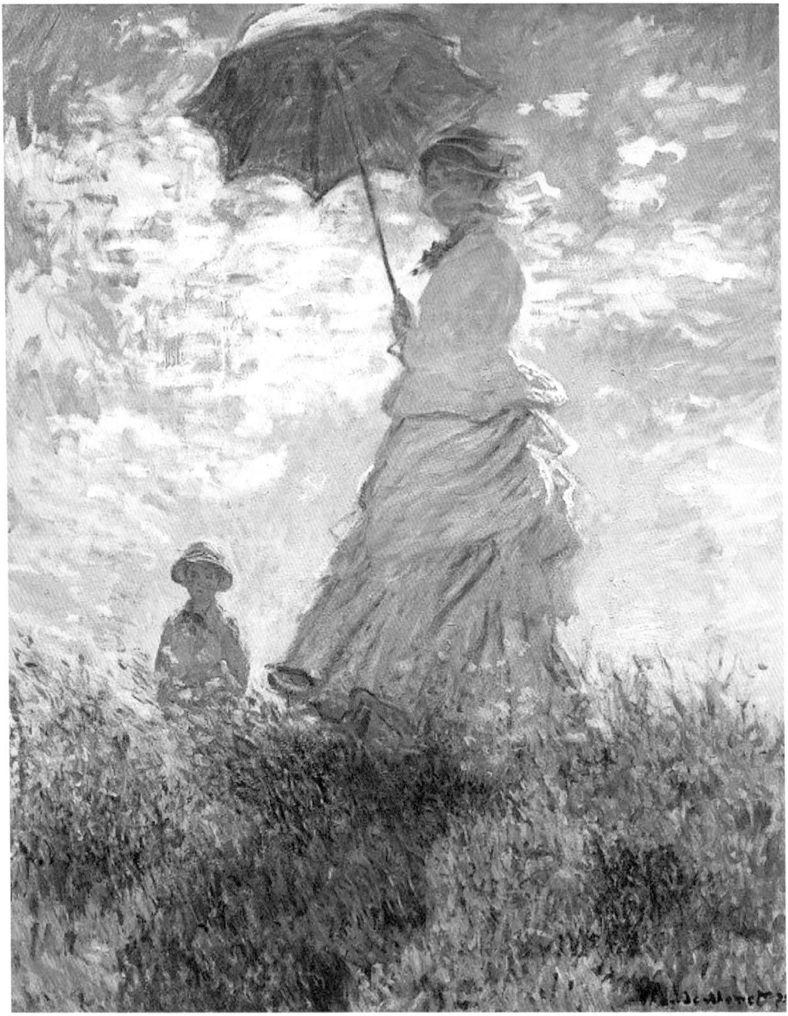

클로드 모네, 〈양산을 든 여인〉, 1875년

내셔널 갤러리 오브 아트, 워싱턴D.C., 미국

변했다.

또 세 여성의 흰색 드레스에 드리워진 그림자는 검정이 아니라 파란 색조다. 고전회화에서 여성의 얼굴색과 그림자를 이런 색으로 표현한 적이 없었다. 그러나 화창한 여름날 나무가 무성한 정원에서 대상을 관찰하면 모네가 그림에 표현한 색과 정확히 일치한다는 것을 확인할 수 있다. 밝고 선명한 색채, 스케치풍의 빠른 붓질, 그림자를 푸른색으로 표현한 기법 등 혁신적 모네 화풍의 시작을 알리는 이 그림은 그가 끊임없는 노력과 강한 목표의식으로 위대한 혁신을 이뤄냈다는 것을 깨닫게 한다.

스물여섯 살의 젊은 모네는 야심차게 준비한 이 대작을 1867년 살롱전에 출품했으나 심사위원단에 의해 거부되며 탈락했다. 그는 좌절하지 않고 위험을 기꺼이 감수하며 완전히 새로운 패러다임을 만들어내는 데 모든 힘을 쏟았다. 그리고 혁신의 대가로 불멸의 명성을 얻었다.

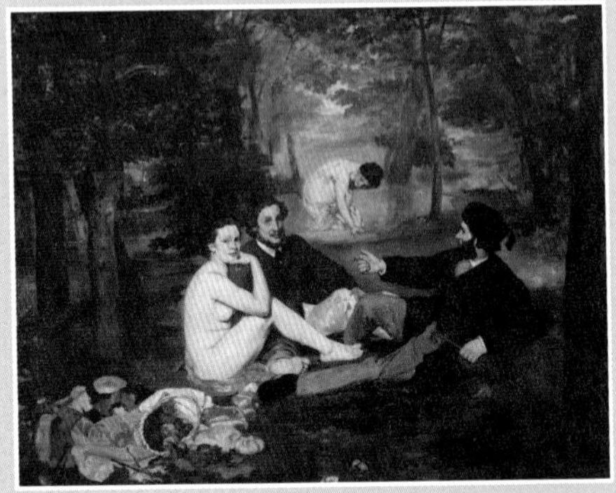

부르주아의 위선을 고발하다

에두아르 마네
〈풀밭 위의 점심〉

EDOUARD MANET
LE DÉJEUNER SUR L'HERBE
1863

혁신적이고 실험적인 작품은 당대에는 논란의 대상이 되거나 스캔들을 일으킨다는 공통점이 있다. 대중은 스캔들이 자신과 다른 시각에서 비롯됐다는 것을 깨닫지 못하고 예술가가 정신적으로 혼란스럽고 도덕적으로 부도덕하다고 비난한다는 것이다.

인상주의 아버지로 불리는 프랑스 화가 에두아르 마네 Edouard Manet, 1832~1883의 걸작 〈풀밭 위의 점심〉Le Déjeuner sur l'herbe, 1863은 시대에 저항해 논란의 중심에 섰던 작품일수록 미술사에 혁신을 가져왔다는 것을 증명한다.

1863년 프랑스 살롱 낙선전에 출품된 이 작품은 당시 엄청난 스캔들을 일으켰다. 낙선전은 말 그대로 살롱전에서 탈락한 작품만을 모아 별도의 공간에서 열린 전시를 가리킨다. 일종의 패자

부활전이었다. 살롱전은 예술가들이 대중에게 작품을 공개하고 고객에게 인정을 받을 수 있는 유일한 공식 미술전람회로, 입선하지 못하면 판매가 어렵고 성공할 수도 없는 구조였다.

1863년 살롱전 심사에서 5,000여 점의 출품작 중 약 3분의 2가 무더기로 탈락했다. 심사의 공정성에 의문을 제기한 젊은 화가들의 반발이 이어졌고, 언론도 개입해 편파적 심사에 대한 부정적 여론이 확산됐다. 황제의 입장 표명이 요구되자 나폴레옹 3세는 불만을 잠재우는 수단으로 '낙선전' 개최를 파격적으로 허용했다. 살롱전의 낙선자인 마네에게는 자신의 작품을 대중에게 알릴 절호의 기회가 찾아온 것이다. 마네는 혁신적이고 실험적인 작품을 출품해 관객의 주목을 받는다는 성공전략을 세웠다. 세 점의 출품작에 논란의 대상이 될 수 있는 〈풀밭 위의 점심〉을 의도적으로 포함시켰다. 이는 마네가 이 작품이 상당한 물의를 일으키리라는 것을 예견했다는 뜻이다. 그런데 마네의 예측을 뛰어넘어 스캔들의 파장이 일파만파로 커지면서 그 자신도 감당할 수 없는 지경에 이르렀다.

1863년 5월 15일 낙선전이 개최된 첫날, 7천여 명의 관객이 〈풀밭 위의 점심〉이 걸린 전시실로 몰려들었다. 작품 앞에선 관객들이 혼란과 동요, 분노의 감정을 드러냈고 비웃음과 모욕, 규

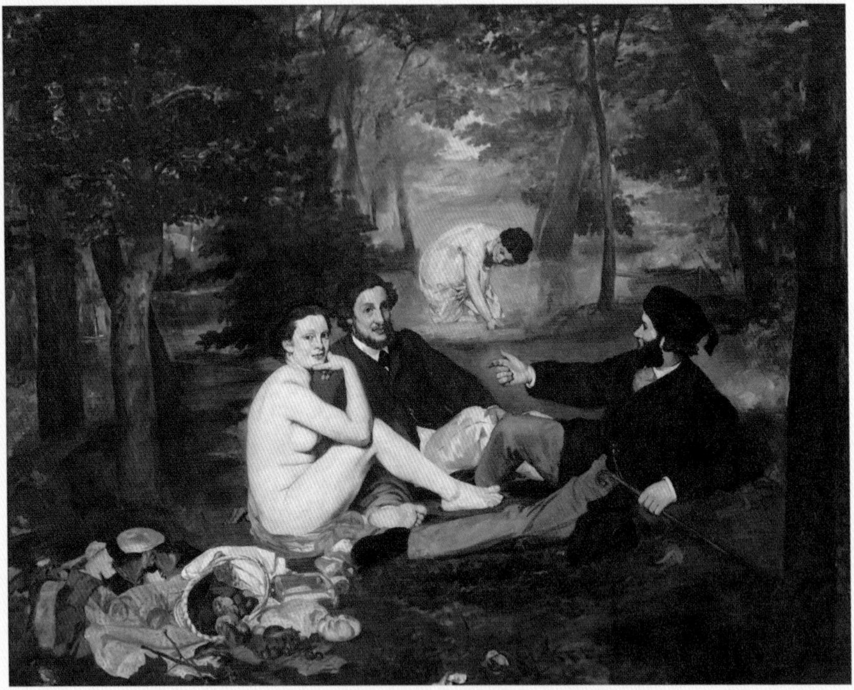

에두아르 마네, 〈풀밭 위의 점심〉, 1863년경
오르세 미술관, 파리, 프랑스

탄, 혹평 등 온갖 형태의 비난이 쏟아졌다. 오죽하면 작품이 전시된 홀을 '경악의 방'으로 불렀을까.

이 그림의 어떤 점이 동시대인의 심기를 그토록 건드렸던 걸까. 주제의 파격성과 기법의 현대성이다. 그림에는 도시를 벗어나 교외 숲속으로 소풍을 나온 네 명의 젊은 남녀가 등장한다. 부르주아 계급으로 보이는 정장 차림의 두 신사는 편안한 자세로 풀밭에 앉아 대화를 나누고 있다. 남성들의 정부情婦이거나 매춘부로 보이는 두 여성의 모습과 자세는 두 남성과 극명한 대조를 이룬다. 한 명은 나체 상태로 풀밭에 앉아 관객을 빤히 바라보고, 다른 한 명은 속옷 차림으로 강에서 목욕을 즐기는 중이다.

화면 왼쪽 앞 풀밭에는 두 여성이 벗어던진 옷과 뒤집힌 피크닉 바구니에서 과일, 빵, 술병이 쏟아져 널려 있다. 어지럽게 흩어져 있는 옷가지와 뒤집힌 바구니, 음식과 와인은 대낮 야외공원에서 네 남녀가 술을 마시고 즉석에서 성행위가 이뤄졌다는 것을 노골적으로 암시한다. 나체 여성의 도발적인 시선과 음란한 자세는 더욱 충격적이다. 그녀의 당당하고 오만한 눈길은 자신의 부도덕한 행동에 대한 성적 수치심이 전혀 없다는 것을 말해준다.

동시대인들의 눈에 등장인물의 현대성이 이 장면을 저속하고 음란하게 느껴지도록 만들었다. 정장을 한 남성과 벌거벗은 여성과의 에로틱한 조합은 마네의 아이디어가 아니었다. 16세기 이탈리아 화가 티치아노의 〈전원의 합주〉와 라파엘로의 〈파리스의 심판〉에서 구도와 주제를 빌려왔다.

미술사에서 익숙한 주제를 재해석한 그림에 시민들이 왜 그토록 격렬한 거부 반응을 보였을까. 16세기 그림들은 신화 속 공간에서 벌어진 가공의 이야기를 담았지만 마네의 그림 속 공간은 시민들이 즐겨 찾는 실제로 있는 공원이다. 네 인물도 신화 속 신들이 아니라 현실세계에 존재하는 남녀다. 피크닉 장소는 파리 서쪽 외곽의 대형 공원 부아 드 불로뉴이고 두 남성은 마네의 형제 유게네 마네와 처남 페르디난드 린호프다.

나체 여성은 당시 미술계에서 널리 알려진 유명모델 빅토린 뫼랑, 목욕하는 여성은 훗날 소설가 에밀 졸라의 아내가 되는 가브리엘 엘레오노르 알렉산드린 멜레다. 게다가 두 남성은 당시 유행한 부르주아 복장을 하고 있다. 즉 신흥 귀족 집단인 부르주아 계층이 대낮에 공공장소에서 음란 행위를 벌이는 장면이 가공의 이야기가 아니라 일상에서 벌어진 실제 상황이라는 것을 노골적으로 드러냈다.

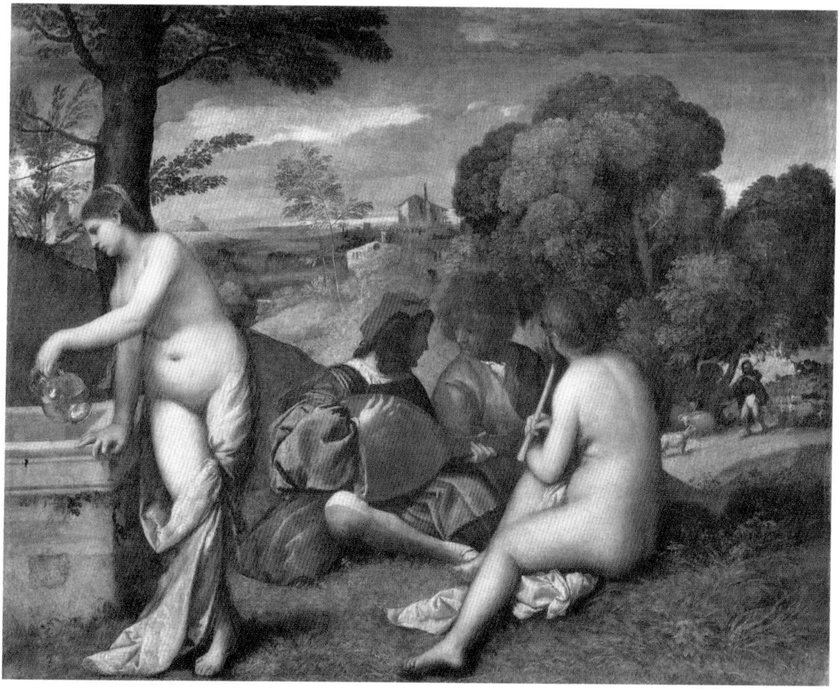

티치아노, 〈전원의 합주〉, 1509~1510년
루브르 박물관, 파리, 프랑스

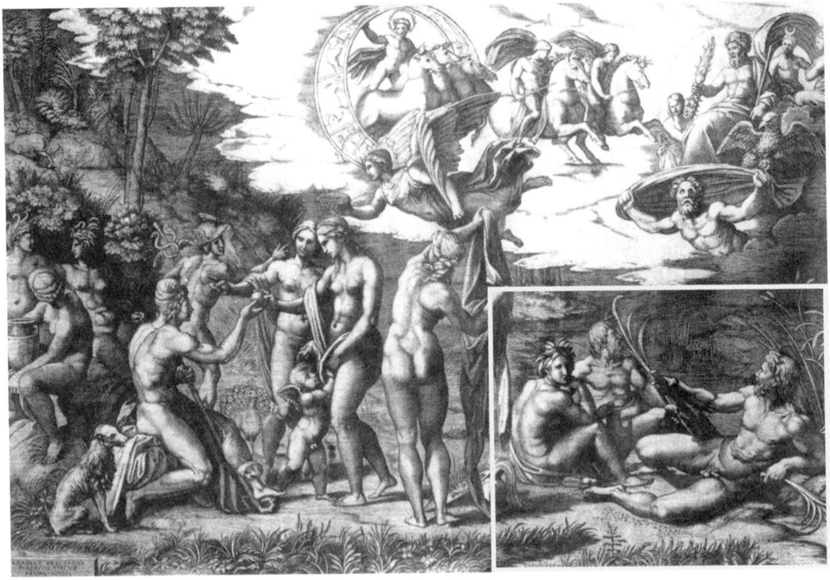

라이몬디가 라파엘로 작품을 모사한 〈파리스의 심판〉(부분), 1510~1520년
메트로폴리탄 미술관, 뉴욕, 미국

마네가 인물의 현대성과 장소의 사실성을 강조한 의도는 새로운 지배 권력으로 부상한 부르주아계급의 탐욕과 허위의식, 속물근성, 가치관을 조롱하기 위해서였다. 근대적 사회에 만연한 부르주아의 매춘 행위를 보여주는 방식으로, 당시 도덕적 타락과 성풍속을 고발하려는 의도가 담겨 있었다. 따라서 시민들이 성적 쾌락을 추구하는 사회상을 담은 이 그림을 저속하게 여기고 불쾌감과 거부감을 나타내는 것은 지극히 당연한 현상이었다.

게다가 이 작품은 서양미술을 지배했던 단일 시점의 원근법 법칙도 깨뜨렸다. 배경의 목욕하는 여성은 오른편에 있는 배에 비해 크게 그려졌다. 주제의 선정성과 기법의 혁신성을 결합한 이 작품은 당시 '가장 저속하고 외설스러운 그림'이라는 혹평을 받으며 사회적 파장을 일으켰다. 하지만 오늘날에는 부르주아의 탐욕과 위선, 성적 타락과 방종을 고발하는 한편 도시민의 취향과 여가 활동, 소비문화를 그려낸 걸작으로 평가받는다. 프랑스 사상가 조르주 바타유는 '르네상스 이래 시각예술에서 가장 위대한 혁명'이라는 찬사를 보냈다.

이 그림은 모네, 르누아르, 세잔을 비롯한 인상주의를 주도한 혁신적 화가들의 등대가 되었다. 프랑스 소설가 에밀 졸라, 앙드레 말로, 시인 샤를 보들레르, 스테판 말라르메 등 거장 문인들도 이 작품을 적극적으로 옹호하며 위대한 명화의 반열에 오르는데 크게 기여했다.

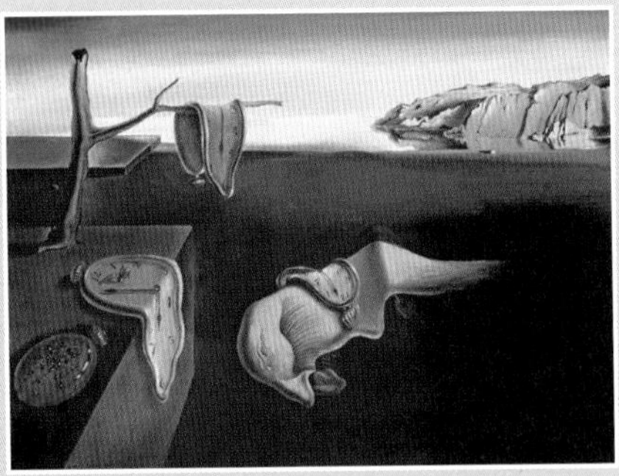

영감의 원천 유레카!

살바도르 달리
〈기억의 지속〉

SALVADOR DALÌ
LA PERSISTÈNCIA DE LA MEMÒRIA
1931

그리스어 유레카Eureka는 '발견했다' 또는 '알아냈다'는 의미를 담고 있다. 기원전 220년께 고대 그리스의 수학자이자 물리학자 아르키메데스가 목욕할 때 욕조의 물이 넘치는 것을 보고 '유레카'라고 외친 것을 기원으로 본다. 예술가들도 창작에 영감을 주는 유레카를 경험한다. 창의적 불꽃이 점화되는 순간을 작업으로 옮겨 발전시키고 창조적 성과물을 만들어낸다.

세계 미술사를 펼치면 일상에서 경험한 우연한 발견을 창의적 발상으로 전환시켜 새로운 가치를 창출한 흥미로운 사례들을 접하게 된다. 20세기 최고의 초현실주의 화가로 평가받는 살바도르 달리Salvador Dalí, 1904~1989의 걸작 〈기억의 지속〉La persistència de la memòria, 1939이 대표적이다. 미국 뉴욕 현대미술관 소장품인 〈기억의 지속〉은 20세기 미술사에서 가장 독창적인 작품 중 하나이자 우주 본래의 원초적 시간을 그린 최초의 작품이라는 평가를 받고 있다. 그런데 불후의 걸작을 탄생시킨 유레카는 뜻밖에도 카망베르 치즈였다. 치즈와 명화의 엉뚱한 조합이 어떻게 가능했을까. 작품을 감상하면서 유레카의 비밀을 풀어보도록 하자.

그림의 배경은 스페인의 휴양지로 유명한 카다케스와 인근 포트리가트 해안 풍경이다. 카탈루냐 지방 피게레스 출신인 달리는 지중해의 눈부신 햇빛이 반짝이는 아름다운 카다케스 해안과 바닷바람에 깎여나간 기암기석이 신비한 조화를 이루는 포트리가트의 독특한 지형에 매료돼 그곳의 자연풍경을 즐겨 화폭에 담았다. 특히 한적한 어촌 포르트리가트는 달리의 토포필리아였다. 포트리가트가 달리의 토포필리아였다고 추정할 수 있는 근거는 두 가지다.

달리는 프랑스 시인 엘 폴뤼에르의 아내 갈라(그녀는 열 살 연상의 유부녀였다)와 사랑에 빠져 가족과 연락을 끊고 1930년 포트리가트에 있는 허름한 어부의 오두막을 얻어 사랑의 도피행각을 벌였다. 세계적인 예술가로 명성을 얻은 후에도 매년 평생의 동반자이자 예술의 뮤즈였던 갈라와 함께 사랑의 추억이 깃든 포트리가트를 찾아가 머물렀다. 다음으로 포트리가트의 신비한 자연

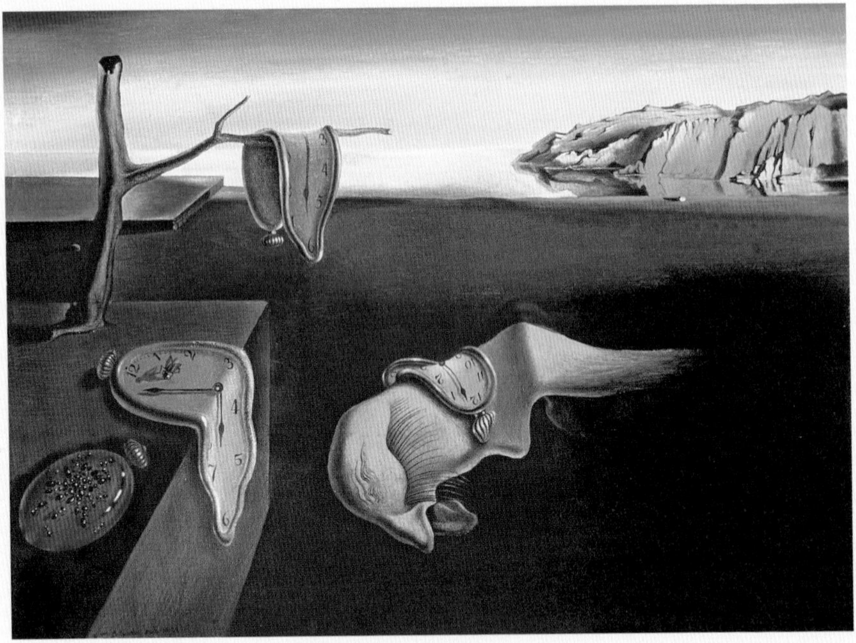

살바도르 달리, 〈기억의 지속〉, 1931년
뉴욕 현대미술관, 뉴욕, 미국

풍경이 창작의 영감을 불러일으켰다. 이는 '그곳은 지구에서 가장 삭막한 불모의 고장으로, 아침에는 난폭하고 거친 명랑함이, 저녁은 병적으로 우울한 곳'이라는 달리의 글에서도 나타난다.

이 그림은 포트리가트 해변 풍경을 사실적으로 그렸지만 꿈속의 한 장면처럼 비현실적으로 느껴진다. 특히 화면에 등장한 강렬한 시계 이미지는 초현실적 환각을 불러일으킨다. 세 개의 시계는 물렁물렁한 형태로 변형돼 나무 상자와 죽은 올리브 나뭇가지, 정체불명의 생명체에 걸쳐져 있고, 나무 상자 위에 놓인 붉은색 회중시계는 개미떼가 바글거린다. 축 늘어진 시계와 부패한 시계는 21세기를 살아가는 현대인의 눈에도 매우 충격적인 이미지로 비쳐진다. 세계 미술사를 통틀어 그 누구도 시계를 이처럼 기상천외한 방식으로 그림에 표현한 적이 없었다. 대체 달리는 녹아내리는 시계에 대한 아이디어를 어디에서 얻었을까?

영감의 원천은 흰 곰팡이를 사용해서 만드는 프랑스 카망베르산 치즈였다. 음식문화가 발달한 카탈루냐 출신의 달리는 "나의 어릴 적 꿈은 요리사였다"라고 밝혔을 정도로 뛰어난 미각의 소유자였다. 1973년 자신이 직접 그린 삽화와 맛과 쾌락을 위한 레시피가 담긴 초현실적인 요리책 『갈라의 저녁식사』을 발간하기도 했다. 미식가였던 달리가 유독 좋아한 음식이 카망베르 치즈였다.

다음의 일화는 치즈가 예술적 영감의 모티브가 됐던 과정을 알려준다.

어느 날 저녁 피곤해서인지 이례적으로 가벼운 편두통이 찾아왔다. 그때 우리는 저녁 식사를 막 마친 후였고 친구들과 함께 영화관에 갈 계획이었다. 하지만 나는 편두통으로 마지막 순간에 영화관에 가는 것을 포기하고, 갈라와 친구들만 떠났다. 나는 테이블 앞에 멍하니 앉아 있었다. 일찍 잠자리에 들 생각이었다. 우리는 방금 저녁 식사의 마지막 코스로 맛좋은 카망베르 치즈를 먹었다. (…) 모두 사라지고 적막이 흐르자 조금 전 먹었던 치즈가 거의 액체처럼 흘러내릴 듯한 흐물흐물한 모습이 돼 자꾸 내 눈앞에 어른거렸다. (…) 나는 일어나 작업실로 가서 불을 켜고, 작업 중이던 그림에 습관처럼 시선을 던졌다. 화폭에는 포트리가트의 잔잔한 풍경이 담겨 있었다. (…) 그때 나는 봤다. 내가 무엇을 그려야 할 것인지를. 내 눈앞에 아주 흐물흐물한 두 개의 시계가 떠올랐다. 그중 하나는 올리브 나무가지에 슬프게 걸려 있었다. 단숨에 작업에 들어가 두 시간 만에 그림을 완성했다. 극장에서 돌아온 아내 갈라가 그림을 보고 이렇게 외쳤다. '누구라도 이 이제 또 다른 궁금증이 생긴다. 프랑스의 화학자 루이 파스퇴르는 "우연이 어떤 사람에게 일어나는지 관찰한 적이 있는가? 순간적인 영감은 그것을 얻으려고 오랜 시간에 걸쳐 준비하고 고심해 온 사람에게만 찾아오는 법이다"라고 말했다. 단순한 머릿속 아이디어가 카망베르 치즈처럼 늘어진 시계 이미지로 구체화되는 두 시간 동안 달리의 뇌에서는 무슨 일이 벌어졌을까?

당시 달리는 시간의 흐름과 기억의 연관성을 탐구하고 있었다. 기억과 연관된 시간은 규칙적이고 객관적인 물리적 시간이 아니라 불규칙적이고 주관적인 심리적 시간이라고 생각했다. 이런 달리의 시간 개념은 영국의 심리학자 찰스 퍼니휴Charles Fernyhough가 "우리는 대체로 기억이 과거에 일어난 사건에 대한 사실적 기록이라고 생각하지만 기억은 언제든 해체되고 재구성될 수 있는 유연한 성질의 것이다"라는 이론과도 일치한다.

즉 세월의 흐름에 의해 재구성되는 기억 속 시간의 길이와 속도는 불규칙적이며 유연하다. 기존 시간 개념을 파괴한 알베르트 아인슈타인의 '상대성이론'이 시간의 균질성, 절대성, 정확성을 거부하는 달리의 생각에 확신을 줬다. 상대성이론에 의하면 시간의 흐름과 공간의 길이는 절대적인 것이 아니며, 관측자에 따라 언제든지 바뀔 수 있다. 시간은 속도와 중력에 대해 상대적이며 모든 사물은 자신만의 특정한 시간을 갖는다.

영국의 심리학자 스티브 테일러Steve Taylor는 저서 『제2의 시간』Making Time에서 상대성이론을 이렇게 요약했다.

> 아인슈타인은 시간이 속도와 중력에 대해 상대성을 띠며 사건의 발생에는 정해진 순서가 없다고 주장했다. 보는 이의 시각에 따라 두 가지 사건은 동시에 일어난 것일 수도 있고 혹은 속도에 따라 시간차가 존재할 수도 있다는 것이다. (…) 공간과 시간은 강력한 중력을 가진 중량 물체에 의해 구부러질 수 있고, 그렇게 되면 시간이 느려진다는 게 이론의 요지이다.

아인슈타인의 상대성 이론을 영화로 구현한 크리스토프 놀란 감독의 영화 「인터스텔라」에는 "밀러 행성에서의 1시간이 지구에서의 7년에 해당된다"라는 대사가 나온다. 지구에서 경험하는 시간과 우주의 시간이 다르다. 우주에서는 1687년에 뉴턴이 정의한 근대 물리학에서의 절대시간 개념은 없고, 관찰자에 따라 상대적으로 인식되는 시간 개념이 있을 뿐이다. 달리는 시계침의 움직임처럼 일정하고 정확한 기계적 시간이 아닌, 인간의 무의식 속 기억과 연관된 심리적 시간을 의미하는 새로운 형태의 시계를 창안해야 한다는 압박에 시달렸다. 해결책을 찾기 위해 노력하던 달리에게 뜻밖의 선물처럼 유레카의 순간이 찾아왔다.

카망베르 치즈와 상대성이론의 만남으로 때로는 느리거나 빠르게, 때로는 축소되거나 팽창되는, 때로는 멈추거나 영원히 지속되는 시계가 세계 미술사에 최초로 등장했다. 영국의 미술사학자 돈 애즈Dawn Ades는 우주 본래의 원초적 시간을 표현한 이 그림의 의미를 이렇게 평가했다.

달리의 부드러운 시계는 시공時空의 카망베르 치즈이며 우주 질서에 대한 우리의 고정관념이 무너진 것에 대한 초현실주의식 명상이다.

'달리표 시계'는 인간의 고정관념을 깨는 사고의 혁신을 이뤄냈다. 단단함과 부드러움의 경계선을 무너뜨리고 일원적 시간 개념을 다원적 시간 개념으로 확장시켰다. 부드러운 시계는 사람들에게 시간의 지배에서 벗어나 주인이 되는 법을 가르쳐줬다. 짧은 인생을 길고 풍요롭게 살아갈 수 있는 삶의 지혜를 전해줬다.

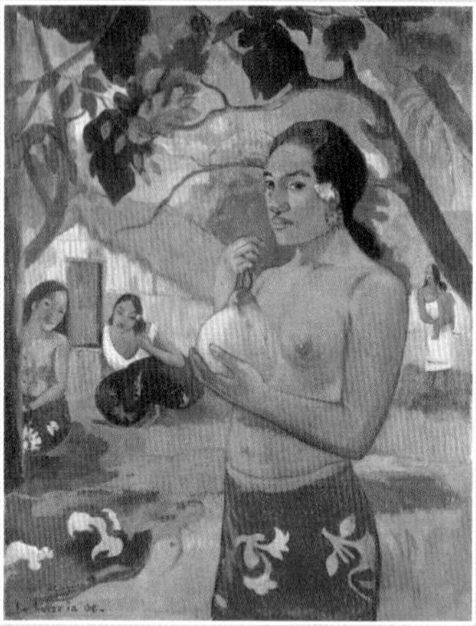

반문명의 유토피아를 향해

폴 고갱
<과일을 들고 있는 여인>

PAUL GAUGUIN
WOMAN HOLDING A FRUIT
1893

-¦-

독일 미래학자 군둘라 엥글리슈는 저서 『잡노마드 사회』에서 21세기 새로운 종족인 '잡노마드job nomad'가 미래의 흐름을 주도할 것이라고 예고했다. 잡노마드는 한곳에 머무는 정착민적 삶을 거부하고 국경 너머로 이동하며 새로운 기회와 가치를 찾는 유목민적 세계관을 가진 자유롭고 창조적인 인간형을 말한다. 낯선 사고방식과 삶에 개방적인 잡노마드의 표본으로 삼을 만한 화가가 있다. '고귀한 야만인' 혹은 '서구문명의 이단아'로 불리는 폴 고갱Paul Gauguin, 1848~1903이다. 고갱이 도전의식과 변화의 욕구로 충만한 노마드의 삶을 선택한 동기가 있었다.

혼혈 혈통과 다문화 성장 과정, 야성과 자유에 대한 갈망, 성공에 대한 야망이었다. 고갱은 프랑스 언론 정치부 기자인 아버지와 페루 귀족 가문의 프랑스계 혼혈인 어머니 사이에서 태어났다. 그는 파리에서 출생했지만 외가가 있는 페루 리마에서 어린 시절을 보냈다. 고갱의 아버지는 급진 공화주의자로 나폴레옹 3세가 집권하자 처가가 있는 페루에서 신문사를 세울 꿈을 품고 가족과 함께 뱃길에 올랐다가 항해 도중 사망했다.

유년기를 페루에서 보낸 고갱은 열세 살에 가족과 함께 프랑스로 돌아왔지만 다문화 경험이 그의 모험심을 자극했다. 그는 어머니의 반대에도 불구하고 3등 항해사가 돼 6년 동안 지중해, 남아메리카, 북극 등을 항해했다. 이후 11년간 금융회사에서 일하면서 가족과 함께 유복한 생활을 보냈다. 고갱은 주식 중개인으로 성공했고 인상주의 화가들과 교류하며 주말에 취미로 그림을 그렸다.

1883년 서른여섯 살이던 그는 주가 폭락을 계기로 직장을 그만두고 전업 작가가 되었다. 미술계는 독학으로 화단에 입문한 늦깎이 화가를 인정하지 않았다. 삶과 예술에서 획기적 전환점이 필요했던 고갱은 1891년 예술의 중심지 파리를 떠나 남태평양에 있는 프랑스 식민지 타히티로 가는 계획을 세웠다. 그는 파리에서 출발해 봄베이, 멜버른, 시드니, 오클랜드를 거쳐 63일 동안 배를 타고 가는 긴 항해 끝에. 1891년 6월 28일, 타히티의 수도 파페에테에 상륙했다.

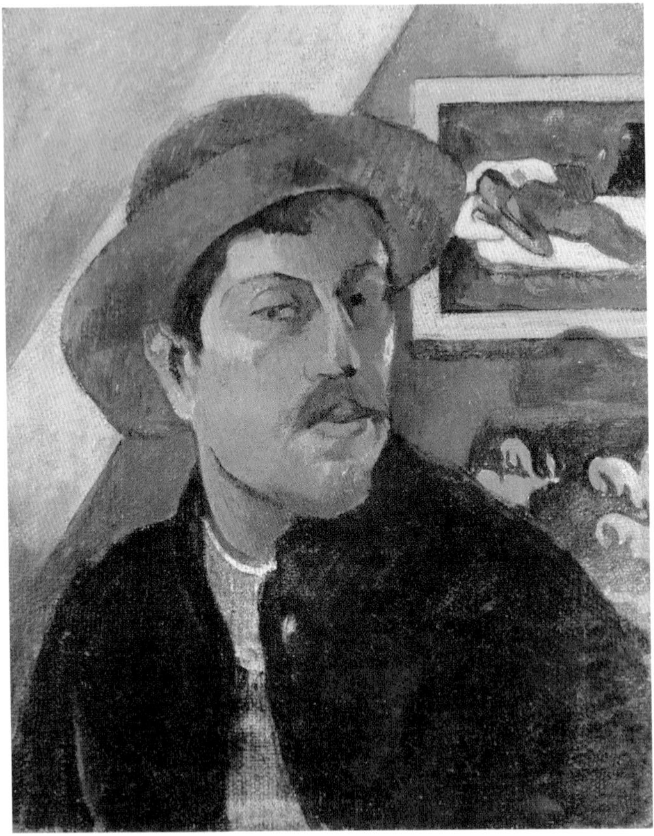

폴 고갱, 〈자화상〉, 1893년
오르세 미술관, 파리, 프랑스

중년에 접어든 그가 아내와 다섯 자녀를 버리고 타히티로 간 목적은 이국적 풍광을 즐기려는 관광 목적이 아니었다. 열대의 자연에서 예술적 영감을 얻고 새로운 주제를 발견하기 위해서였다. 유럽과는 완전히 다른 낯선 문화권인 타히티에서 혁신적이고 독창적인 화풍을 창안해 무명화가라는 꼬리표를 떼고 성공하겠다는 야망이 있었다. 원시문화에의 동경과 서구문명에 대한 비판, 새로운 화풍 창안이 타히티에 체류하게 된 동기였다는 것은 고갱의 말에서도 드러난다.

나는 문명의 껍질을 벗겨내고 평화롭게 살기 위해 파리를 떠나는 것이다. 그곳에서 내 존재를 완성하기 위해 타히티로 가기로 결심했다. (…) 나의 관심사는 기계 문명에 오염되지 않은 원초적 자연 속에서 야성을 간직한 원주민처럼 살아가면서 마음속에 떠오른 이미지를 어린아이처럼 순수하게 표현하는 것이다. 그것은 오직 원시적인 표현 수단으로만 가능하다.

고갱의 대표작을 감상하면서 그의 떠남이 어떤 결과를 가져왔는지 살펴보자.

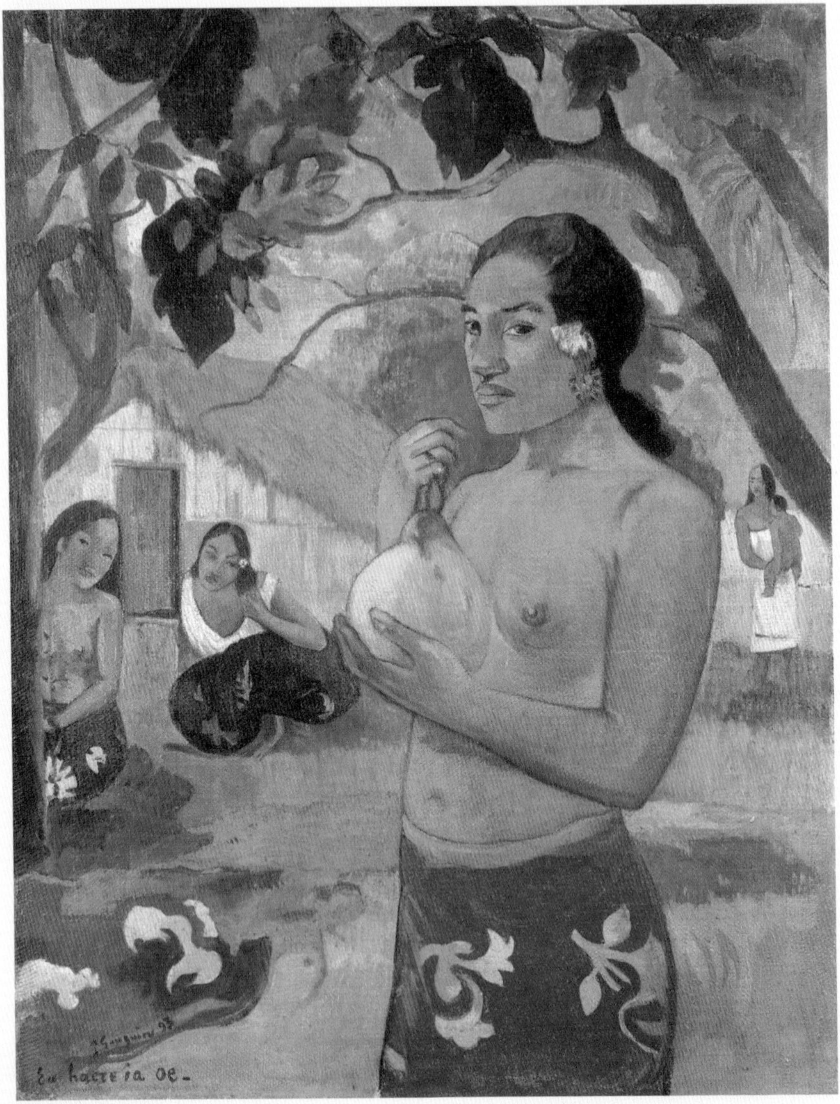

폴 고갱, 〈과일을 들고 있는 여인〉, 1893년
에르미타주 미술관, 상트페테르부르크, 러시아

그림에 타히티 전통의상인 파레오를 입은 네 명의 여성이 등장했다. 여성들은 넓적한 코, 두툼한 입술, 갈색 피부 등 전형적인 타히티인의 특성을 지닌 토착민이며, 배경의 전통가옥도 원주민의 오두막이다. 실제 타히티 여성과 자연 풍경을 그렸지만 현실 세계가 아니라 그가 추구했던 이상향을 표현했다. 한가롭게 여가를 즐기는 여성들의 표정과 자세에서 근심이나 걱정의 흔적은 찾아볼 수 없다. 타히티 여성들은 윤리와 도덕이 엄격한 유럽 여성과 달리 성적인 면에서도 자유롭다. 열대 과일을 들고 있는 여성은 젖가슴을 드러내고도 당당한 눈빛으로 관객을 바라보지 않는가.

그림 속 타히티는 '이상화된 원시적 낙원'이요, 여성들은 야성적 관능미를 지닌 '에덴동산의 이브'다. 고갱은 이 세상 어디에도 없는, 제도와 규범에 얽매인 유럽 남성들이 꿈꾸는 지상낙원을 이 작품에 표현했다. 이 그림은 남태평양 버전의 이상향, 낙원, 도원경, 유토피아, 아르카디아, 샹그릴라다. 고갱이 창안한 원시적 화풍도 낙원의 풍요와 행복을 강조한다. 원시적 화풍이란 단순하고 대담한 굵은 윤곽선과 빨강 파랑 노랑 등 강렬한 원색의 색면 대비로 상징적이고 장식적으로 화면을 구성한 표현기법을 말한다.

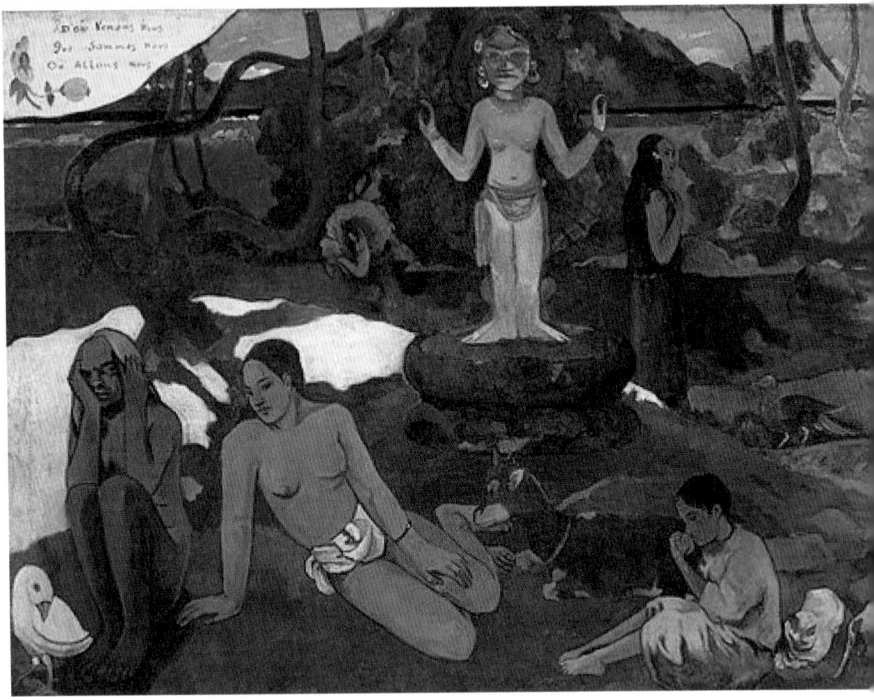

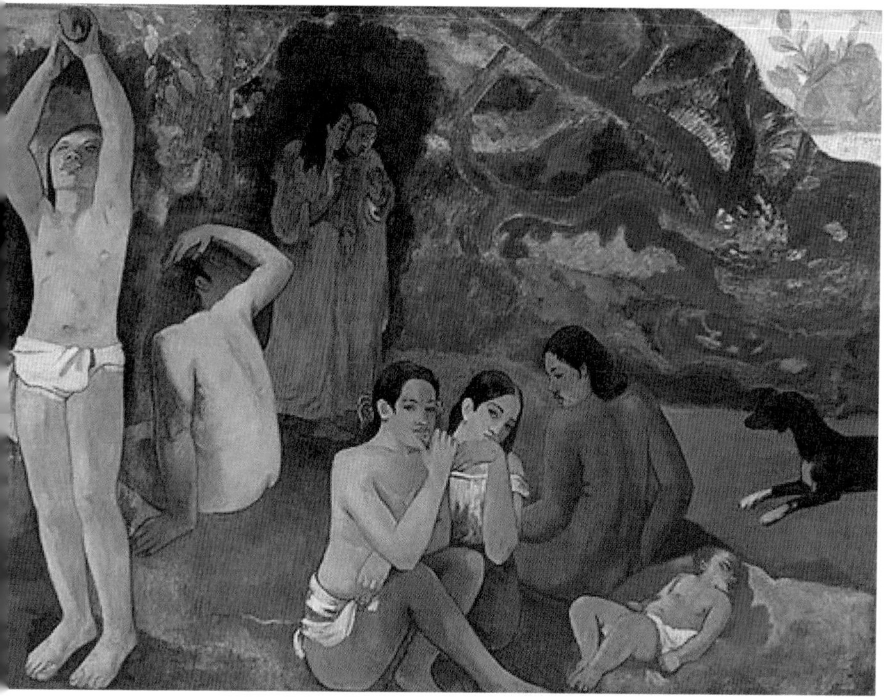

폴 고갱, 〈그대는 어디로 가는가〉, 1893년
에르미타주 미술관, 상트페테르부르크, 러시아

1892년 9월, 고갱은 생활비를 마련하기 위해 타히티에서 야심차게 제작한 작품들을 프랑스 구필화랑으로 보내 공개했다. 1893년 11월 프랑스로 잠시 돌아와 듀랑-류엘 화랑에서 전시회를 열었다. 타이티에서의 체험담과 풍속, 토착 신앙과 폴리네시아 신화, 문명과 원시성에 관한 성찰을 글과 삽화에 담은 『노아노아』 Noanoa*라는 출판물도 선보였다. * 타히티어로 '향기로운' 뜻

『노아노아』에는 이런 글이 실려 있다.

이곳에서 이십 년은 젊어졌다. 도착했을 때보다 훨씬 야성이 넘치지만 더 많이 알게 되었다. 그렇다, 그들은 낡은 문명인, 삶의 지혜와 행복의 예술에 무지한 문명인에게 너무나 많은 것을 가르쳐주었다. (…) 밤이 찾아왔다. 침묵! 나는 비로소 적막한 타히티의 밤을 알았다. 내 가슴이 뛰는 소리만 들렸다. 하늘과 나 사이에는 도마뱀들이 살았던 가벼운 판다누스Pandanus 잎으로 덮은 큰 지붕뿐이다. 나는 잠결에 내 머리 위로 펼쳐진 자유로운 공간, 천상의 궁륭과 별들을 느꼈다. 유럽의 집들, 그 감옥으로부터 나는 이렇게 멀리 떨어졌다! 마오히Maohi, 폴리네시아 원주민의 오두막은 영원과 우주와 삶으로부터 누군가를 떼어놓거나 추방하지 않는다.

그러나 그의 기대와는 달리 원시적 주제와 혁신적 화풍은 비평가들과 대중의 호응을 얻지 못했다. 크게 실망한 고갱은 다시 타히티로 가서 그림을 그리다가 남태평양의 히바오아섬 아투오나로 거처를 옮겼고 1903년 쉰네 살로 원주민 오두막에서 외롭게 삶을 마감했다.

영광은 뒤늦게 찾아왔다. 고갱 사후 타히티에서 그린 열대 그림과 독창적 화풍은 야수주의, 표현주의, 추상표현주의 등 현대미술의 탄생에 크게 기여했다. 그는 색채와 형태를 관념적으로 표현하는 상징주의 시조로 평가받고 있다. 영국 소설가 서머싯 몸은 원시의 자유를 열망했던 고갱의 생애를 모델로 삼은 세계적인 베스트셀러 『달과 6펜스』를 통해 그가 노마드의 원조라는 것을 대중에게 각인시켰다.

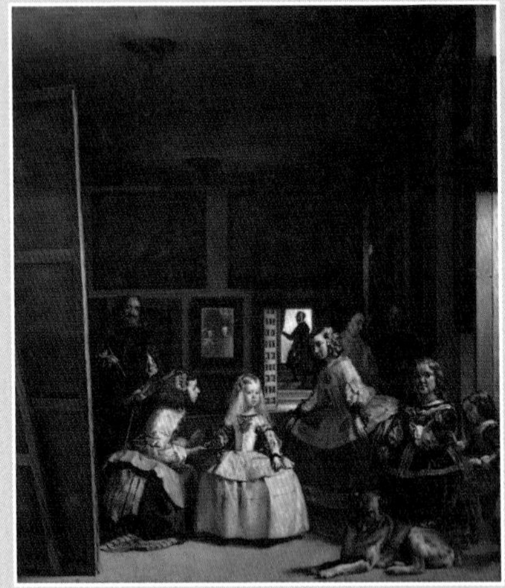

회화의 신학

디에고 벨라스케스
〈시녀들〉

DIEGO VELÁZQUEZ
LAS MENINAS
1656

프랑스 철학자 질 리포베츠키는 미술관 관객들이 감상을 위해 한 작품 앞에 머무는 시간이 불과 몇 초밖에 되지 않는다는 통계 수치를 수차례의 조사 결과로 보여줬다. 이처럼 인내심이 부족한 관객들도 17세기 스페인 화가 디에고 벨라스케스Diego Velázquez, 1599~1660의 대표작 〈시녀들〉Las Meninas, 1656 앞에 서면 쉽게 눈길을 돌리지 못하리라.

스페인 프라도 미술관의 보물인 이 그림은 다양한 관점에서 해석이 가능한 복잡하고 수수께끼 같은 구성, 인물들의 순간 동작 포착, 빛의 효과에 따른 오묘한 색채 변화, 입체감이 뚜렷한 사실적 표현기법, 자유롭고 대담하며 신속한 붓질, 실제와 환상 공간의 공존 등 복합적 요소가 결합돼 세상에서 가장 흥미롭고 불가사의한 그림으로 꼽힌다. 아울러 이 그림은 역사상 가장 많은 논쟁을 낳고 가장 많이 연구, 분석되고 있는 서양화의 대표적인 작품이다.

1656년께 이 작품이 세상에 선보인 이후 366년의 세월이 흐르는 동안 숱한 찬사가 이어졌다. 1692년 이탈리아 화가 루카 지오다노는 '회화의 신학'으로, 19세기 영국을 대표하는 초상화가 토머스 로렌스 경은 '예술의 철학'이라고 평가했다. 미국 미술사학자이며 벨라스케스 전문가 조너선 브라운은 1986년 『벨라스케스: 화가와 궁정』이라는 책에서 "〈시녀들〉은 서양미술사에서 가장 많이 연구된 작품 중 하나로 예술사에서 이만큼 다양한 해석을 만들어낸 그림은 거의 없다. 지금까지 그린 것 중 가장 위대한 그림이다"라고 극찬했다.

현대미술의 황제 파블로 피카소가 이 그림에 영감을 받아 재해석한 작품이 무려 58점에 달한다는 사실도 〈시녀들〉이 인류역사상 가장 위대한 걸작 가운데 하나로 평가받는 데 영향을 미쳤다. 작품의 중요성과 예술적 가치, 작품 훼손 우려로 인해 이 그림은 스페인 밖으로 단 한 번도 나간 적이 없다. 앞으로도 해외에서 전시될 계획이 없다.

이 그림을 신비롭게 만드는 요인이 무엇인지, 그리고 그것에

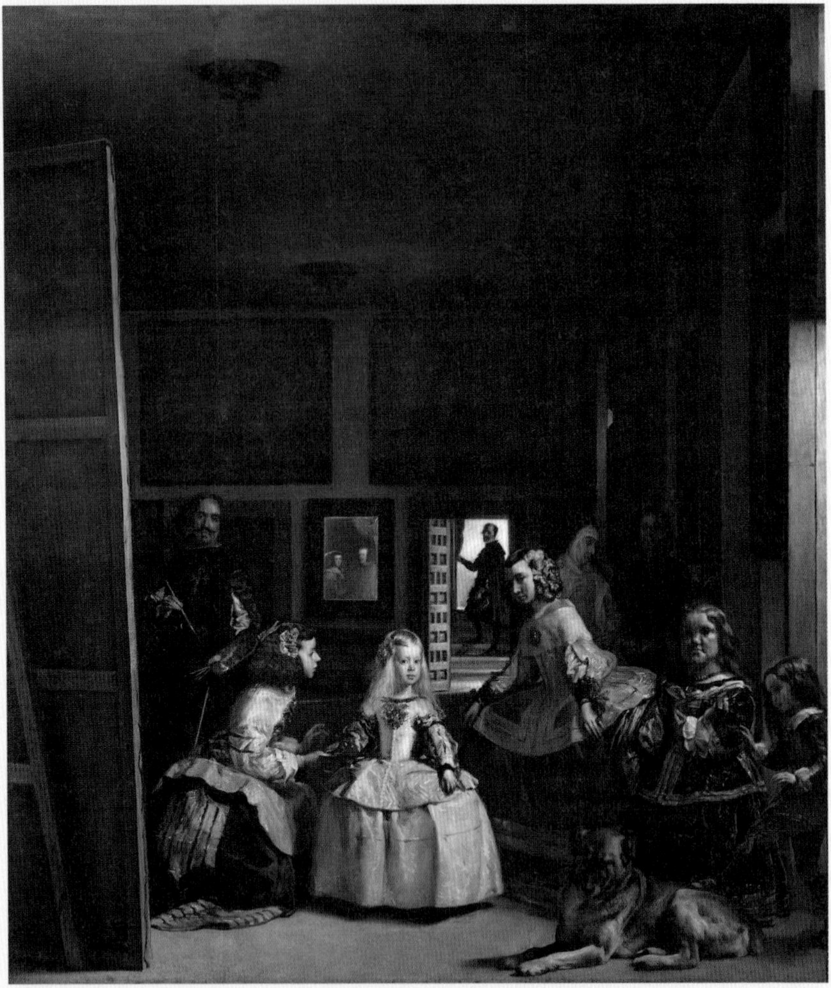

디에고 벨라스케스, 〈시녀들〉, 1656년경
프라도 미술관, 마드리드, 스페인

숨겨진 의미가 무엇인지 작품을 감상하면서 살펴보기로 하자.

작품의 배경은 펠리페 4세 스페인 국왕의 마드리드 알카사르 궁전에 있는 벨라스케스의 화실이다. 벨라스케스의 재능을 높이 평가한 국왕은 1623년 그를 궁정화가로 임명했고 왕실 소장품의 수집과 관리, 의전 담당, 궁정 최고 시종장 직책을 겸하게 했다. 심지어 16세로 일찍 사망한 아들 카를로스 왕자의 침실을 벨라스케스의 화실로 제공할 정도로 총애했다. 왕실 가족의 일상을 마치 스냅샷을 찍듯이 순간 포착한 그룹 초상화에는 당시 실존 인물 11명이 등장한다.

그림 중앙의 은색 공단 드레스를 입은 채 포즈를 취하고 있는 긴 금발머리 여자아이는 펠리페 4세와 마리아나 왕비의 딸 마르가리타 공주. 그 주변에는 어린 왕녀를 수행하는 시녀, 왕실 소속 난쟁이, 호위병, 시종이 보인다. 화면 왼쪽의 시녀는 무릎을 꿇은 자세로 빨간색 물병을 공주에게 건네고, 손목에 빨간 리본이 달린 공단 옷을 입은 시녀는 왕녀에게 고개를 숙이며 예의를 표하고 있다. 당시 왕실 시녀는 지체 높은 귀부인들이 맡던 영예로운 직책이었다. 시녀 뒤로 공주를 돌봐주는 샤프롱보호자이 호위병과 대화를 나누며, 화면 오른쪽의 여자 난쟁이는 그림 밖의 누군가를 응시한다. 남자 난쟁이는 졸고 있는 개의 등에 장난스럽게 발을 얹어놓는다.

학자들에 따르면 펠리페 4세 궁정에서 난쟁이는 왕실 내부의 오락과 유흥을 담당했고, 어린 왕자와 공주를 대신해 매를 맞는 살아있는 장난감, 때로는 민심을 국왕에게 전달하는 어릿광대 역할도 했다. 방안 깊숙한 곳의 열려있는 문 뒤에는 왕비의 시종이 걸음을 멈춘 동작을 취한 채 관객을 바라보고 있다. 화면 왼쪽에서 한 남자가 커다란 캔버스 앞에 서서 팔레트와 붓을 들고 작업하던 중 관객을 바라보고 있는데, 그는 이 그림을 그린 화가 벨라스케스다.

이제 두 가지 의문이 생긴다. 열한 명 중 아홉 명은 벨라스케스의 화실에 모여 있는 것을 확인했는데 나머지 2명은 어디에 있을까? 또 화가는 뒷면의 일부만 보이는 대형 캔버스에 무엇을 그리고 있을까? 먼저 방 안에서는 보이지 않는 두 명은 공주 뒤편 벽에 걸린 사각형 거울에서 그 모습을 찾을 수 있다. 거울에 펠리페 4세 국왕과 마리아나 왕비의 상반신이 흐릿하게 비친다. 비록 그림 속 공간에는 국왕 부부가 부재하지만 왕과 왕비는 그림 속 인물들과 이 방에 함께 있다는 뜻이다. 이것은 국왕 부부가 감상

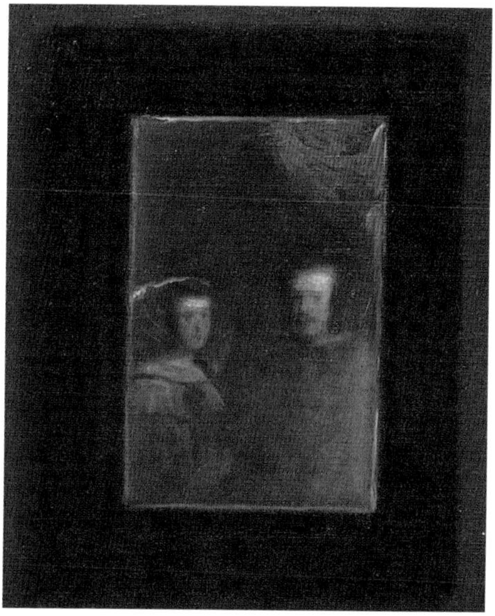

〈시녀들〉(세부),
거울에 펠리페 4세 국왕과 마리아나 왕비의 상반신이 흐릿하게 비친다.

자인 우리와 같은 위치에서 우리와 같은 시선으로 방 안에서 벌어지는 모든 상황을 지켜보고 있다는 것을 의미한다. 사물을 비추는 도구인 거울이 작품 속 공간을 확장시키는 표현 수단으로 사용되어 흥미와 기대를 불러일으키는 중요한 요소가 된 것이다.

학자들은 절대 권력자인 국왕의 지위를 평범한 감상자의 위치로 내려놨다는 것 캔버스 안 거울은 관객이 위치한 바로 그 지점에 서 있는 왕과 왕비의 모습을 비추고 있다는 점에 주목하라, 왕족의 모습을 기념하거나 왕실을 홍보하는 수단으로 활용됐던 왕실초상화에 그림을 그리고 있는 전형적인 화가의 모습, 그것도 산티에고 기사단의 붉은 십자가를 가슴에 단 모습을 실물 크기로 묘사했다는 점에서 혁명적이라고 평가한다. 당시 스페인 문화권에서 화가는 돈을 벌기 위해 손으로 일을 하는 장인으로 분류되어 사회적 지위가 낮았다.

12세기에 창설된 산티아고 기사단은 스페인이 이슬람에게 점령당했을 때 기독교 세력에 대한 수호와 나라를 지키기 위해 귀족들이 만든 카톨릭 기사들의 단체였다. 산티에고 기사단의 문장인 붉은 십자가는 고귀하고 명예로운 신분이 되었다는 것을 사회적으로 인정받는 일종의 귀족증명서였다. 신분에 따른 위계질서에 엄격한 귀족 사회는 순수 귀족 혈통이 아닌 벨라스케스가 기사 작위를 얻는 것을 반대했지만 펠리페 4세의 개입으로 1659년 화가는 산티에고 기사단에 입단하여 그토록 열망하던 귀족이 되었다. 벨라스케스는 왕실초상화에 산티에고 기사단 문장이 새겨진 상의를 착용하고 작업하는 장면을 넣어 예술가로서의 지위를 높이고자 하는 의도를 드러냈다.

즉, 왕실초상화 속 화가의 자화상은 예술 창작과 회화의 위대

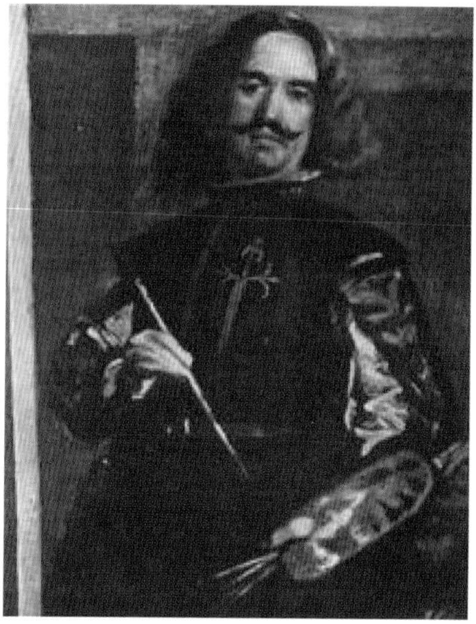

산티에고 기사단의 붉은 십자가를 가슴에 단 화가의 모습(세부)

함을 상징적으로 보여주고자 했던 시도로 해석된다. 이에 관한 흥미로운 일화가 전해진다. 〈시녀들〉이 완성된 해는 1656년이고, 벨라스케스는 그로부터 3년 후 기사 작위를 받았다. 그렇다면 이런 추측이 가능해진다. 벨라스케스는 산티에고 기사단에 임명될 것을 예견하고 미리 그림을 그렸던 것일까?

조너선 브라운을 비롯한 많은 학자들은 벨라스케스가 평생 동경했던 산티에고 기사단에 임명된 이후 스스로 그림에 붉은 십자가를 직접 그렸을 것으로 보고 있다. 한편 거울에 비친 이미지는 벨라스케스가 화폭에 무엇을 그리고 있었는지도 추측하게 해 준다.

다음의 두 가지 가설이 있다. 먼저 화가는 캔버스에 국왕 부부의 초상화를 그리고 있었는데 공주가 수행원들과 함께 작업 중인 벨라스케스의 화실을 방문해 그 일행들이 모델이 된 왕과 왕비를 바라보는 장면을 포착했다. 다음으로 벨라스케스가 화폭에 공주를 그리던 중 국왕 부부가 궁정화가의 화실을 방문하거나 잠시 방에 머물다 떠나는 장면으로 실내에 있던 일행들이 순간 멈춤 동작을 취한 채 국왕 부부를 응시하고 있다. 이 그림을 더 흥미롭게 만드는 진정한 미스터리는 작품에 나오는 인물들의 시선과 감상자인 관객의 시선이다.

작품 속 등장인물들은 화면 밖에 있는 관객을 응시하고 관객은 그림 속 궁정인의 일상생활과 인물들의 행동을 지켜본다. 복잡하고 수수께끼 같은 구성의 이 작품은 어느 것이 환상이고 어느 것이 실재인지에 대한 의문을 불러일으키며, 보는 사람과 보여지는 대상 간의 관계를 불확실하고 모호하게 만든다. 화면에 등장하는 인물과 화면 밖에 존재하는 관객과의 상호 교감, 스냅

사진을 예고한 순간 장면 포착, 그림 속 세계와 현실 세계가 공존하는 천재적인 조합은 이 작품이 수백 년 동안 관객의 의식을 사로잡고 불가사의한 매력에 빠져들게 하는 결정적 요소가 됐다.

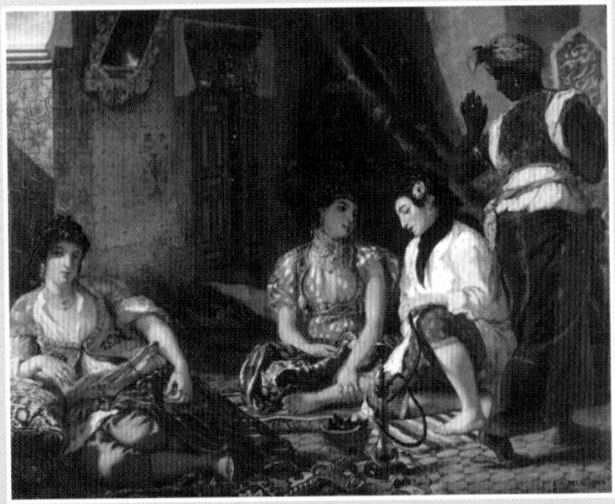

이슬람 하렘을 그린 최초의 서양화

외젠 들라크루아
〈알제의 여인들〉

Eugène Delacroix
Women of Algiers in Their Apartment

1834

영국의 심리학자 리처드 와이즈먼이 세계 최초로 행운의 비밀을 과학적으로 분석한 심리 프로젝트를 실시했다. 각계각층의 운이 좋은 사람과 운이 없는 사람들을 대상으로 한 8년간의 인터뷰와 실험을 거쳐 놀라운 결론을 얻었다. 우연과 행운은 개인의 사고 방식과 태도가 만들어낸 결과물로, 행운의 원리를 이해하고 이를 실생활에서 활용한다면 행운의 여신을 나의 편으로 만드는 일이 얼마든지 가능하다는 것이다.

19세기 프랑스 낭만주의 거장 외젠 들라크루아Eugène Delacroix, 1798~1863의 걸작 〈알제의 여인들〉Women of Algiers in Their Apartment, 1834은 우연을 내 것으로 만드는 전략으로 태어난 행운의 산물이다. 신비에 쌓인 이슬람 하렘의 여성들을 등장시킨 이 그림은 1834

년 프랑스 공식 미술전시회인 살롱전에 선보인 순간부터 엄청난 화제를 불러일으켰다. 서양 남자인 들라크루아가 이슬람 여성만의 주거공간인 하렘을 처음으로 방문하고 현장에서 스케치한 밑그림을 바탕으로 유화로 완성한 최초의 서양화라는 진기록을 세웠기 때문이다.

즉, 동방을 가본 적도 실물을 본적도 없는 유럽 남성 화가들이 상상력을 발휘해 허구의 동양여성을 그린 가공의 그림이 아니었다. 알제리를 실제로 여행한 들라크루아가 현지에서 만난 여성을 직접 관찰하며 그림을 그렸다는 차별점이 있었다. 아랍어 하림harīm에서 유래한 하렘haram은 '신성하여 범하지 못하는 곳'이라는 뜻을 지녔지만 일반적으로 이슬람 사회에서 남성들의 출입이 금지된 여성들만 생활하는 사적인 공간을 가리킨다. 하렘의 여성들을 소유할 수 있는 권리는 한 남성에게 있고, 오직 그만이 하렘을 자유롭게 드나들 수 있었다.

그림 속 신비한 하렘의 실내구조와 화려한 공예품, 성적인 분위기를 강하게 풍기는 여성의 에로틱한 이미지, 이국적 패션과 풍물 등 풍부한 볼거리에 프랑스 미술계와 관객들이 열광했다. 들라크루아를 숭배했던 「악의 꽃」의 시인 샤를 보들레르는 "작은 시와 같은 이 작품은 우리를 슬픔의 주변으로 이끈다"라는 찬사를 바쳤다. 19세기 프랑스의 시인이자 소설가인 피에르 쥘 테오필 고티에는 1834년 살롱전 비평 글에서 이렇게 극찬했다.

이 그림에는 우리가 지금까지 보았던 모든 회화 작품을 뛰어넘는 공기와 깊이가 존재한다. (…) 집 밖으로 나가지 않는 여인들의 부드럽고 풍만한 육체가 여기에 있다. (…) 이 그림은 거장의 그림이다. 마지막 결과물을 얻을 때까지 밀어붙인 그림이 보여주는 중요한 특징을 가지고 있기 때문이다. 색채 표현을 염두에 두고 하는 이야기다.

프랑스 왕 루이 필립이 감동을 받아 2,400프랑을 지불하고 작품을 구입해 룩셈부르크 미술관에 선물했다는 일화를 남겼다. 1874년 이 그림은 현재 소장처인 루브르 박물관으로 옮겨졌다. 이런 미술사적 지식을 바탕으로 〈알제의 여인들〉을 감상하면서 들라크루아가 운에 끌려 다니지 않고, 운을 지배했던 비결이 무엇인지 함께 알아보자.

화려하게 장식된 하렘의 실내에서 비단 옷과 보석으로 아름답게 치장한 세 명의 알제리 여성이 흑인노예의 시중을 받으며 남

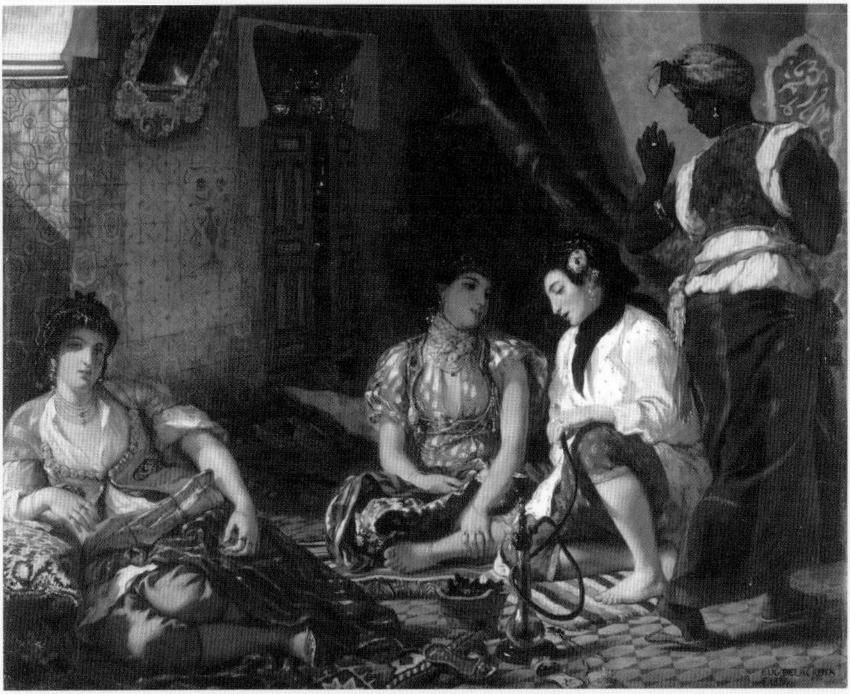

외젠 들라크루아, 〈알제의 여인들〉, 1834년
루브르 박물관, 파리, 프랑스

편을 기다리며 한가로이 시간을 보내고 있다. 세 여성의 손가락에 낀 반지는 그녀들이 결혼했다는 사실을 말해준다. 북아프리카의 강렬한 햇빛이 왼쪽 상단 창문을 통해 실내로 스며들어와 눈부신 빛의 향연을 펼친다.

강렬한 빛으로 인해 빨강, 주황, 초록, 흰색이 어우러진 색채는 더욱 밝고 선명해지고 빛을 받는 공간과 그늘진 공간을 대비시킨 명암 효과가 돋보인다. 알제리 전통주택 구조와 아라베스크 문양의 실내 인테리어, 반쯤 열린 빨간색 문 근처의 거울, 문 위 선반에 놓인 꽃병, 도자기, 바닥의 양탄자, 아편 흡연기구, 커튼, 슬리퍼 등 이국적 정취가 물씬 풍기는 이슬람 공예품의 아름다움이 관객의 눈길을 사로잡는다. 이런 생생한 묘사는 하렘을 눈으로 직접 보지 않고는 불가능하다.

들라크루아는 어떻게 금남의 구역인 하렘에 들어가 이슬람 여성들의 사생활을 관찰하며 현장에서 스케치할 수 있었을까? 우연한 기회가 찾아왔을 때 행운이 자신을 따르도록 준비하고 행동했다. 낭만주의 대표화가인 들라크루아에게 동방은 '살아있는 고대古代'이자 억제된 감정을 자유롭게 분출할 수 있는 이상향이었다. 18세기 말에서 19세기 초, 독일에서 시작되어 유럽 전역으로 확산됐던 낭만주의는 이성과 전통, 집단 이익보다 개인의 감정과 자유, 개성과 행복을 더 중시했던 예술사조를 말한다. 들라크루아는 동방기행을 통해 낭만주의 핵심인 인간의 원초적 본능과 정열, 환상과 상상력을 혁신적인 화풍으로 표현하겠다는 꿈을 가졌다.

문학과 삽화로만 알고 있었던 동방, 그 미지의 세계를 동경하던 들라크루아에게 두 번의 우연이 찾아왔다. 첫 번째는 프랑스 외교특별대사로 임명된 '샤를 에드가 드 모네이 백작'이 외교사절단을 이끌고 1832년 1월부터 6개월간 스페인 안달루시아와 모로코, 알제리를 포함한 북아프리카 지역을 방문한다는 정보를 얻었다. 카메라가 없던 시절에는 그림이 사진처럼 기록하는 역할을 대신했기 때문에 당시 외교사절단에서 화가를 데리고 가는 관례가 있었다.

절호의 기회를 포착한 들라크루아는 모네이 백작의 정부인 여배우 안네 프랑수아 부테와마드무아젤 마르스와의 친분과 인맥을 활용해 교통비만 지원받고 나머지 비용은 본인이 부담하는 조건으로 외교사절단에 합류하는데 성공했다. 북아프리카의 뜨거운 태양과 신비한 사막, 아프리카, 이슬람, 유럽 문화가 융합된 이국적 풍경, 독특한 이슬람 건축은 들라크루아의 창작혼을 자극했다. 들라크루아는 동방을 여행하는 동안 현장에서 500여 점에 달하는 기행그림을 그렸다.

두 번째 우연은 1832년 6월 25일 알제리에 도착해 28일까지 3일 동안 머물던 기간에 찾아왔다. 현지에서 모로코의 술탄과 호위병들을 만나는 기회도 얻었지만 정작 간절히 바랐던 여성만의 공간인 하렘을 방문해 그림을 그릴 수 있는 행운은 누리지 못했다. 그러나 프랑스 식민지인 알제리에서는 불가능한 일이 가능할 것도 같았다.

일부다처제의 이슬람 국가에서 여러 부인을 부양할 수 있을 만큼 부유한 남성은 첫째 부인의 동의를 받지 않고도 다른 여성과 결혼할 수 있는 권리가 주어진다. 하렘은 이슬람 남성이 일부일처제 국가의 유럽 남성보다 성적으로 우월한 위치에 있다는 것을 보여주는 증거물이었다. 당시 유럽 남성 중에는 성적 권리를 법적으로 보장받은 이슬람문화를 동경하며 부러워하는 사람도 있었다. 특히 들라크루아를 포함한 유럽 남성 화가들은 금단의 장소인 하렘에 낭만적 환상을 품고 있었다.

그는 백방으로 노력한 끝에 항만 관리의 도움으로 운 좋게도 한 알제리인 집의 하렘에 들어갈 수 있는 특별 허가를 받아냈다.

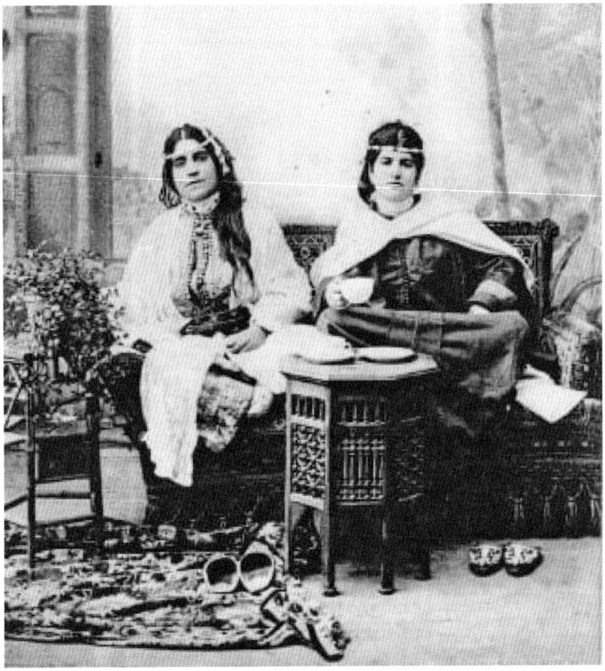

19세기 모로코 탕헤르의 하렘

들라크루아는 하렘을 방문한 짧은 몇 시간 동안 그곳에서 만난 여성들의 가장 중요한 특징을 스케치했고, 눈으로 목격한 모든 장면을 일지에 자세히 기록했다. 그는 서양 남성 화가로는 최초로 하렘을 체험한 당시의 흥분을 일기에 이렇게 적었다.

이곳은 너무도 아름다워 호메로스의 시대로 돌아간 것 같아!

여성들이 자기 방에서 아이들을 돌보고, 양모를 짜거나, 아름다운 천에 자수를 놓는다. 내가 이해하는 한 이것이 진정한 여성이다!

현지에서 경험한 하렘은 상상 속의 하렘과 다른 점이 많았다. 매혹적인 미녀들이 남성의 관음증을 자극하는 요염한 자세를 취하지도, 퇴폐적인 분위기도 풍기지 않았다.

그러나 개인의 감정과 상상력을 미술에서 가장 중요한 요소로 내세웠던 낭만주의 거장 들라크루아에게 하렘은 남성의 내면에 감춰진 성적 욕망의 해방구였다. 긴 여행에서 프랑스로 돌아온 들라크루아는 파리의 화실에서 스케치와 일기, 직접 수집한 민속품, 장신구, 수공예품을 활용해 동양적 분위기를 연출하고 기억을 되살려 하렘 장면을 재구성했다. 프랑스 여성모델에게 여행에서 가져온 알제리 여성의상과 장신구를 착용하게 하고 관능적인 포즈를 취하도록 했다. 그리고 완성된 유화그림을 1834년 살롱전에 출품했다. 고증을 바탕으로 한 사실성과 이국문화, 낭만적 환상이 결합해 탄생한 〈알제의 여인들〉은 하렘풍 회화의 걸작이라는 평가를 받았다.

하렘풍 회화는 당시 유럽화단에서 유행한 이국적 취향의 그림

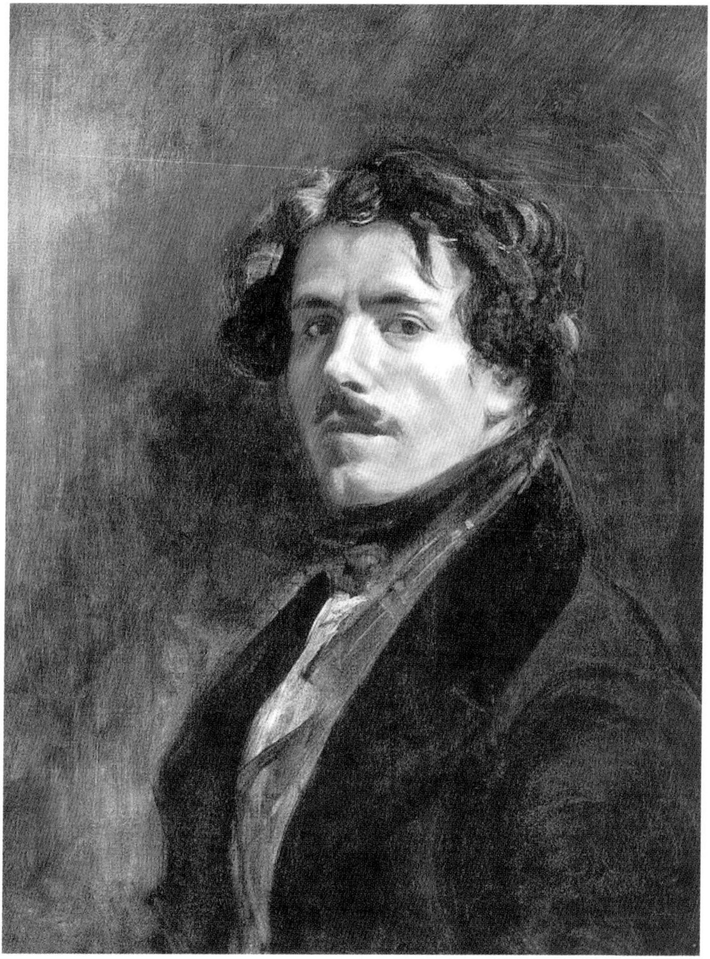

외젠 들라크루아, 〈자화상〉, 1837년
루브르 박물관, 파리, 프랑스

을 말한다. 서양인의 시선으로 동방을 바라보고 서양인의 취향이 반영된 왜곡된 이미지가 하렘풍 회화로 나타난 것이다. '알제의 여인들'은 동시대 예술가뿐만 아니라 반 고흐, 폴 고갱, 오귀스트 르누아르, 파블로 피카소 등 후세대 예술가들에게도 큰 영향을 미쳤다. 특히 피카소는 〈알제의 여인들〉의 장식적 패턴과 색채, 관능미에 강렬한 영감을 받아 15점의 그림을 재창조했다. 그 중 한 점인 〈알제의 여인들〉이 2015년 5월 11일 밤 뉴욕 크리스티 경매에서 전 세계 미술품 경매 최고가인 1억 7,937만 달러(약 1,955억 원)에 낙찰돼 세계 미술품 역대 기록을 갈아치웠다.

서양남성이 전혀 접근 할 수 없었던 하렘 체험은 들라크루아가 세상을 떠날 때까지 그의 예술적 영감을 자극했다. 〈알제의 여인들〉을 선보인 이후에도 그는 같은 주제의 다른 버전의 그림들을 그렸다.

일본의 심리학자 모로토미 요시히코는 "성공한 사람은 '행운'을 불러오는 사건과 많이 만나기 위해 의도적으로 계획하고 노력한다. 우연한 만남이나 사건을 열린 마음으로 받아들이고 그것을 적극적으로 활용하느냐가 운명을 가르는 기준이 된다"라고 말했다.

뜻밖의 행운을 만나고 싶은가? 〈알제의 여인들〉이 우연에서 행운을 붙잡을 수 있는 비결을 알려줄 것이다.

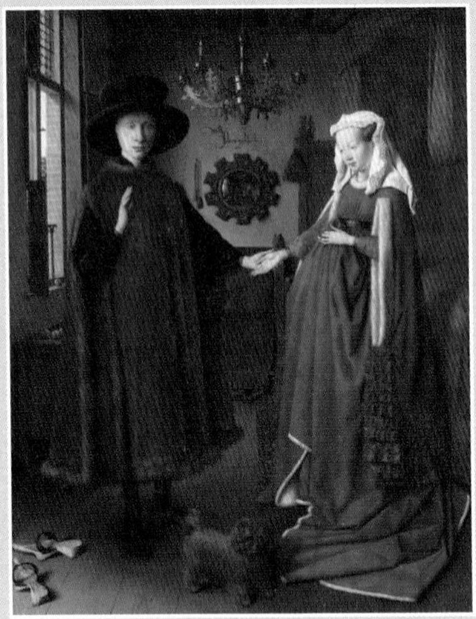

최초의
결혼 기념 초상화

얀 반 에이크
〈아르놀피니 부부의 초상화〉

JAN VAN EYCK
THE ARNOLFINI PORTRAIT
1434

영국 소설가 올더스 헉슬리는 “상징이 없는 인간은 동물과 마찬가지다”, 영국 성서학자 앤서니 티슬턴은 “상징은 진리에 이르는 길이다”라고 말했다. 인류의 역사는 상징의 역사라고 말해도 지나치지 않다. 상징은 많은 문화권에서 메시지를 전달하는 강력한 수단으로 사용됐다.

특히 미술에서 상징은 매우 중요한 역할을 한다. 예술 작품에 나타난 상징의 의미를 해석하면 작가 의도나 주제의식을 이해하는 데 도움이 된다. 북부 르네상스 거장으로 평가받는 플랑드르 화가 얀 반 에이크Jan van Eyck, 1390(?)~1441는 시각적 암호인 상징을 활용해 걸작을 남겼다. 영국 런던 내셔널갤러리의 인기 소장품인 〈아르놀피니 부부의 초상화〉The Arnolfini Portrait, 1434는 서양미술사에서 가장 독창적이고 신비로운 명화 중 하나로 꼽히며 일명 ‘수수께끼 그림'으로 불린다. 그만큼 그림 속에 복합적 의미를 지닌 다양한 상징물이 등장한다. 어떤 상징이 숨겨져 있을까? 작품을 감상하면서 상징의 비밀을 풀어보자.

그림에 등장한 두 남녀는 플랑드 브뤼헤브루게에 살았던 이탈리아 루카 출신 상인 조반니 아르놀피니와 그의 아내일부 학자들은 부부의 정체에 의문을 제기해 논쟁을 벌이기도 한다다. 부부는 침대와 창문이 있는 자신들의 방에서 포즈를 취하고 있다. 아르놀피니 일가는 북유럽과 지중해 무역로와 연결된 상업 중심지였던 브루게에서 가장 부유한 상인 계급 중 하나였다. 독일 출신 미술사학자 에르빈 파노프스키를 비롯한 많은 학자들이 연구를 통해 이 이중초상화는 결혼을 기념하는 최초의 예술 작품이라고 결론지었다. 사진기가 발명되기 이전 결혼식 장면을 담은 기념 초상화이자 혼인 관계를 인정받는 결혼증명서 역할을 했다는 것이다.

이 초상화가 예술 작품일 뿐만 아니라 법적 문서이기도 하다는 추론 근거로 그림 속에 묘사된 다양한 상징물이 제시됐다. 예를 들면 부부가 함께 손을 잡은 동작은 결혼을 통한 두 남녀의 화합, 아르놀피니가 오른손을 세운 자세는 혼인 서약, 둘 다 신발을 벗은 행위왼쪽 전경 실내바닥에 나막신과 빨간색 침대보 아래 빨간색 샌들 한 켤레가 있다는 결

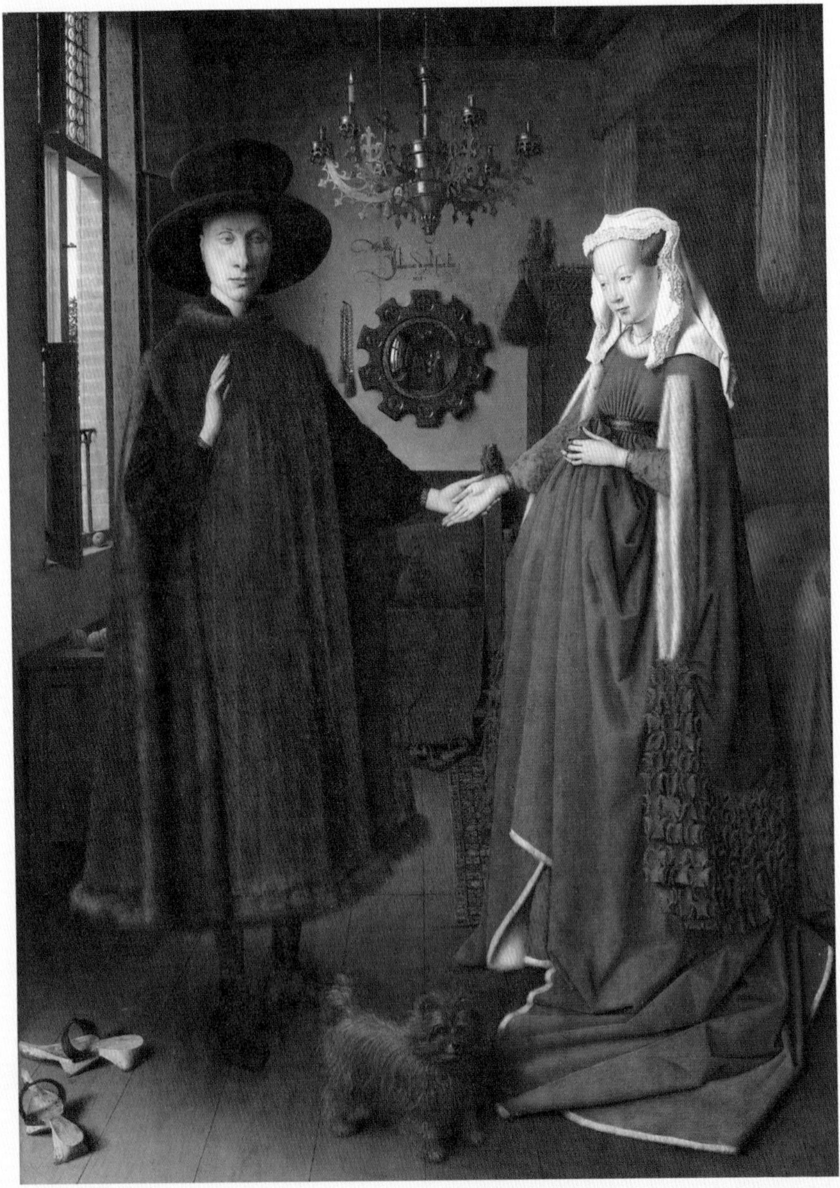

얀 반 에이크, 〈아르놀피니 부부의 초상화〉, 1434년
내셔널 갤러리, 런던, 영국

혼의 신성함, 부부 발끝 사이의 작은 개는 충실함과 헌신을 상징한다. 침구의 붉은색은 부부간의 열정, 볼록거울 옆에 매달린 플랑드르 전통 구슬 묵주는 근면과 겸손, 청동 샹들리에에서 타오르는 촛불 한 개는 부부의 일심동체를 의미하는 동시에 모든 것을 지켜보는 신의 눈을 상징한다.

다산을 기원하고 가정주부의 덕목과 가치관을 나타내는 상징물도 다수 등장한다. 침대 뒤편가구 맨 위쪽에 출산의 수호성인 성 마가렛의 목각 조각상이 놓였고, 그 옆에 주부 역할을 강조하는 청소용 솔이 걸려 있다. 여성의 녹색 드레스는 굵은 주름을 풍성하게 넣어 배 부분을 볼록하게 강조해 마치 임신한 것처럼 보이지만 르네상스 시대 플랑드르 지역에서 유행한 패션이다. 이런 의상은 다산을 기원하는 자녀에 대한 열망의 상징이자 예의범절의 표시이기도 하다.

이 초상화가 결혼증명서 용도로 주문 제작됐다는 것을 나타내는 결정적 증거물도 있다. 벽 한가운데 그리스도의 수난 장면을 묘사한 10개의 작은 그림으로 장식된 원형 볼록거울이 걸려 있다. 거울 표면에 실내 정경과 부부의 뒷모습, 방문 앞에 서 있는 파란색 옷과 빨간색 옷을 입은 두 남자의 모습이 비친다. 둘 중 파란색 옷을 입은 남자는 얀 반 에이크로 추정된다. 볼록거울 위

벽에 라틴어로 '얀 반 에이크가 여기 있었다. 1434년'이라는 화가의 서명과 날짜가 적혀 있기 때문이다. 즉 화가와 정체를 알 수 없는 남자는 결혼식을 참관하고 서약한 증인이라는 뜻이다. 작가가 자신의 작품에 서명하는 것은 요즘은 흔한 일이지만 당시에는 이례적이었다. 르네상스 시대 예술가는 기능공 취급을 받았기 때문에 창조적 가치나 독창성을 인정받지 못했다. 이 초상화는 인류 역사상 최초로 예술가가 결혼식을 직접 목격하고 증인을 섰을 뿐만 아니라 결혼 기념화에 서명을 했다는 점에서 미술사적 가치가 매우 높다.

독일 출신의 미술사가 에르빈 파노프스키는 "역사상 처음으로 예술가는 진정한 의미에서 완벽한 목격자가 되었다. 그 자체로 그것은 새롭고 혁명적이었다"라고 의미를 부여했다.

그뿐만 아니라 다양한 상징물을 통해 아르놀피니 부부의 높은 사회적 지위와 경제력도 보여줬다. 고급스러운 원단으로 만든 모직 옷, 값비싼 모피로 장식한 망토, 호화로운 녹색 모피 드레스, 부부가 착용한 반지, 여자의 황금 팔찌와 목걸이는 부의 상징물로 왕족과 귀족, 부유한 상인들만 소유할 수 있었다. 1997년 영국 윔블던 칼리지 오브 아트 Wimbledon College of Arts 학생들이 작품 속

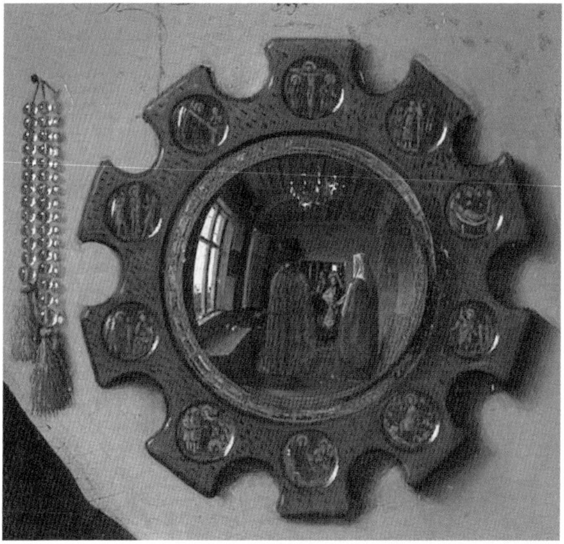

〈아르놀피니 부부의 초상화〉의 거울 속 인물들(세부)

여성이 입은 녹색 모피 드레스의 복제품을 만들었을 때 35m의 원단이 필요했다고 한다. 이는 모피 드레스 한 벌을 만드는데 약 2,000마리의 다람쥐 털가죽이 사용됐다는 뜻이다. 게다가 이 드레스에 사용된 녹색은 당시 가장 비싼 안료 중 하나였다.

아르놀피니 부인이 이만큼 값비싼 의상을 입을 수 있을 만큼 부유했다는 것을 말해준다. 벽돌로 지은 주택에 놓인 고급 가구와 침대의 정교한 나무 조각, 화려한 스테인드글라스로 장식된 창문, 바닥에 깔린 동양에서 수입한 양탄자, 탁자에 놓인 수입산 오렌지, 값비싼 침구류도 그들의 재력을 나타낸다. 관련 자료에 따르면 아르놀피니 가족은 유럽 전역에서 사치품, 특히 고급 직물을 거래해 부를 축적한 재력가로, 15세기 중요한 무역 도시인 브루게에 거주한 외국 상인 가운데서 부유층에 속했다고 한다. 그림 속 다양한 상징물은 아르놀피니 부부가 이 초상화를 의뢰한 목적도 알려줬다.

결혼을 기념하는 초상화이자 직물 거래로 큰돈을 번 자신들의 부와 지위를 과시하고 싶은 욕망이 이 그림을 주문한 숨은 의도였다. 이 초상화가 불멸의 명화로 평가받는 또 다른 이유가 있다. 얀 반 에이크는 '유화의 아버지' '화가들의 제왕'으로 불릴 만큼 새로운 매체인 유화를 발전시킨 업적을 남긴 최초의 화가 중 한 명이다.

유화물감이 개발되기 이전의 화가들은 안료와 계란 노른자, 아교를 섞어서 만든 템페라 물감을 사용했다. 템페라는 종이나 천에 잘 접착하고 색이 선명하며 변질되지 않는 장점을 가진반면 빨리 건조되는 단점이 있다. 15세기 초, 플랑드르에서 안료와 아마유 린시드유, 호두유 등 오일을 혼합한 유화물감이 개발되어 표현기법에 대혁명이 일어났다. 유화물감을 사용하면 빨리 마르지 않아 보다 정교한 사실적 묘사가 가능하다. 물감의 혼색이 쉬워져 다양한 색을 만들어낼 수 있고 자유로운 붓질에 의한 명암과 농담 차이에 따른 미묘한 변화도 표현할 수 있다. 얀 반 에이크는 새로운 유화기법을 대표하는 최고의 화가였다. 작품을 관찰하면 얀 반 에이크가 유화물감의 특성을 완벽하게 터득했다는 것을 확인할 수 있다. 볼록거울과 청동 샹들리에 표면의 광택, 의상의 질감, 강아지 털의 섬세하고도 정교한 세부 묘사, 물체에 닿은 빛의 효과를 유화기법으로 구현한 얀 반 에이크의 뛰어난 재능에 감탄하게 된다. 이 그림은 참나무 판자에 템페라가 아닌 유화물감으로 그린 현존하는 가장 오래된 패널화 중 하나이다.

르네상스 시대 브루게에 정착한 부유한 상인 계급의 일상을 복잡한 상징물을 활용해 완벽한 유화 기법으로 사실적이고 정밀하게 묘사했기 때문에 기록적 가치도 높다. 이런 요소들이 결합돼 걸작의 반열에 오른 것이다.

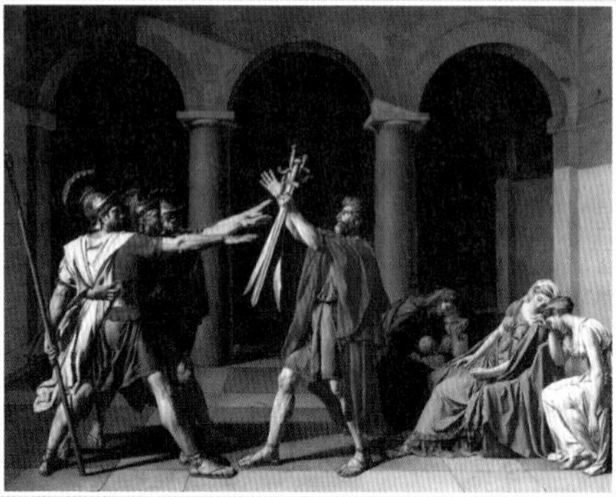

정치 선전화의 걸작

자크 루이 다비드

〈호라티우스 형제의 맹세〉

Jacques Louis David The Oath of the Horatii

1784

대중을 이해하려면 숨은 동기를 파악하고, 그들의 마음속에서 일어나는 변화를 읽을 줄 알아야 한다. (…) 민심은 국민의 생각을 표현하며, 국민의 생각은 그들이 신뢰하는 지도자와 여론 조작에 능숙한 사람들에 의해 형성된다.

'홍보 선전의 아버지'로 불리는 에드워드 버네이스의 저서 『프로파간다』에 나오는 구절이다. "여론은 만들어내는 것이다"라는 버네이스의 이론을 미술로 구현한 화가가 있다. 18세기 후반 프랑스 미술계의 제왕이자 절대권력자로 군림했던 자크 루이 다비드Jacques Louis David, 1748~1825다. 다비드는 미술 역사상 가장 뛰어난 정치 선전화를 그린 화가 중 한 명이었다. 프랑스 왕 루이 16세의 의뢰를 받아 1784년 완성한 〈호라티우스 형제의 맹세〉The Oath of the Horatii, 1784는 대중의 환호와 지지를 이끌어낼 수 있는 선동적 효과를 극대화한 걸작이다.

정치적 이상을 위한 개인적 희생이라는 주제의식, 등장인물들의 극적인 성격 묘사, 엄격하고 균형 잡힌 구도의 신고전주의 예술 양식이 결합된 이 작품은 1785년 9월 파리 살롱전을 방문한 관람객들의 시선을 사로잡으며 큰 인기를 누렸다.

이 그림은 다비드가 프랑스 신고전주의 대표 예술가로 자리매김하는 데도 결정적인 역할을 했다. 신고전주의는 18세기 말 프랑스를 중심으로 유럽에서 발전한 미술 사조로, 고대 그리스와 로마 문화로부터 영감을 받은 예술 양식을 가리킨다. 고대 로마 군복과 갑옷으로 무장한 세 명의 젊은 전사가 세 개의 검을 들고 있는 늙은 남자에게 경례하는 장면을 그린 이 작품이 정치 이데올로기 선전화의 걸작으로 평가받는 이유는 무엇일까? 작품을 감상하면서 궁금증을 풀어보자.

다비드는 고대 로마의 역사가 티투스 리비우스의 『로마 건국사』에 나오는 일화에서 작품의 주제를 가져왔다. 로마인의 도덕과 힘을 찬양한 이 역사서에 실린 전설에 따르면 기원전 7세기에

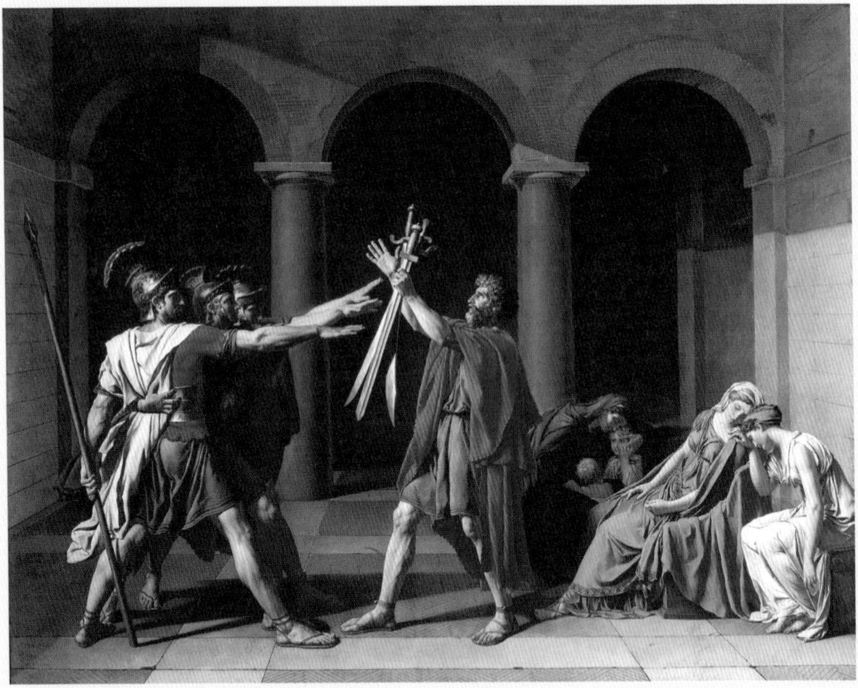

자크 루이 다비드, 〈호라티우스 형제의 맹세〉, 1784년
루브르 박물관, 파리, 프랑스

로마와 인접한 알바는 치열한 전투를 벌였다. 전쟁에 지친 두 도시국가는 전면전을 지속하기보다 대표급 전사를 뽑아 결투 방식으로 승패를 결정짓기로 상호 합의한다. 국가의 운명을 결정짓는 전사로 로마인들은 호라티우스 가문의 삼형제를, 알바인들은 쿠리아티우스 가문의 삼형제를 선택했다. 다비드는 웅장한 로마식 고전 건축을 배경으로 호라티우스 삼형제가 아버지께 조국을 위해 목숨을 바치겠다고 맹세하는 순간을 묘사했다.

세 아들은 근육질 팔을 앞으로 펴서 손가락을 뻗는 로마식 경례를 한다. 아버지는 왼손으로 삼형제에게 건네줄 세 개의 검을 높이 쥐고 오른손은 위로 들어올리면서 용기를 불어넣는 동작을 취한다. 아버지의 단호한 태도와 동작에서 세 아들을 피의 제단에 바치는 영웅적 행동에 따른 어떤 망설임도 없다는 각오가 느껴진다. 오른쪽의 슬픔에 잠긴 여성들과 아이들은 삼형제의 아내와 누이, 어린 자식들이다. 호라티우스 가문과 쿠리아티우스 가문은 형제자매끼리 결혼하고 약혼한 사이였지만 결투로 인해 서로 적이 돼 싸우는 비극적 운명을 맞은 것이다.

삼형제는 여성들의 눈물과 애원에도 불구하고 공화국을 구하라는 아버지의 부름에 순종한다. 남성의 강인한 육체는 직선적이며, 여성의 부드러운 육체는 곡선적이다. 또 남성은 결연한 자세,

여성은 무기력한 자세를 취했다. 다비드가 남녀의 신체적 특성을 대비시킨 의도가 있다. 국가에 대한 충성심은 가장 근본이 되는 국민의 미덕이자 의무로서 무조건 복종해야 한다는 것, 애국심이 현실의 삶보다 더 소중하며 심지어 명예로운 죽음이 혈육 관계보다 더 우선한다는 메시지를 전하기 위해서다. 즉 정치적 이상을 위한 개인적인 희생을 강조했다.

다음은 다비드가 애국심을 강조한 정치 선전화를 그리게 된 배경을 살펴보자. 다비드는 위대한 예술가이자 급진적 정치 성향을 가진 혁명가였다. 그는 프랑스 혁명을 상징하는 인물인 막시밀리앙 로베스피에르, 장 폴 마라와 우정을 나누는 정치적 동지였다. 프랑스 혁명을 열렬히 지지했던 다비드는 혁명운동에도 적극적으로 참여했다. 혁명 이후에 세워진 정부에서 정권 선전을 담당하며 혁명이념을 전파하고 찬양하는 선전화들을 선보이는 등 시민을 선동하는 역할을 맡았다. 프랑스 공화국의 미술 정책을 이끌어 가는 막강한 권력자로도 군림했다. 로베스피에르가 실각하자 투옥되었으나, 석방된 이후 나폴레옹 1세의 열렬한 지지자로 변신했다.

나폴레옹이 황제가 된 이후 궁정 화가로 임명되어 황제의 업

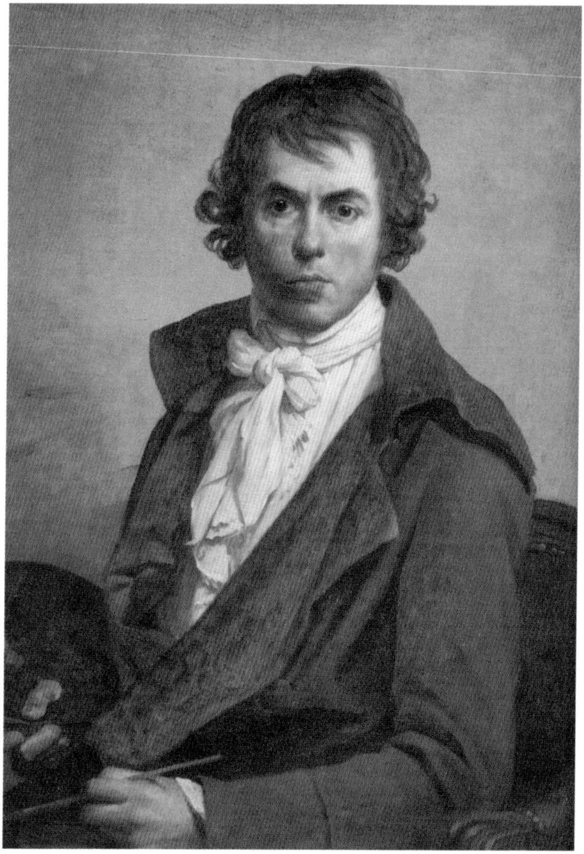

자크 루이 다비드, 〈자화상〉, 1794년
루브르 박물관, 파리, 프랑스

적을 홍보하고 정권을 미화하는 선전화를 그렸다. 이런 정치적 성향으로 인해 다비드는 '선전 화가'로 불리게 된다.

이 그림이 그려진 시기는 프랑스 혁명 직전의 격동기인 1784년이다. 공화주의자들이 시민혁명 운동에 열정적으로 헌신하며 절대왕정 제도를 무너뜨리려고 시도하던 시점이다. 루이 16세가 이 작품을 주문한 목적이 있었다. 왕과 왕국의 명예를 지키기 위해 국민이 치러야하는 희생정신을 강조하고, 백성들로부터 충성심을 이끌어내며, 도덕적 교훈을 주기 위해서였다.

그러나 다비드는 고대 신화와 역사를 동시대 정치와 비유해 묘사하는 데 타의 추종을 불허한 자신의 특기를 발휘해 태동하는 혁명정신을 그림에 담았다. 절대왕정제도의 상징인 왕의 주문 그림에 군주제를 전복하려는 혁명기의 시대정신을 표현한 화가의 의도는 허를 찌른다.

루이 16세는 프랑스 군주로는 처음이자 마지막으로 1793년 혁명군에 의해 단두대에서 처형당한 혁명의 희생양이었다. 다비드는 미술이 정치적 도구와 수단이 될 수 있다는 것을 인식한 정치 선전화의 선구자였다. 영웅주의와 애국심, 정치적 이상을 위한 개인적인 희생. 시대정신을 신고전주의 양식으로 구현한 이 그림은 정치 선전화도 걸작의 반열에 오를 수 있음을 보여주는 대표적 사례다.

오늘날 이 그림은 혁명의 상징이 됐다. 생전에 다비드는 자신이 새로운 유형의 혁명화를 창안했다는 점을 인식했던 것 같다. 그래서 "내가 이런 그림을 또 그릴 수 있을지 모르겠다"라는 글을 남겼던 것이다.

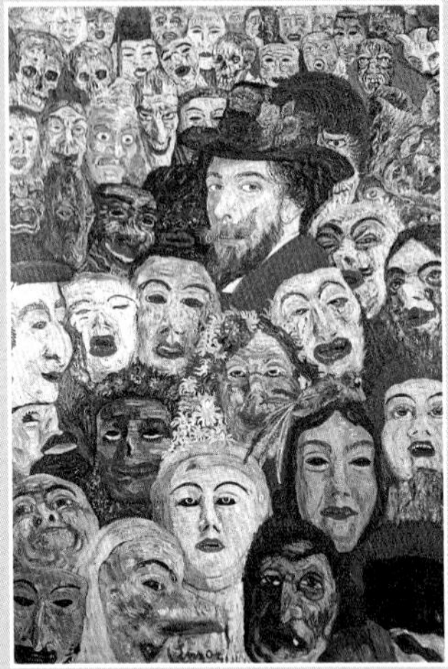

페르소나,
가면 뒤의 삶

제임스 앙소르
〈가면에 둘러싸인 앙소르〉

James Ensor
Self-Portrait with Masks
1899

페르소나는 고대 그리스 연극배우가 쓰는 가면에서 유래한 용어로, 분석심리학에서는 외적 인격을 가리킨다. 분석심리학의 창시자 카를 구스타프 융의 주요 개념에 따르면 '페르소나'는 사회적으로 만들어진 가짜 모습인데도 불구하고 진정한 자신의 모습이라고 착각하는 가면을 의미한다. 융은 페르소나를 이렇게 정의했다.

많은 사람이 페르소나에 지배된 생활과 심리적 욕구들을 채우는 이중생활을 한다. 그 이상의 가면을 쓰는 사람도 많다. 직장에서 쓰는 것과 다른 가면을 가정에서 쓸지도 모른다. 골프장에서, 친구와 포커를 할 때도 제3의 가면을 쓸 수 있다. 그 모든 가면을 총괄한 개념이 그의 페르소나다.

미국의 비교신화학자 조지프 캠벨은 페르소나는 일종의 가면으로 집단 사회의 행동 규범 또는 역할을 수행한다고 설명했다.

누구나 평생 사회로부터 특정한 사회적 역할의 수행을 강요받는다. (…) 이러한 페르소나가 없다면 그 사람은 존재하지 못할 것이다. 따라서 "가면을 벗고 자연스럽게 행동하자!"와 같은 말은 어불성설이다. 하지만 가면은 무수히 많다. 젊은이의 가면도 있고 노인의 가면도 있으며, 무수한 사회적 역할의 가면도 있고, 임의적으로 다른 사람에게 덮어씌워 그 사람의 본질을 가린 채 거기 반응하는 가면도 있다.

인간의 본성은 시기심이 많고 자기중심적이고 이기적이다. 그러나 사회적 동물로서의 한 개인이 살아남기 위해서는 타인에게 좋은 인상을 남기고 사회적으로도 인정받아야 한다. 자신에게 유리한 방향으로 이끌려는 의도로 가정과 직장, 사회에서 다양한 상황과 요구된 역할에 따라 적합한 가면을 쓰고 살아간다는 뜻이다. 벨기에의 국민화가 제임스 앙소르James Ensor, 1860~1949는 세계미술사에서 최초로 위선과 거짓의 가면 뒤에 숨겨진 인간의 실체를 폭로한 자화상을 남겼다.

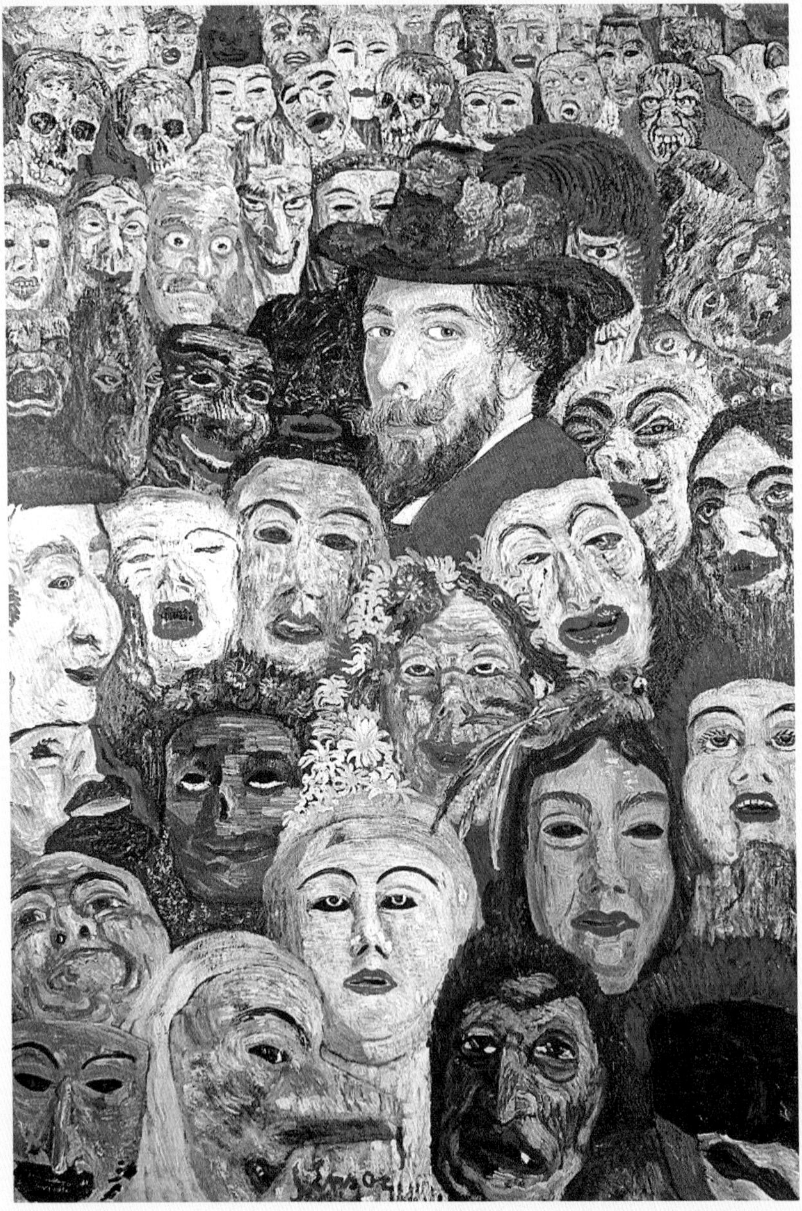

제임스 앙소르, 〈가면에 둘러싸인 앙소르〉, 1899년

메나르 미술관, 고마키, 일본

해골 가면, 종이 가면, 악마 가면, 어릿광대 가면, 동물 가면 등 형태와 색상이 각기 다른 가면들이 화면을 가득 채우고 있다. 그림 중앙의 붉은색 옷을 입고 꽃과 깃털로 장식된 붉은색 모자를 쓴 남자만 유일하게 가면을 쓰지 않고 맨얼굴을 드러냈다.

콧수염을 말아 올리고 턱수염을 잘 다듬은 세련된 외모의 젊은 남자가 예리한 눈빛으로 관객을 응시한다. 그는 이 그림을 그린 화가 앙소르다. 미술의 역사에서 많은 화가들이 다양한 형식의 자화상을 선보였지만 이 작품은 그 중에서도 매우 특별하다. 가면을 쓴 군중들 사이에서 예술가만 진짜 얼굴을 드러낸 모습으로 작품 속에 등장했기 때문이다. 다양한 형태의 가면들을 관찰하면 공통점이 보인다. 짙은 화장과 화려한 치장을 했는데도 섬뜩할 정도로 불길한 기운이 감돈다. 누군가를 조롱하는 것 같고, 사악한 음모를 꾸미거나 공격하려는 듯 위협적인 분위기도 느껴진다. 앙소르가 기괴한 가면들에 포위당한 자화상을 그린 의도는 무엇일까?

인간의 야비한 본성과 군중의 집단적 광기를 가면들을 통해 폭로하기 위해서였다. 즉 교활하고, 비열하고, 우둔하고, 허영심 강하고, 중상모략하는 인간군상人間群像을 가면들에 비유해 풍자한 것이다. 그는 거짓으로 꾸민 가면을 쓴 군중 속에서 가면을 쓰지 않은 모습으로 등장해 오직 자신만이 진짜 얼굴을 가진 참된 존재라는 것을 보여줬다. 그런 한편 가면은 앙소르가 느꼈던 죽음에 대한 공포와 불안, 환상, 내면의 상처, 정신적 붕괴를 상징하기도 한다. 앙소르는 '가면의 화가'로 불릴 만큼 가면을 소재로 한 많은 작품을 남겼다.

가면을 그림에 사용하게 된 배경으로는 가정환경과 성장 과정, 사회에 적응하지 못했던 반사회적이고 비사교적인 성격, 예술가적 저항 정신을 꼽을 수 있다. 앙소르는 1860년 벨기에 북해 연안에 있는 해변 휴양지의 명소 오스텐데에서 영국계 엔지니어인 제임스 프레데리크 앙소르와 오스텐데 토착민 여성인 마리아 카타리나 하게만의 아들로 태어났다. 한적한 항구 마을인 오스텐데는 두 가지로 유명했다. 여름철에는 벨기에 왕실이나 유럽 상류층이 즐겨 찾는 해변 휴양지의 명소로, 다른 하나는 지역적 고유성과 문화적 가치를 간직한 오스텐데 전통축제였다.

벨기에는 세계에서 가장 풍부하고 광범위한 카니발 전통을 보유하고 있는 축제의 나라다. 특히 중세에 뿌리를 둔 카니발의 오랜 역사를 간직한 오스텐데 축제는 벨기에의 명물이자 국가적 관광자원이었다. 앙소르는 축제의 흥분 속에서 변장 가면을 쓴 사람들이 거리로 몰려다니며 자유와 해방을 누리는 광경을 보고 자

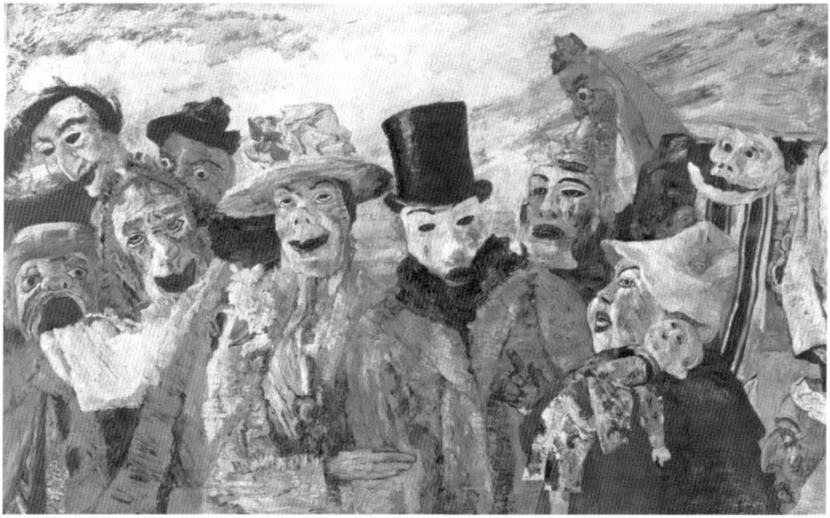

제임스 앙소르, 〈음모〉, 1890년
안트베르펜 왕립미술관, 안트베르펜, 벨기에

랐다. 어릴 적 그는 친구들과 함께 변장 가면을 쓰고 축제를 열광적으로 즐기곤 했기 때문에 가면에 친숙했다. 게다가 앙소르의 가족은 축제용품과 해변 장신구를 파는 기념품 가게를 운영하고 있었다. 앙소르는 어머니가 운영하는 가게에서 일을 거들면서 다양한 가면을 접했다.

가게 4층의 낡고 비좁은 다락방을 작업실로 개조해 가면, 카니발 의상, 골동품 등으로 실내를 꾸미고 이런 소품들을 그림에 담았다. 특히 한 개인의 정체성을 감추는 동시에 또 다른 정체성을 부여하는 이중성과 변신에 대한 욕구 충족, 권위를 조롱하는 수단인 가면의 특성에 매료됐다. 그는 가면을 개인의 성격과 행동적 특성, 과장, 왜곡 등 인상학적 탐구 및 예술적 표현기법을 실험하는 창작의 새로운 도구로 활용했다. 카니발 가면을 파는 상점에서 일하고 가게 위에 작업실이 있는 창작환경이 가면을 소재로 한 자화상이 태어나는데 결정적 계기가 됐다.

그런 한편으로 가면은 군중속에서 소외된 자로 살았던 앙소르의 고독한 심정을 대변하는 상징성도 있었다. 앙소르는 결혼도, 여행도 하지 않고 아주 드문 경우에만 고향 마을을 떠났을 뿐 평생 대부분을 오스텐데에서만 지냈다. 동료예술가들과 교류하지 않고 고립을 자초하며 외톨이로 살았다. 그가 은둔생활을 고집한

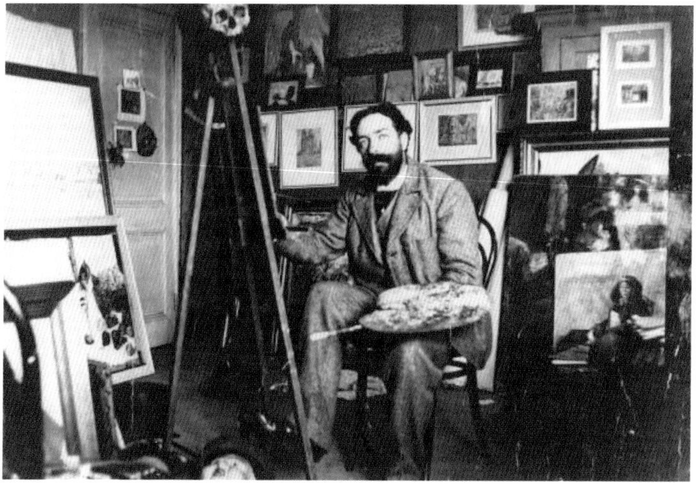

제임스 앙소르

데는 이유가 있다. 앙소르는 브뤼셀의 왕립 아카데미에서 회화를 전공했지만 전통적 교육방식에 실망했다. 주류 미술계와 결별하고 다락방 작업실에서 독자적이고 혁신적인 스타일을 개발하는 데 몰두했다. 그러나 풍자와 과장, 음울한 정서가 반영된 앙소르의 가면 그림은 미술계와 대중의 인정을 받지 못했다.

보수적인 벨기에 미술계는 사회의 어두운 측면을 파헤치는 대담한 주제와 혁신적인 표현방식이 결합된 앙소르의 독창적 화풍을 비판했다. 대중은 추한 그림이라며 혐오감을 드러냈다. 당시 앙소르의 작품에 대한 대중의 반감이 얼마나 심했는지는 그가

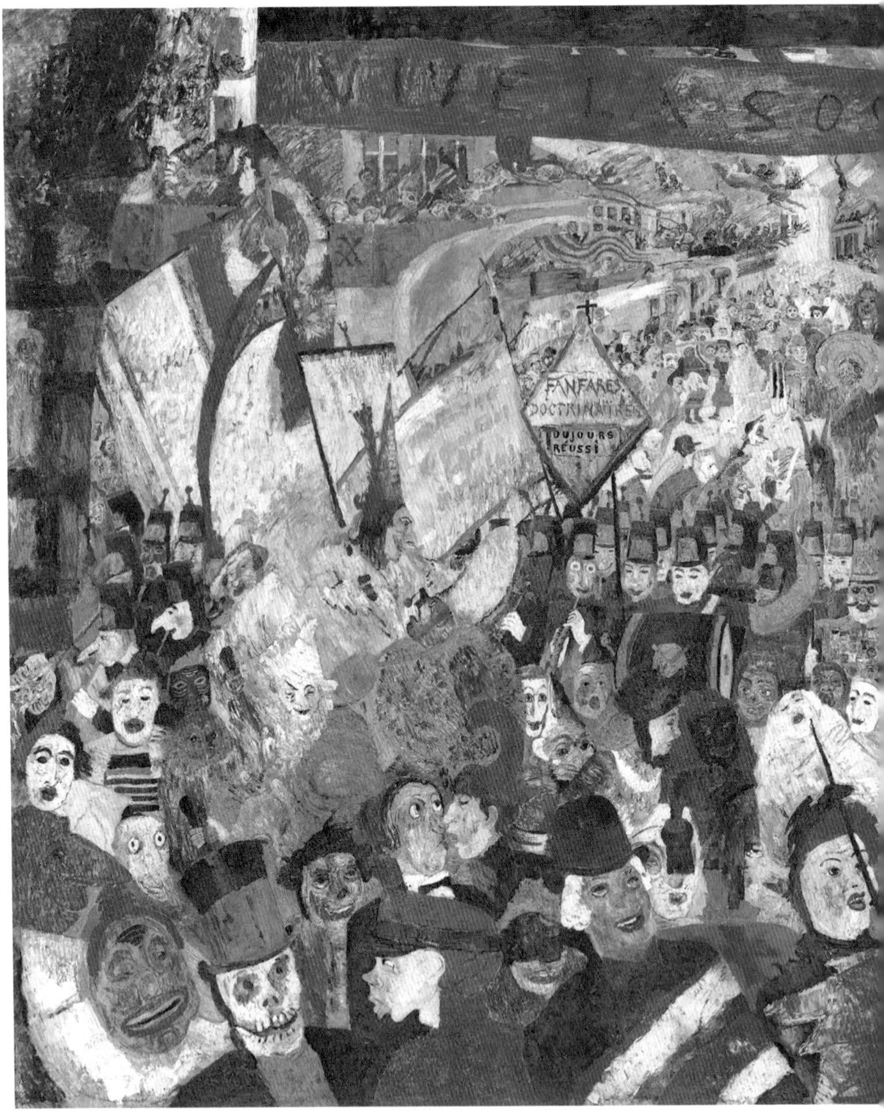
VIVE
FANFARES
DOCTRINAIRES

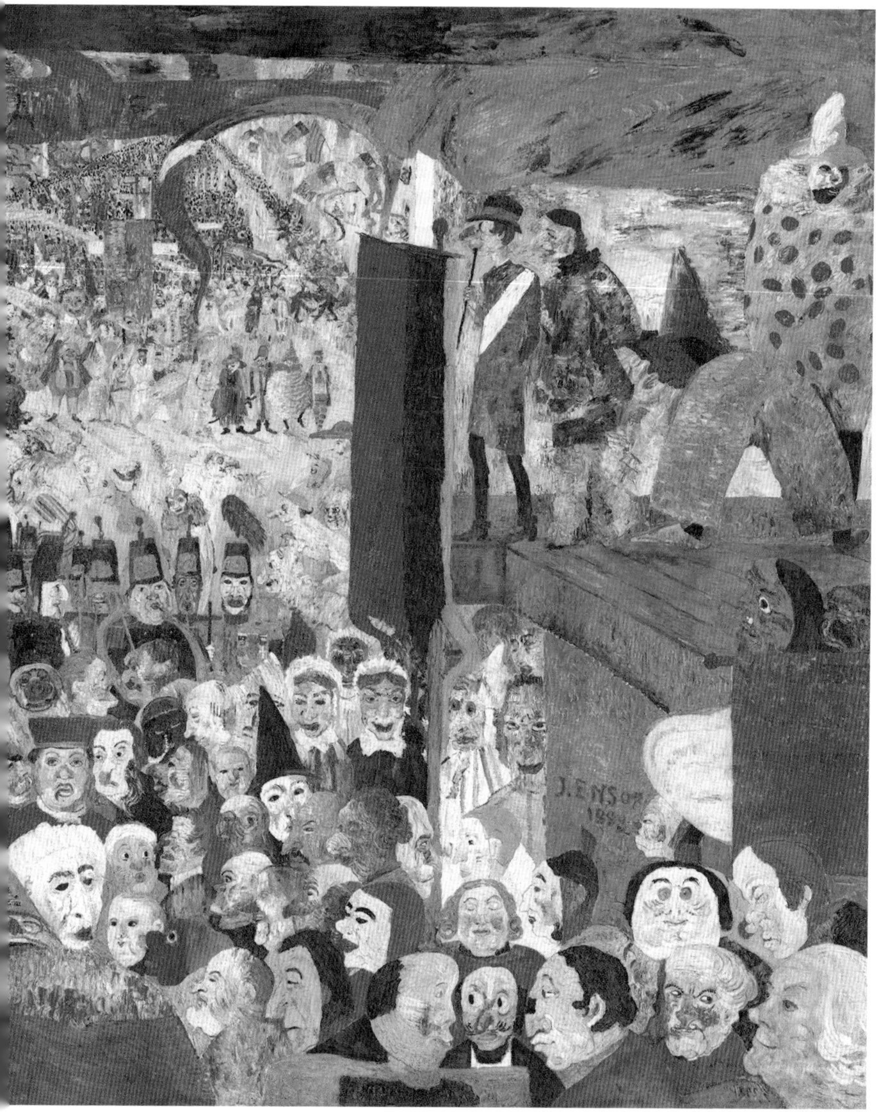

제임스 앙소르, 〈그리스도의 브뤼셀 입성〉, 1888년
J. 폴 게티 박물관 , 로스앤젤레스, 미국

1895년에 친구에게 보낸 편지에 나타나 있다.

말수가 적고 완고한 오스텐데 주민들은 내 그림을 보려고도 하지 않는다. 모래밭을 살금살금 내려오는 적의에 찬 대중, 그들은 예술을 싫어한다.

당연히 그림도 거의 팔리지 않았다. 이 자화상을 그릴 때 앙소르는 서른아홉 살이었는데도 어머니에게 얹혀사는 신세였다. 가족들도 그의 작품세계를 이해하지 못했고 예술적 재능도 인정받지 못했다. 앙소르는 한 비평가에게 보낸 편지에 이렇게 썼다.

예술은 고뇌의 산물입니다. 내 인생은 항상 고통과 환멸로 가득차 있습니다.

가족에게 의존해 창작 활동을 지속해야만 했던 비참한 상황과 사회에서 낙오된 패배자라는 피해의식이 예술가의 자부심에 큰 상처를 입혔다.

앙소르는 슬프고 외로운 삶을 살았지만 자신이 위대한 예술가라는 것을 의심하지 않았다. 이것은 "나는 모든 현대적 경향을 예견했다"라는 앙소르의 말에서도 나타난다. 자화상 속 가면들은 앙소르를 조롱하고 멸시했던 사람들에 대한 예술가의 분노와 모멸감을, 그의 맨얼굴은 가난과 고독, 편견에도 굴복하지 않은 예술혼을 의미한다. 운명의 여신은 앙소르에게 뒤늦게 영광을 안겨줬다. 그는 1929년 예순아홉 살에 벨기에 알베르 국왕에 의해 남작 작위를 받았고 1931년 그를 기리는 기념비가 고향 오스텐데에 세워졌다.

1933년엔 프랑스 정부로부터 레지옹 도뇌르 훈장을 받았다. 1949년 11월 19일 앙소르가 세상을 떠났을 때 그의 장례는 국장國葬으로 거행됐다. 오늘날 앙소르는 현대미술의 선구자로 꼽힌다. 특히 대상을 그대로 재현하기보다 실재의 변형, 감정의 폭발, 대담한 색채, 과장된 표현기법으로 표현의 자유를 추구했던 앙소르의 화풍은 기성화단에 도전한 20세기 초 진보적인 표현주의 예술가들에게 큰 영향을 미쳤다. 미국의 J. 폴 게티 미술관의 회화 큐레이터 스콧 앨런은 앙소르의 작품을 이렇게 평가했다. "너무 반항적이고 기괴해서 여전히 분류와 합리적인 분석을 무시한다."라고 평가했다. 앙소르의 예술세계가 놀랍도록 특별하고 독창적이라는 뜻이다.

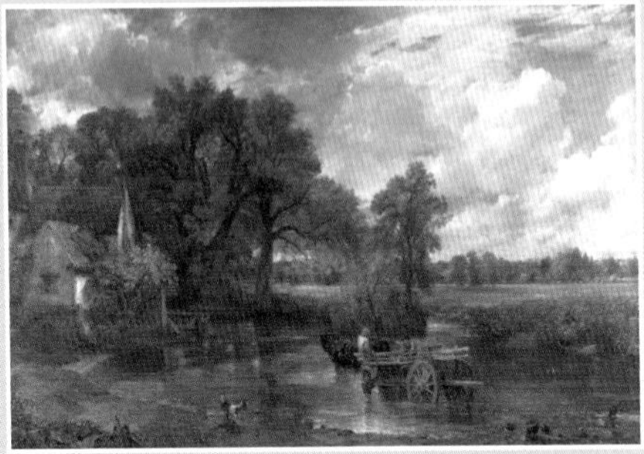

미술과 기상학의 융합

존 컨스터블
<건초마차>

JOHN CONSTABLE
THE HAY WAIN

1821

미국 작가 프란스 요한슨은 경계를 넘나드는 융합적 사고를 통해 창조와 혁신을 이끌어내는 현상을 '메디치 효과'라고 명명했다. 메디치 효과는 14~16세기 사이에 일어난 문화 혁신 운동인 르네상스 시대를 이끌었던 메디치 가문 이름에서 따온 용어로, 서로 다른 분야의 지식과 기술, 경험이 충돌하고 뒤섞이는 교차점에서 발생한다. 미술에서도 '메디치 효과'의 사례를 찾아볼 수 있다. 대표적으로 가장 위대한 영국 풍경화가 중 한 명인 존 컨스터블 John Constable, 1776~1837의 걸작 〈건초마차〉 The Hay wain, 1821가 꼽힌다.

컨스터블의 고향마을을 그린 이 풍경화는 미술과 기상학을 융합한 최초의 그림으로 미술과 과학 역사에 기여했다. 19세기 중반 영국의 소박한 시골 풍경을 그린 그림이 어떻게 기상학과 관련이 있는 걸까? 작품을 감상하면서 질문에 대한 답을 찾아보자.

풍경화의 배경은 영국 서퍽 주 플랫 포드 밀의 스투어Stour 강변 계곡 주변 농장이다. 건초를 실어 나르는 마차를 탄 농부와 아들이 무더위에 지친 말들을 잠시 쉬게 하려고 얕은 개울물에 멈춰 서 있는 장면이다.

이 그림에는 뜨거운 여름 한낮의 자연 풍경과 농촌의 일상생활이 생생하게 표현됐다. 푸른 하늘에 떠다니는 구름, 맑은 수면에 비친 키 큰 버드나무 그림자, 개울물에서 헤엄쳐 다니는 오리들. 거친 황토 길에 박힌 자잘한 돌맹이, 목초지에서 건초를 베거나 묶는 농부들, 영국전통주택의 붉은 벽돌 굴뚝에서 피어오르는 하얀 연기, 스페니얼로 보이는 반려견이 마차를 탄 소년을 보고 반가워 짖는 모습 등 전혀 꾸밈이 없는 자연 그대로의 농촌풍경이 화폭에 담겨있다.

영국의 미술사학자 케네스 클라크 경은 사실적이면서 현장감이 살아있는 풍경화에 감탄하며 '아마도 영국에서 그린 가장 위대한 그림'이라고 극찬했다. 이 그림은 컨스터블이 '키가 6피트에 달하는 사나이'라고 불렀던 185.5×130.5cm의 대형 캔버스에 그려졌다.

그 이전까지 이처럼 큰 규모의 화폭에 풍경화가 그려진 적이

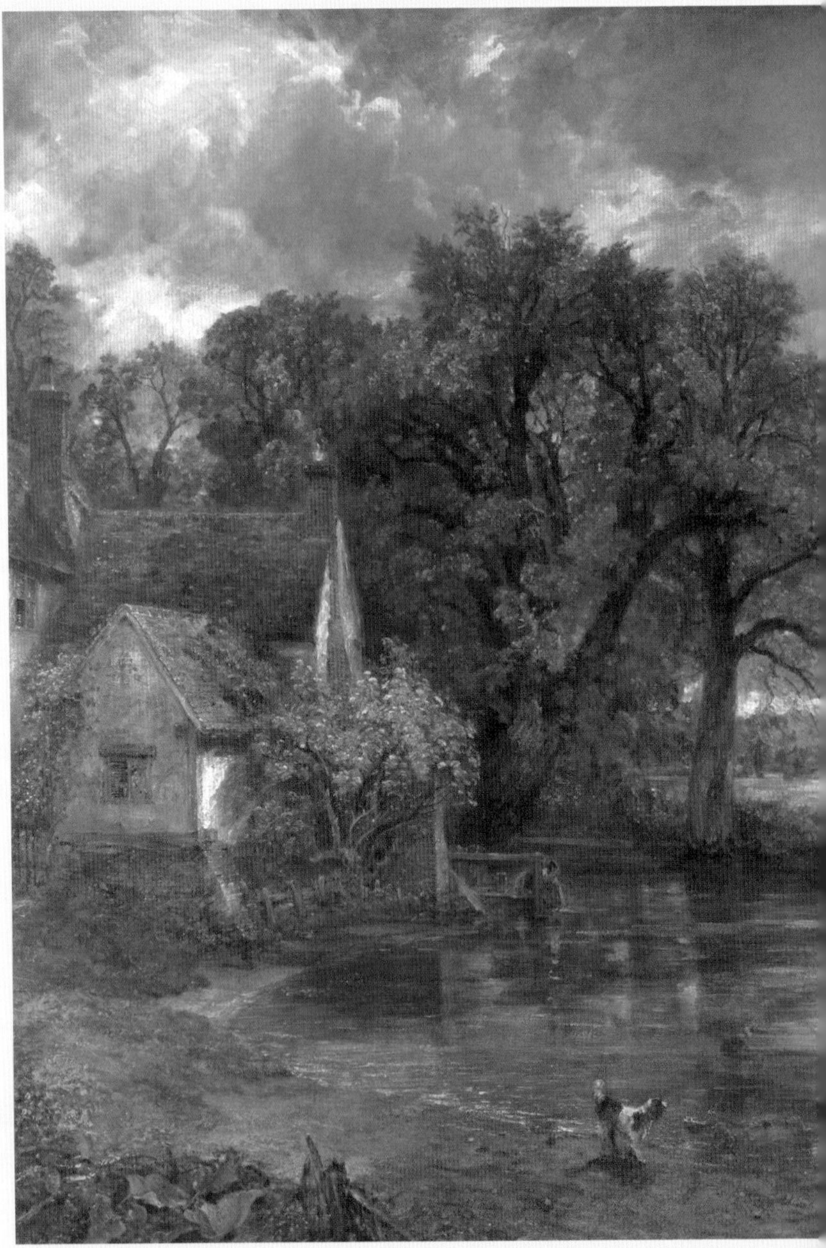

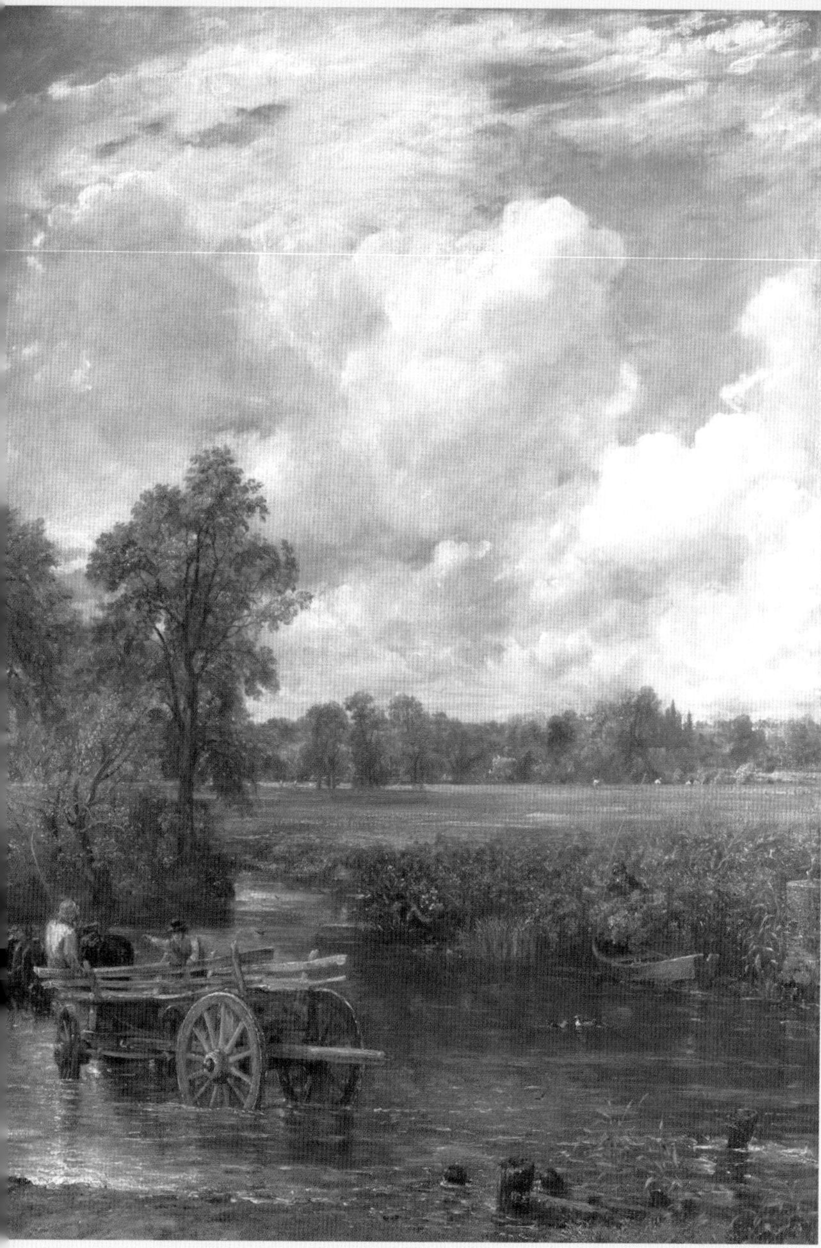

존 컨스터블, 〈건초마차〉, 1821년
내셔널 갤러리, 런던, 영국

없었다. 특히 눈길을 끄는 부분은 하늘의 표현으로 화면의 거의 절반가량을 차지하고 있다. 게다가 그림을 그리던 날의 대기 현상, 시시각각 변하는 구름 모양과 양, 하늘을 가로지르며 바람을 타고 움직이는 하얀 구름덩어리와 왼쪽의 어두운 구름, 다가오는 소나기의 징후까지도 정확하게 포착됐다. 심지어 구름 이름까지도 확인할 수 있을 정도로 세밀하게 표현됐다.

기상학자들에 따르면 그림 속 구름은 고적운과 층적운이 섞인 합성 구름이다. 이는 컨스터블이 기상학에 대한 전문지식을 가졌고 영국 특유의 지형과 날씨를 과학자의 눈으로 관찰하면서 그림을 그렸다는 것을 의미한다. 화가인 컨스터블이 기상 조건과 날씨를 최초로 그림에 표현할 수 있었던 비결은 무엇일까?

컨스터블은 영국회화의 전통에 도전해 풍경화의 새로운 변화를 모색한 혁신적 화가였다. 자연을 특별히 사랑했던 그는 눈에 보이는 그대로의 자연풍경을 전혀 꾸밈없이 그림에 표현하겠다는 목표를 세웠다. 이러한 컨스터블의 혁신적 예술관은 당시 영국미술계 분위기와 대중의 미적 취향과는 동떨어진 것이었다. 영국 최고의 권위를 자랑하는 영국왕립아카데미는 인간이 자연의 지배자이고 자연은 인간의 번영을 위한 수단에 불과하다는 근대 서양의 자연관을 신봉했다. 인간 중심의 세계관은 미술에도 영향을 미쳤고 주제에 따라 그림의 등급이 매겨졌다.

풍경화는 인간이 등장하는 역사화, 종교화, 신화, 초상화보다 격이 낮은 하위등급으로 분류됐다. 또 풍경화일지라도 자연을 미화시키거나 역사와 신화의 배경이 되는 고전적, 이상적, 영웅적 풍경화를 선호했다. 컨스터블은 명예로운 왕립아카데미 출신 화가였다. 최고 수준의 미술전문교육을 받았지만 그는 비인기 종목인 풍경화를 선택했다.

화실에서 풍경화가 그려지던 시절인데도 야외로 나가 영국 특유의 지형과 날씨를 과학적 방법을 사용하여 관찰하고 현장에서의 생생한 경험을 스케치에 기록하고 정리했다. 그런 다음 작업실에서 현장 기록물인 야외스케치를 바탕으로 대상의 빛과 색의 관계, 구도 등을 연구하며 큰 규모의 유화작품으로 발전시켰다. 현장스케치와 완성작을 결합하는 컨스터블의 독특한 제작방식은 다음 세대 풍경 화가들에게 큰 영향을 미쳤다.

다음으로 콘스터블은 그림이 자연과학의 한 분야라고 생각한 예술가였다. 이는 '회화는 과학이며 자연의 법칙에 대한 탐구로 추구돼야 한다. 그런데 왜 풍경화는 자연철학의 한 갈래로 간주

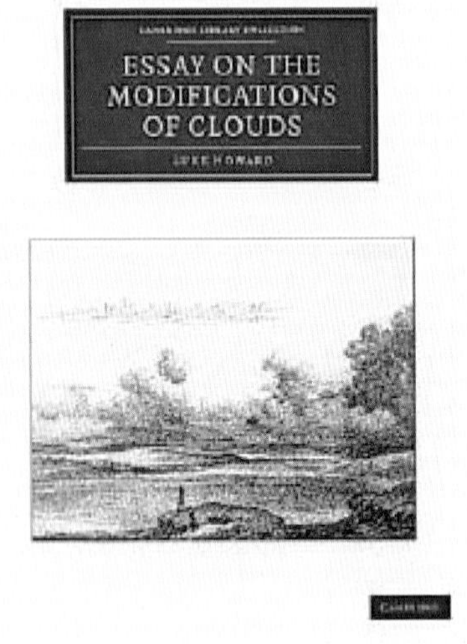

루크 하워드, 「구름 수정에 대한 에세이」

하지 않는가. 그림은 실험일 뿐인데'라는 그의 강의록에도 나타난다. 예술과 과학이 하나라고 믿었던 그가 미술과 기상학을 융합한 최초의 풍경화를 그리게 된 과정에 두 가지가 요인이 작용했다.

첫째는 영감의 원천인 고향마을, 둘째는 영국에서 새롭게 태동한 기상학이었다. 서양미술사를 통틀어 컨스터블만큼 고향을 사랑하고 평생에 걸쳐 지속적으로 화폭에 담은 화가는 찾아보기 어렵다. 콘스터블은 1776년 영국의 곡창지대인 서퍽 주 이스트 베르그홀트에서 제분업자 아들로 태어났고 스투어 강 인근 풍경을 보며 자랐다. 영국에서 가장 길고 아름다운 강 중 하나인 스투어 강변 계곡과 시골마을의 소박한 정취는 화가의 창작 에너지를 자극했다.

그는 왕립아카데미 교육을 받기 위해 런던에 정착한 이후에도 고향을 자주 찾아와 자연풍경을 화폭에 담았다. 정겨운 고향 마을의 지형만큼이나 콘스터블을 매료시킨 것은 날씨, 그중에서도 구름이었다. 기상학이라는 단어조차 생소한 시절인데도 그는 기상현상을 이해하고 구름을 그림에 정확하게 표현하기 위해 과학적 연구에 몰두했다. 구름 분류체계를 만들어 근대기상학의 기초를 닦은 19세기 기상학자 루크 하워드의 논문 「구름 수정에 대한 에세이」1803와 일반인을 위한 기상학에 관한 첫 번째 책을 쓴 토마스 포스터의 『대기 현상에 대한 연구』1815를 탐독하며 전문 지식을 쌓았다.

그는 화가로는 처음으로 야외에서 과학적 관찰과 분석을 거쳐 구름을 연구한 기록물인 〈구름 연구〉Cloud Study 연작도 그렸다. 〈구름 연구〉 스케치 뒷면에는 구름을 관찰할 때의 날짜와 시간, 기상 조건, 자연광 효과, 빛의 방향 등을 꼼꼼하게 기록했다. 예를

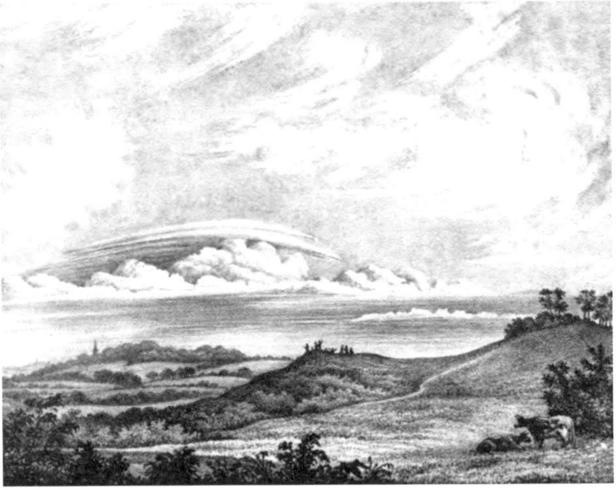

루크 하워드가 구름 강의를 설명하는 데 사용한 스케치

존 컨스터블, 〈구름 연구〉, 1822년

들어, 1821년 9월 13일에 그려진 <구름 연구> 연작 뒷면에 "NW에서 1시, 약간의 바람이 오후에 폭풍우가 되었고, 밤새 비가 내렸다. 햄스테드, 1821. 10월 11일 10~11시. 태양 아래 아침 – 따뜻한 지상 무더운 구름 은빛 회색 – 하루 종일 S.W. 미세한 가벼운 바람 – 하지만 다음날 밤에 비가 오다"라고 적었다.

그러나 19세기 영국인들은 시대를 앞서간 융합형 예술가의 작품을 이해하지 못했다. 1821년 왕립아카데미전시회에 큰 기대를 품고 출품한 <건초마차>는 미술의 규칙과 전통을 깨뜨렸다는 비판과 함께 미완성이며 촌스럽다는 부정적 평가를 받았다.

시골 풍경이라는 평범한 주제, 자연의 색을 눈에 보이는 그대로 묘사한 과학적 정확성, 유화물감을 붓에 두텁게 묻혀 칠하거나 팔레트 나이프를 대담하게 사용한 '임파스토' 기법을 구사한 혁신적 화풍에 영국인들이 거부감을 가진 것이다. 그런데 뜻밖에도 한 화상이 <건초마차>를 구입해 1824년 프랑스 살롱전에 출품해 대성공을 거뒀다. 프랑스 낭만주의 거장 들라크루아와 테오도르 제리코, 풍경화의 대가 카미유 코로를 비롯한 유명 화가들이 자연 풍경을 과학적 시각으로 포착한 컨스터블의 '혁신적 풍경화'에 찬사를 보냈다. 당시만 해도 영국미술은 유럽미술의 본고장인 프랑스에 비해 미술의 변방 취급을 받았는데, 콧대 높은 프랑스 화가들이 영국 화가의 작품을 극찬하는 현상이 벌어진 것이다.

과학적, 기록적, 현장성이 특징인 〈건초마차〉는 인상주의가 태동하는데 영향을 미쳤다. 오늘날 콘스터블은 '현대프랑스 풍경화의 아버지', '야외 회화의 아버지'로 불리고 있다. 콘스터블이 국제적 명성을 얻으면서 영국인들도 그의 위대함을 깨달았고 〈건초마차〉는 영국인들이 사랑하는 국보급 작품이 됐다.

〈건초마차〉의 배경인 윌리 롯 하우스와 플랫포드 밀의 아름다운 자연을 체험하는 '콘스터블 컨트리'라는 당일 여행상품도 인기를 끌고 있다. 기상학자와 미술전문가들은 미술과 기상학을 융합한 콘스터블의 작품들을 연구한 논문들을 발표했다. 영국의 기상학자 존 손스는 20년 동안의 연구 결과를 바탕으로 콘스터블의 작품에 표현된 영국 하늘과 날씨는 기상학에 대한 전문지식을 바탕으로 정확하게 그려졌다고 했다. 영국 빅토리아 앤 앨버트 박물관의 콘스터블 전문가 마크 에반스는 콘스터블의 작품 중 일부를 기상데이터와 비교 분석하는 연구를 진행했다. 그림 뒷면에 날짜, 시간, 기상 조건이 적혀있기 때문에 작품과 기상데이터를 비교하는 최초의 연구가 가능했다고 한다.

미국 소설가 레이먼드 챈들러는 위대한 생각에 대해 '예술의 진실은 과학이 비인간적인 것을 막고, 과학의 진실은 예술이 우스꽝스러워지는 것을 막는다'고 노트에 적었다. <건초마차>는 융합적 사고가 위대한 생각을 낳는다는 것을 일깨워준다.

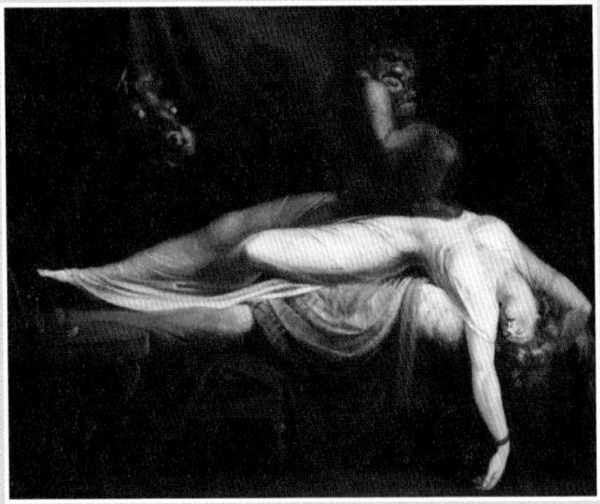

최초로 그림에 표현된 악몽

헨리 푸셀리
〈악몽〉

HENRY FUSELI
THE NIGHTMARE

1781

미국의 정신분석학자 어네스트 하트만Ernest Hartmann은 저서 『꿈과 악몽』에서 꿈이 '나는 누구인가, 나를 어떻게 이해할 것인가?' 라는 질문에 대한 답을 줄 수 있는 열쇠라고 말했다. 하트만의 수면과 꿈에 대한 연구와 임상실습에 따르면 꿈은 무의식이 보내는 마음의 신호다. 나 자신의 감정을 이해하는데 도움이 되며 창의성과도 밀접한 관련이 있다. 꿈 중에서 가장 중요한 꿈은 악몽으로 예술가와 창의적인 일을 하는 사람이 일반인에 비해 악몽을 더 자주 꾸는 것으로 밝혀졌다. 왜 악몽이 창의성과 관련이 있을까?

위기나 절망적 상황, 심각한 외상으로 인한 심리적 불안과 공포 등 트라우마를 경험한 사람들이 악몽을 꾸게 된다. 정서적으로 민감한 사람일수록 감정에 압도당하며 강렬하게 반응하기 때문에 악몽을 자주 꾸게 된다는 것이다. 스위스 출신 영국화가 헨리 푸셀리Henry Fuseli, 1741~1825는 영감의 원천인 꿈을 탐구하고 미술에서 최초로 '악몽'을 회화에 표현한 업적을 남겼다.

1782년 젊은 미녀가 악몽을 꾸는 장면을 그린 이 작품이 런던 로열 아카데미 전시회에 첫 선을 보이자 영국 사회가 발칵 뒤집혔다. 성에 대한 억압과 금기가 강했던 당시 영국인들에게 성적 욕구와 공포가 결합한 강렬한 이미지는 매우 충격적으로 다가왔다. 그만큼 이 그림은 성적 충동이 불러일으킨 흥분과 쾌락, 금기와 위반, 폭력과 야만, 혐오와 죄의식 등 에로티즘을 암시하는 이미지로 가득 차 있다.

그림의 배경은 늦은 밤 젊은 미녀의 침실이다. 상반신을 뒤로 젖히고 침대 끝에 등을 걸친 채 깊이 잠든 미녀의 모습은 숨이 멎을 정도로 관능적이다. 두 팔을 등 뒤로 돌려 바닥에 늘어뜨린 아치 형태의 자세, 풀어헤친 금발 머리, 불빛에 드러난 희고 가느다란 긴 목, 홍조를 띤 볼과 살짝 벌어진 입술, 과감한 노출 대신 얇은 잠옷으로 잘록한 허리와 S라인 몸의 곡선을 보일 듯 말 듯 가리는 연출로 청순미와 섹시미가 결합된 관능미를 보여줬다. 게다

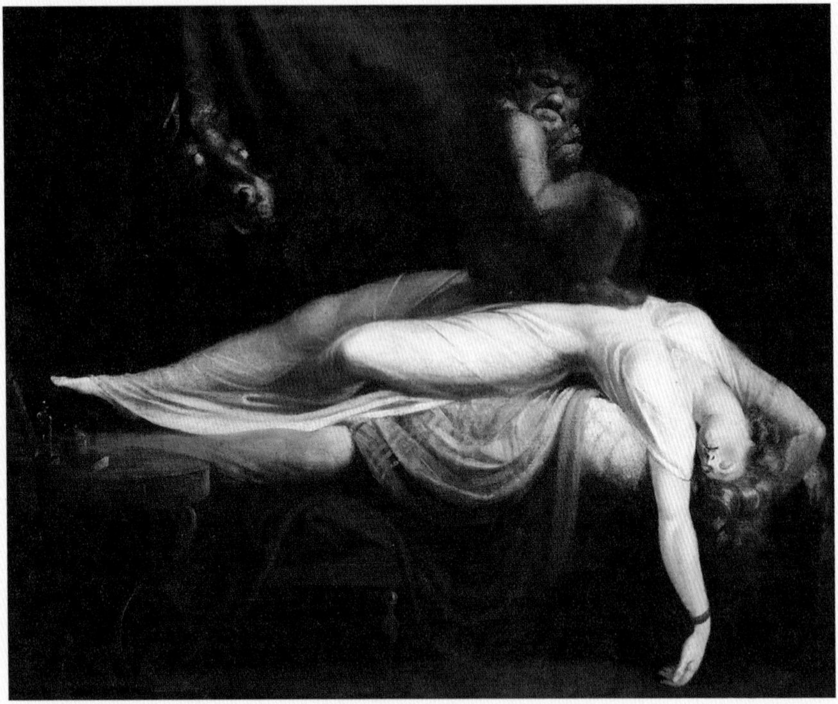

헨리 푸셀리, 〈악몽〉, 1781년
디트로이트 미술관, 디트로이트, 미국

가 잠든 미녀의 배 위에 추악한 괴물이 올라타고 있다. 괴물은 스칸디나비아 지역을 중심으로 하는 북유럽 신화에 등장하는 악령 마라mara다. 악몽을 뜻하는 영어 단어 'Nightmare'의 메어mare는 마라Mara에서 유래됐다.

한편으로 서구신화와 전설에 등장하는 꿈속에 나타나 여성의 몸을 강제로 탐하는 악마 '인큐버스incubus'로 해석되기도 한다. 더욱 충격적인 이미지는 붉은 커튼 사이로 머리를 내밀고 잠자는 미녀를 훔쳐보는 말몽마이다. 북유럽 민속에 나오는 악령인 몽마는 잠자는 여자의 가슴 위에 올라타고 음란한 꿈을 꾸게 한다. 한눈에도 그림 속 말이 발정 난 흥분상태라는 것을 알 수 있다. 말의 귀는 발딱 서 있고, 입은 벌어져 있으며, 콧구멍이 벌름거리는 데다 욕정으로 두 눈알마저 희뿌옇게 변했다.

순결한 미녀가 꿈속에서 악마로부터 성적인 괴롭힘을 당하는 그림이라는 입소문이 관객의 폭발적 반응을 가져왔다. 매혹과 혐오의 감정을 불러일으킨 작품에 대한 논란이 불붙으면서 전시회는 센세이션을 일으켰다. 푸셀리의 친구이자 전기 작가인 존 놀스는 〈악몽〉이 '유례를 찾기 힘든 국민적 관심을 불러일으켰다'고 기록했다.

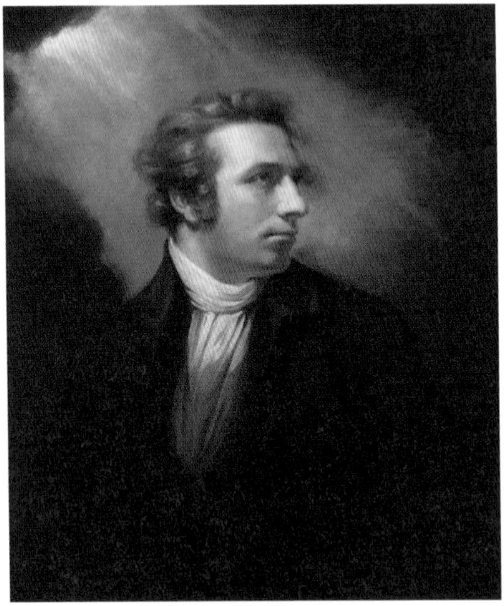

헨리 푸셀리, 〈자화상〉, 1778년

런던의 인구가 약 75만 명이었던 당시 5만 5천 명이 넘는 관람객을 끌어들였을 만큼 전시회는 흥행의 진기록을 남겼다. 대중적인 관심이 커지면서 〈악몽〉The Nightmare, 1781은 판화로 제작되어 전국에 널리 보급되었고, 정치 풍자화에 사용되는 등 인기를 이어갔다. 〈악몽〉은 평범한 화가인 푸셀리를 유명화가로 만들어줬고 왕립아카데미 회화 교수가 되는 데도 결정적인 기여를 했다.

푸셀리는 일생동안 자신의 출세작이자 명성을 안겨준 〈악몽〉에 대한 애착을 버리지 못했다. 같은 주제로 세 가지 다른 버전의

〈악몽〉을 그렸는데 이 작품은 첫 번째 버전이다.

이제 감상자를 가장 궁금하게 만드는 지점을 살펴볼 시간이다. 푸셀리는 꿈, 그것도 악몽을 그리겠다는 최초의 아이디어를 어디에서 얻었을까? 영감의 원천은 꿈과 실패한 사랑이었다.

푸셀리는 어느 날 기억에서 도저히 지울 수 없는 에로틱한 꿈을 꾸었다. 그는 스위스 관상학자이며 신학자인 친구 요한 라바터에게 보낸 편지에 자신이 꿨던 꿈의 내용을 이렇게 털어놓았다.

어젯밤 나는 그녀와 함께 침대에 누워있었다. (…) 그녀를 만지는 사람은 이제 간음과 근친상간을 저지른다. 그녀는 나이고 나는 그녀다. 그리고 나는 그녀를 갖고, 그녀는 나를 가질 것이다.

편지에 나오는 그녀는 라바터의 조카인 안나 란돌트Anna Landolt이다.

1778년 푸셀리는 안나 란돌트를 만나 열정적 사랑에 빠졌다. 그는 1779년 안나에게 청혼하기 위해 연인의 집을 방문했지만 그녀의 아버지는 둘의 결혼을 완강히 반대했다. 그리고 얼마 후 안나는 다른 남자와 결혼했다. 푸셀리는 실연의 상처와 배신감으

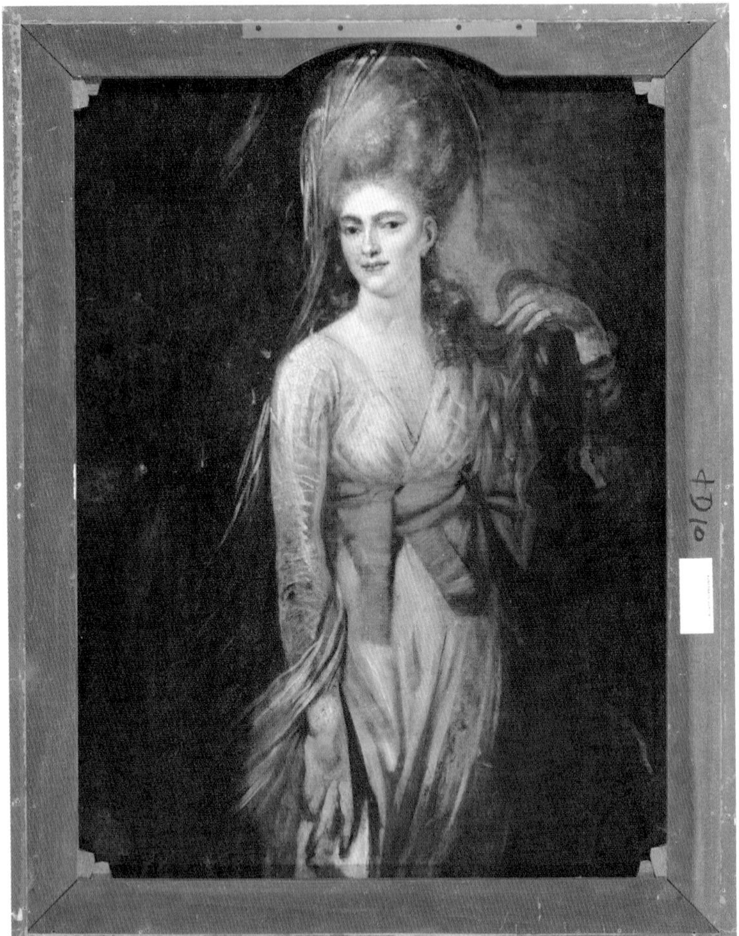

캔버스 뒷면 초상화

로 극심한 트라우마를 겪던 시절 부도덕한 꿈을 꾸었고 그 강렬한 이미지를 편지에 써서 안나의 결혼식이 열리는 날 라바터에게 보냈다. 이 편지를 통해 안나에 대한 성적 권리는 자신에게 있으며 그녀를 만지는 사람안나의 남편을 지칭은 간음과 근친상간에 대해 유죄라고 선언한 것이다.

학자들은 화가의 실패한 연애담과 편지를 근거로 그림 속 잠자는 미녀는 사랑을 배신한 안나, 순결한 여성을 공격하는 악마는 질투와 복수심에 불타는 푸셀리라고 해석한다. 화가의 성적인 좌절과 복수심이 이 그림이 그려진 동기라는 학자들의 주장을 뒷받침하는 증거물도 있다. 캔버스 뒷면에 젊은 여성의 미완성 초상화가 그려져 있는데 그림의 모델은 변심한 연인 안나로 추정된다.

영국의 신경 학자이자 정신 분석가 알프레드 어니스트 존스는 「악몽에 관하여」On the Nightmare라는 논문에서 악몽이 '무의식적인 성적 욕구와 극심한 공포 사이의 격렬한 충돌'이라고 말했다. 작품 〈악몽〉은 성 충동과 공격 본능 그리고 이에 대한 방어기제가 악몽의 본질이라는 정신의학자들의 이론을 그림으로 보여줬다. 좌절된 성욕과 억압된 폭력성이 나쁜 꿈의 원인이라는 사례를 제시한 〈악몽〉은 고딕 공포공포와 로맨스의 결합의 상징적 이미지가 사용됐고 시각 예술뿐 아니라 정신의학, 문학 등에까지 영향을 미쳤다.

미술에서는 윌리엄 블레이크, 제임스 길레이, 살바도르 달리, 만 레이가 〈악몽〉에서 영감을 받은 대표적인 예술가다. 문학에서는 공포소설의 고전인 메리 셸리의 『프랑켄슈타인』, 환상 공포문학의 거장 에드거 앨런 포의 단편 『어셔가의 몰락』이 탄생하는데 영향을 미쳤다. 정신의학 · 심리학 분야에서는 정신분석의 창시자인 지그문트 프로이트를 비롯해 정신분석학자 자크 라캉, 심리학자 카를 구스타프 융이 꿈의 연구와 분석에 〈악몽〉을 참조했다.

특히 억압된 욕망이 무의식의 본질이며 꿈은 의식이 통제하지 못하는 무의식의 영역이라는 프로이트의 이론을 정립하는데 도움을 줬다. 1926년, 미국 작가 맥스 이스트먼이 프로이트의 비엔나 아파트를 방문했을 때 실내 벽에 렘브란트의 〈해부학 수업〉이 걸려있었고 그 옆에 〈악몽〉의 복제본이 있었다고 증언했다. 푸셀리는 무의식속 충동과 욕구를 증명하는 데 핵심적인 역할을 하는 꿈의 중요성을 가장 먼저 탐구하고 이를 작품에 반영한 예술가였다.

이는 “가장 미개척 된 예술 영역 중 하나는 꿈이며 감정의 인격화라고 할 수 있다”라는 그의 말에서도 드러난다. 〈악몽〉을 감상하면서 무의식이 보내는 마음의 신호인 꿈에 관심을 기울여 보자.

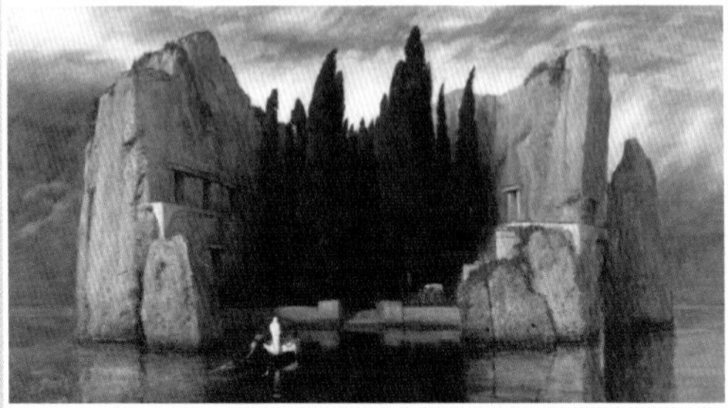

애도의 방법

아르놀트 뵈클린

〈죽음의 섬〉

ARNOLD BÖCKLIN

THE ISLE OF THE DEAD

1883

미국의 심리치료사 로리 라파폴트는 미술 감상이 감정 치유 및 심리적 불안 증상인 트라우마 극복에 도움이 된다고 말한다. 스위스 화가 아르놀트 뵈클린Arnold Böcklin, 1827~1901의 걸작 〈죽음의 섬〉은 정신적 고통의 본질을 이해하고, 심리적 문제 해결을 돕는 예술 치유의 힘을 보여주는 대표적 사례로 꼽힌다. 미술의 역사에서 최초로 죽음을 섬에 비유한 이 작품은 19세기 후반~ 20세기 초반 독일에서 '게르만의 영혼'이라는 찬사를 받으며 엄청난 인기를 끌었다.

〈죽음의 섬〉The Isle of the Dead, 1883은 당시 독일의 거의 모든 중산층 가정에 복제화가 걸려 있을 정도로 많은 사랑을 받은 '국민 그림'이었다. 1880~1886년 뵈클린이 〈죽음의 섬〉을 리메이크한 작품을 5점이나 제작한 사실도 당시의 폭발적인 인기를 말해준다.

리메이크는 이미 발표된 작품을 다시 제작하거나 부분적인 수정을 거쳐 새롭게 변형한 것을 뜻한다. 이 그림은 동일한 주제의 다섯 가지 버전 중 세 번째 작품이다.

러시아 출신 소설가 블라디미르 나보코프는 1936년 출간한 소설『절망』에서 주인공 게르만의 집에 초대받은 오를로비우스가 〈죽음의 섬〉 복제화를 자세히 살펴보는 장면을 묘사했다. 대부분의 베를린 주택에서 이 그림을 발견할 수 있었다는 일화가 결코 과장이 아니었음을 소설이 증명한 것이다. 독일 나치스의 지도자 아돌프 히틀러가 1933년 이 그림의 세 번째 버전을 소장한 기록도 작품의 명성을 높이는 데 기여했다. 소년 시절 화가 지망생이었던 히틀러는 뵈클린의 작품 11점을 소장할 만큼 그의 그림에 매료되었다고 한다.

죽음이 주제인 그림이 어떻게 상처받은 감정을 치료하는 자기 치유의 전형이 될 수 있었을까. 작품을 감상하면서 그에 관한 궁금증을 풀어보자. 고요한 바다 위에 배 한 척이 우뚝 솟은 바위섬 입구를 향해 조용히 노를 저으며 다가간다. 배 안에는 노를 젓는 사공과 성별이나 나이를 알 수 없는 흰옷을 입고 서 있는 뒷모습의 인물, 그 앞에는 흰색 천으로 감싼 관이 놓여 있다. 바다 한가운데 고립된 무인도, 바위섬 중앙의 죽음을 상징하는 키 큰

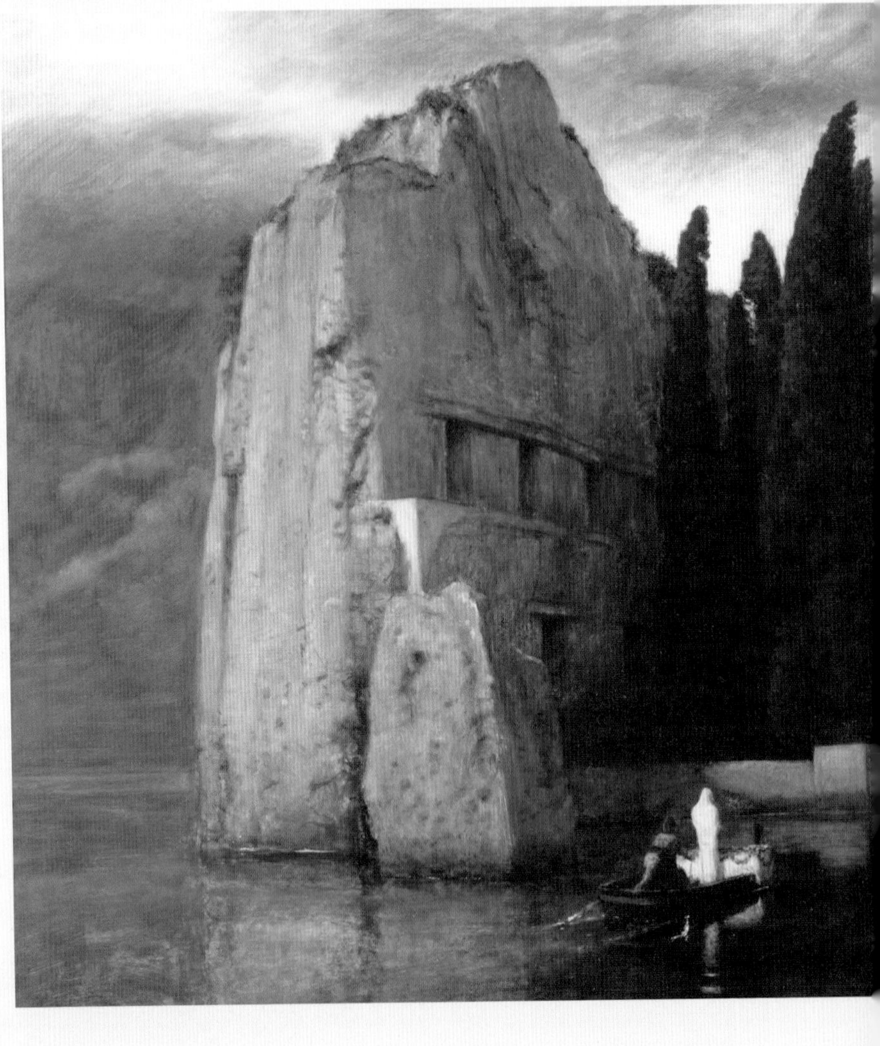

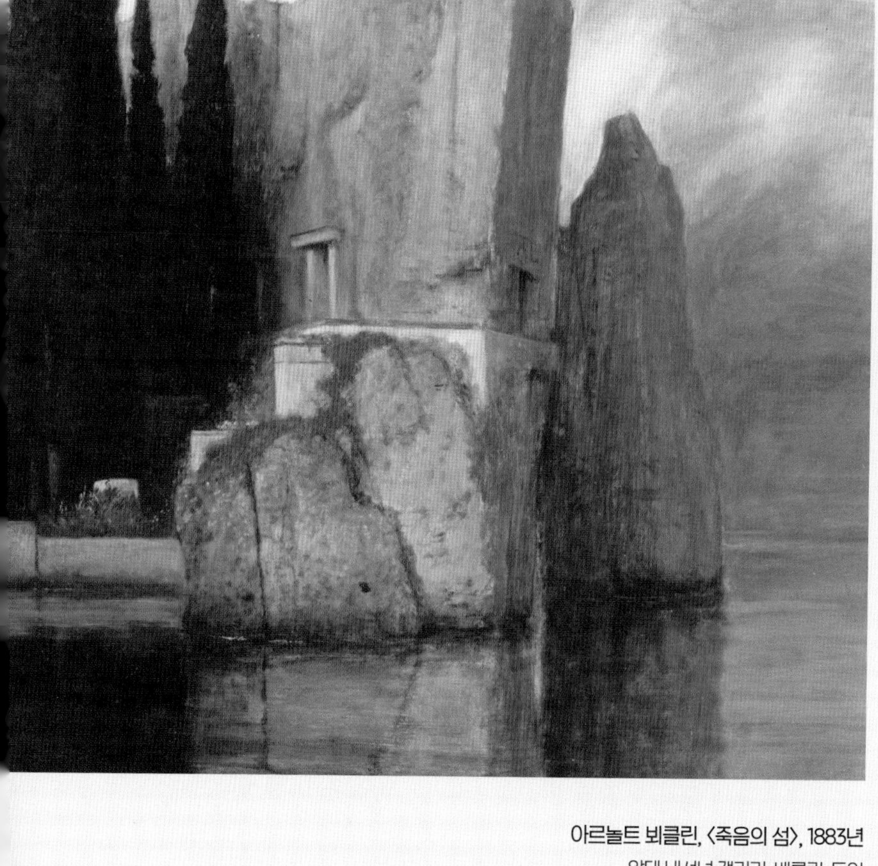

아르놀트 뵈클린, 〈죽음의 섬〉, 1883년
알테 내셔널 갤러리, 베를린, 독일

사이프러스 나무들, 바위 절벽을 깎아 만든 흰색 제단과 납골당의 문들, 유령을 떠올리게 하는 흰색 옷을 입은 인물과 시신을 담은 관은 바위섬이 죽은 자들의 공간이라는 것을 암시한다. 흰옷을 입은 인물의 정체는 무엇이며 그는 왜 배에 관을 싣고 섬으로 가고 있을까?

뵈클린은 신비한 그림에 관한 아무런 설명을 하지 않았고 심지어 제목도 붙이지 않았다. 다만 "꿈의 그림이며, 꿈의 문을 두드리는 것에 대한 공포심을 불러일으킬 수 있을 만큼 아주 조용한 고요함을 표현했다"라고 말했을 뿐이다. 그림을 그린 의도에 대해 고요와 정적을 표현하기 위해서였다고 간접적으로 밝힌 것이다.

그러나 당시 관련 자료를 펼쳐보면 흰옷을 입은 인물의 정체를 짐작할 수 있다. 스위스 미술사학자 하인리히 알프레드 슈미드에 따르면 신비의 인물은 뵈클린의 후원자 마리 베르나Marie Berna로 추정된다. 결혼 일 년 만인 1865년, 남편과 사별한 베르나는 재혼을 앞둔 1880년 4월 피렌체에 있는 뵈클린 작업실을 방문했다. 당시 뵈클린은 미술품 수집가 알렉산더 귄터가 주문한 〈죽음의 섬〉 첫 번째 버전을 그리고 있었다. 미완성작인데도 꿈의 한 장면처럼 신비한 분위기에 감동받은 베르나는 1865년에 세상을 떠난 첫 남편을 추모하는 그림을 화가에게 의뢰했다. 아울러 바위섬으로 향하는 배에 자신의 모습과 남편의 관을 그려 넣어 달라고 부탁했다. 두 번째 남편과 새로운 삶을 시작해야 하는 그녀로서는 과거의 아픈 기억과 망자가 된 첫 남편을 마음속에서 떠나보내는 상징적인 작별 예식이 필요했다. 죽은 자에게 재혼에 대해 양해를 구하고 무의식에 깃든 죄책감에서 벗어나고 싶었던 한 여인의 간절한 바람이 〈죽음의 섬〉이 탄생한 계기가 됐다.

제목인 '죽음의 섬'은 뵈클린의 작품을 판매하던 화상 프리츠 굴리트가 1883년 세 번째 버전인 이 그림을 주문할 때 지어졌다. 그만큼 이 작품은 죽음을 상징하는 이미지들로 가득 차 있었기 때문이다. 이 그림은 뵈클린이 죽음 이후의 세계를 어떻게 바라보았는지 알 수 있게 해준다. 그는 망자의 영혼이 거주하는 사후세계는 시공간을 초월한 심리적, 비물질적 영역이라고 생각했던 것 같다.

망자를 추모하는 이 그림은 뵈클린의 심리적 상처를 치유하는 역할도 했다. 뵈클린은 인생에서 유독 많은 죽음을 경험했다. 젊은 나이에 첫 번째 약혼자와 사별했고, 그의 열네 자녀 중 여덟 명이 자신보다 먼저 세상을 떠났다. 수차례 사별의 슬픔을 경험한 뵈클린은 망자들이 세상의 소음이 사라진 고요한 침묵의 세계에

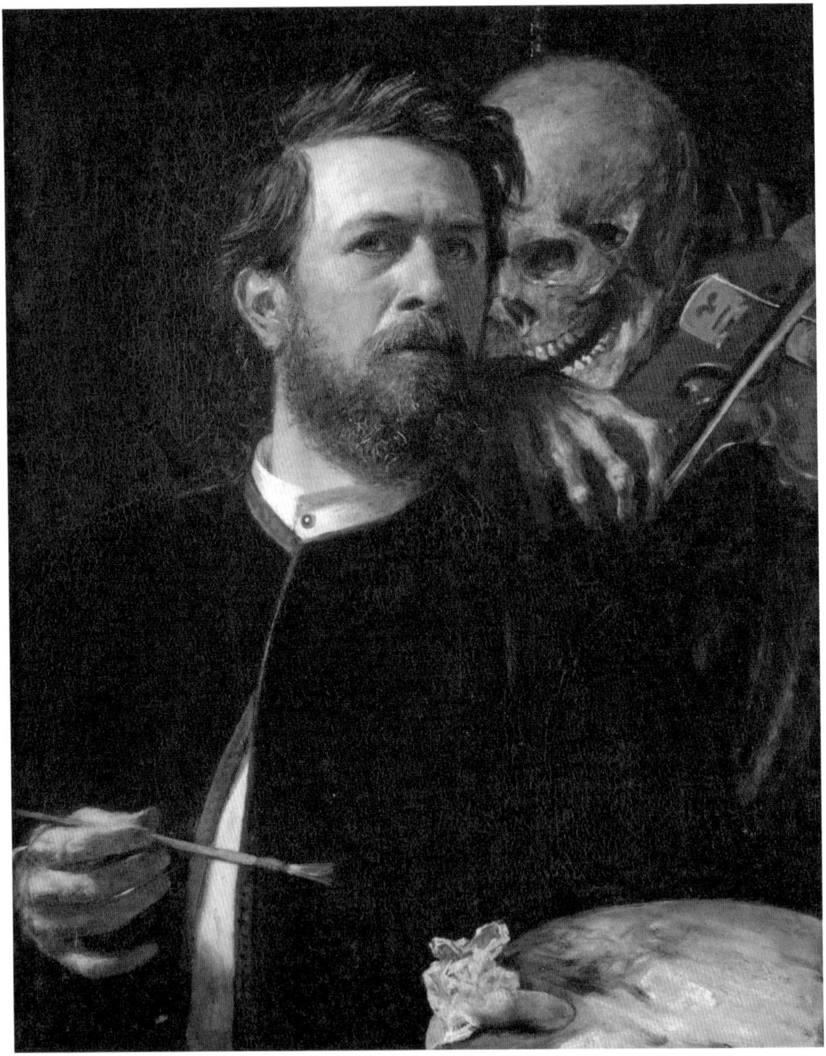

〈바이올린을 연주하는 죽음과 함께 있는 자화상〉, 1872년
알테 내셔널 갤러리, 베를린, 독일

서 영혼의 안식을 누리기를 바랐다. 즉, 상처받은 기억이나 감정을 놓아 보내야만 했던 예술가와 후원자의 욕구가 그림에 반영돼 치유 그림이 태어나게 됐다.

청각의 영역인 고요와 정적, 침묵을 시각예술로 구현한 〈죽음의 섬〉은 많은 예술가, 문학가, 작곡가, 영화감독에게 영감을 줬다. 미술에서는 초현실주의 화가 조르조 데 키리코, 살바도르 달리, 막스 에른스트, SF영화 「에일리언」의 이미지를 창조한 미술가 H. R. 기거, 음악에서는 구스타프 말러, 1909년 교향시 '죽음의 섬'을 작곡한 세르게이 라흐마니노프, 연극에서는 1907년 「유령 소나타」를 연출한 극작가 아우구스트 스트린드버그, 공포영화 제작자로 유명한 발 루튼이 감독 마크 롭슨과 합작한 1945년 공포 영화 「죽음의 섬」보리스 칼로프 주연이 탄생하는 데 큰 영향을 미쳤다.

미국의 정신의학자 에스더 M 스턴버그는 '치유 공간은 인간의 감정과 기억 안에서 찾을 수 있다. 가장 강력한 치유의 힘을 지닌 곳은 뇌와 마음속에 있기 때문'이라고 했다. 〈죽음의 섬〉은 상처받은 기억과 감정을 치료할 수 있는 치유 공간이 자신의 내면에 있다는 것을 깨닫게 한다.

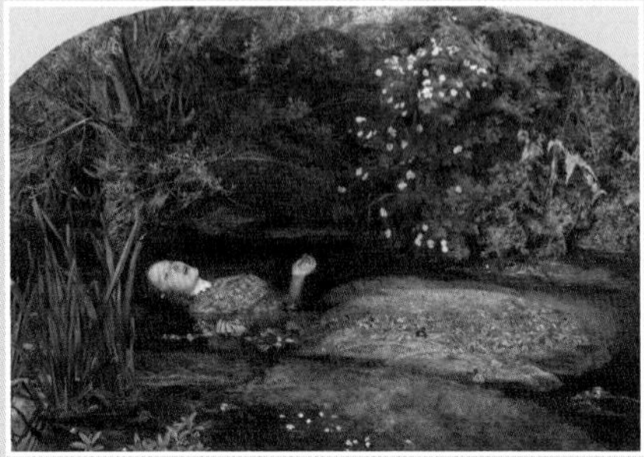

식물학 교재가 된 그림

존 에버렛 밀레이
〈오필리아〉

JOHN EVERETT MILLAIS
OPHELIA

1851~1852

미국의 심리학자 미하이 칙센트미하이는 '창의적인 사람들은 모두 자신의 일을 즐기고 그 순간에 몰입했다. 마치 물이 흘러가듯 몰입 상태flow에서 최고의 행복감을 느낄 수 있다'라고 말했다. 어떤 일에 집중해 시간의 흐름이나 장소, 심지어 자기 자신까지도 잊어버리는 완전한 몰입상태에서 창의성이 증진된다는 칙센트미하이의 '플로우 이론'은 명화의 탄생 과정에도 적용된다.

영국 화가 존 에버렛 밀레이John Everett Millais, 1829~1896는 불과 열한살에 미술 명문 왕립예술아카데미 최연소 입학의 신기록을 남긴 천재였다. 그는 자신이 하는 일에 모든 신경을 집중시키고 완전히 몰입할 때 가장 큰 행복을 느끼는 몰입형 인간의 전형이었다. 그가 스물두 살에 그린 걸작 〈오필리아〉Ophelia, 1851~1852는 몰입이 천재의 가장 큰 특징 중 하나로, 영재성이 뛰어날수록 몰입

성향이 강하다는 것을 보여줬다. 1852년 왕립예술아카데미에서 선보인 이 작품은 윌리엄 셰익스피어의 4대 비극 『햄릿』에 나오는 오필리아의 죽음을 회화로 옮긴 것이다. 오필리아는 연인 햄릿의 칼에 아버지 폴로니어스가 살해되자 그 충격으로 미쳐서 물에 빠져 죽은 비운의 여주인공이다.

『햄릿』 4막 7장에 햄릿의 어머니이자 덴마크 왕비인 거트루드가 오필리아의 오빠 레어티스에게 여동생의 비극적 최후를 전하는 장면이 나온다.

그 애가 화관을 나뭇가지에 걸려고 버드나무에 올라갔는데 그만 가지가 부러지면서 시냇물에 빠지고 만 거야. 그 애는 옷자락이 활짝 펴져서 마치 인어처럼 물 위에 둥실 떠 있는 동안 옛 찬송가를 불렀지. 하지만 그것도 잠시, 옷이 물에 잠겨 무거워지자 가엾은 그 애는 진흙 사이로 끌려 들어가고 아름다운 노래도 끊어지고 말았어.

가혹한 운명에 희생당한 오필리아의 비극적 죽음은 많은 화가에게 영감이 돼 다양한 작품을 탄생시켰다. 그중 밀레이의 <오

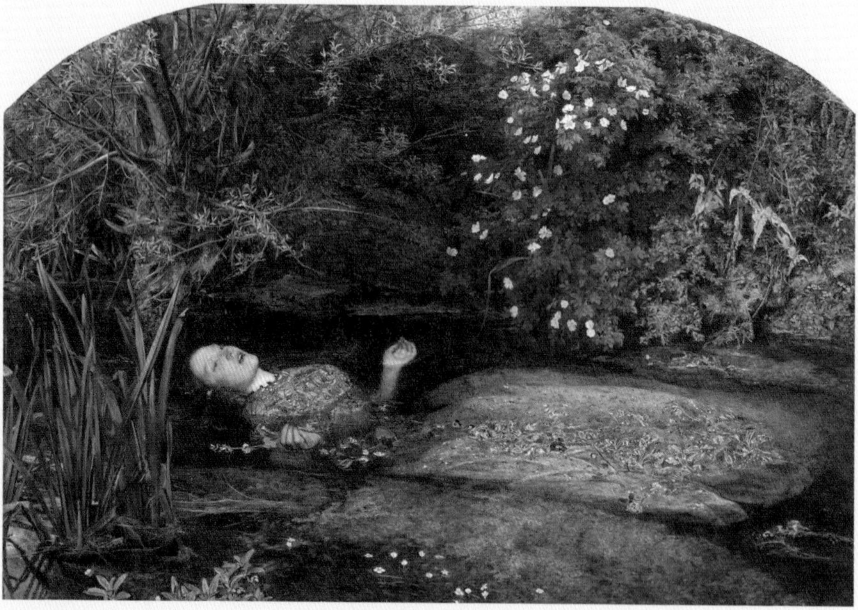

존 에버렛 밀레이, 〈오필리아〉, 1851~1852년
테이트 브리튼, 런던, 영국

필리아>는 가장 강력하고 기억에 남는 이미지로 대중의 사랑을 널리 받고 있다.

밀레이는 오필리아를 주제로 한 다른 작품과 차별화된 강렬한 이미지를 창조하기 위해 혁신적 창작 방식을 도입했다. 인물과 배경을 동시에 그리지 않고, 배경이 되는 풍경을 먼저 그리고 인물을 나중에 묘사한 다음 결합했다. 전통 회화에서 풍경은 인물의 보조 역할에 그쳤지만 밀레이에게는 둘 다 중요했다. 꽃과 나무, 풀, 시내물, 이끼, 수초, 토양 등 자연 풍경이 오필리아의 내면세계를 드러내는 데 반드시 필요한 요소였기 때문이다.

특히 꽃을 비롯한 식물 표현은 인물 묘사만큼이나 중요했다. 사랑의 기쁨과 고통, 죽음, 순수함을 상징하는 꽃말을 통해 오필리아의 심리 상태와 감정을 대신 전하기 위해서였다.

밀레이는 영국 남부 서리 근교 이웰의 호그스밀강 근처에서 야생화 화관을 쓴 오필리아가 익사하는 장면과 일치하는 장소를 발견했다.

그는 1851년 7월부터 5개월 동안 파리 떼와 모기, 악천후에 시달리면서도 일 년 중 각기 다른 시기에 피는 야생화들이 자라서 꽃을 피우는 과정을 현장에서 관찰하며 실물 그대로 화폭에 옮기

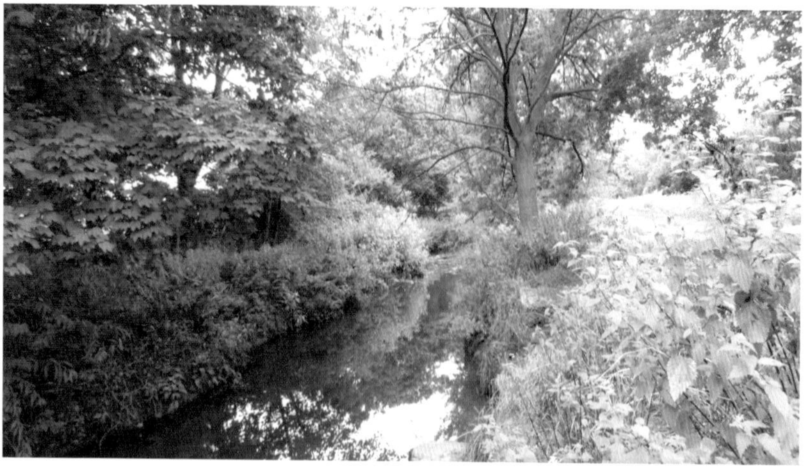

〈오필리아〉의 배경이 된 영국 남부 호그스밀 강

는 일에 집중했다. 밀레이의 아들 존 길레 밀레이John Guille Millais는 전기傳記에서 무단 침입과 건초를 파괴한다는 죄목으로 치안 판사 앞에 출두하라는 통지서를 받은 위협적인 상황에서도 아버지가 양복을 입고 우산 아래 꼬박 11시간 동안 앉아 작업에만 열중했다고 기록했다. 몰입은 놀라운 성과로 나타났다. 그림 속 오필리아의 머리, 목, 손목, 드레스를 장식한 쐐기풀, 데이지, 제비꽃, 팬지, 물망초, 양귀비, 야생 장미, 수선화 등 수십 종의 꽃은 그 자체로 아름다운 작품인 동시에 식물학 자료로도 전혀 손색이 없을 만큼 정확하게 표현됐다.

존의 전기에는 학생들을 시골로 데려갈 수 없었던 식물학 교수가 이 그림을 수업 교재로 활용했다는 일화도 실려 있다. 밀레이는 5개월간 풍경 작업을 끝내고 런던 작업실로 돌아와 겨울 동안 인물을 그리는 데 몰두했다. 오필리아의 모델로는 시인이자 화가인 19세의 엘리자베스 시달이 뽑혔다. 시달은 라파엘전파의 사랑을 받던 뮤즈로 훗날 라파엘전파의 대표 화가인 단테 가브리엘 로세티의 아내가 된 여성이다.

라파엘전파는 르네상스 미술의 절정이었던 라파엘로1483~1520 이전 시대로 되돌아가 미술의 진실성을 회복하자는 의미로 1848년에 결성된 영국의 개혁적인 젊은 예술가 집단이다. 밀레이는 실성한 오필리아가 노래를 부르며 마치 관 속에 누운 듯 깊고 축축한 물속으로 몸이 서서히 가라앉는 순간을 실감나게 재현하기 위해 많은 노력을 기울였다.

시달에게 중고 상점에서 4파운드에 구입한 은실 자수 드레스를 입게하고 물이 가득 찬 욕조에서 두 팔을 벌린 오란스Orans로 불리는 기도 자세로 눕도록 설득했다. 오란스는 가장 오래된 기도자세로 지하 묘지나 석관에서 볼 수 있으며 미사 중에 사제들은 이런 자세를 취한다. 시달은 오란스 자세로 장시간 물속에 누워있는 동안 큰 고통을 겪었다. 게다가 추운 겨울 4개월 동안 이어진 작업 과정에서 사건이 발생했다. 어느 날 물 온도를 따뜻하게 유지하기 위해 욕조 아래 설치한 오일 램프가 고장 났는데도 일에 몰두한 밀레이는 그런 사실을 알아차리지 못했다.

그러나 시달은 물이 점점 차가워지는데도 한마디 불평조차 할 수 없었다. 작업에 푹 빠진 밀레이에게 차마 그림을 중단하라고 말할 수 없었기 때문이다. 찬물에 방치된 시달은 결국 폐렴에 걸렸다. 당시 폐렴환자는 국가 보건 서비스를 받을 수 없었고 개인 의사에게 서둘러 치료를 받지 않으면 목숨을 잃을 수도 있었다.

분노한 시달의 아버지는 밀레이에게 치료비용을 지불하지 않으면 법적 조치를 취하겠다고 압박했다. 시달은 밀레이에게 받아낸 돈으로 치료를 받았고 서서히 건강을 회복했다. 이런 일화들은 밀레이가 몰입형 인간이었다는 사실을 말해준다.

밀레이가 창조한 '오필리아' 이미지는 문학적 주제의 상징성과 자연세계의 사실적 묘사가 절묘한 조화를 이뤘다는 평가를 받으며 20세기 회화, 사진, 영화에 큰 영향을 미쳤다.

대표적으로 영국 로런스 올리비에 감독·주연의 영화 「햄릿」1948, 덴마크 라스 폰 트리에 감독의 영화 「멜랑콜리아」2011, 세계적인 패션 사진가 듀오 머트&마커스의 작업에 영감을 줬다. 또 일본의 국민작가 나쓰메 소세키의 소설 『풀베개』1906에도 인용됐다. 『풀베개』에는 이 그림을 연상시키는 구절이 나온다.

'나'는 화가이다. '나'의 눈에 비친 여주인공 나미는 이혼한 뒤 친정으로 돌아와 미치광이라는 이야기를 듣지만 특유의 재기발랄한 매력을 뿜어 낸다. '나'는 그녀를 통해 '햄릿'의 여주인공 '오필리아'를 동양의 미학으로 그려 보려고 한다. 이미 밀레이가 숨진 채 물 위에 떠있는 '오필리아'를 그려 냈지만, '내'가 그려 내는 물 위의 오필리아는 동백꽃의 이미지를 띤 것이다.

1998년과 2008년 일본에 〈오필리아〉 그림이 전시되었을 때 일본 최초의 근대 문학가이자 메이지 시대의 대문호 나쓰메 소세키에게 영감을 준 그림이라는 입소문이 나면서 일본에 오필리아 열풍을 불러일으키기도 했다.

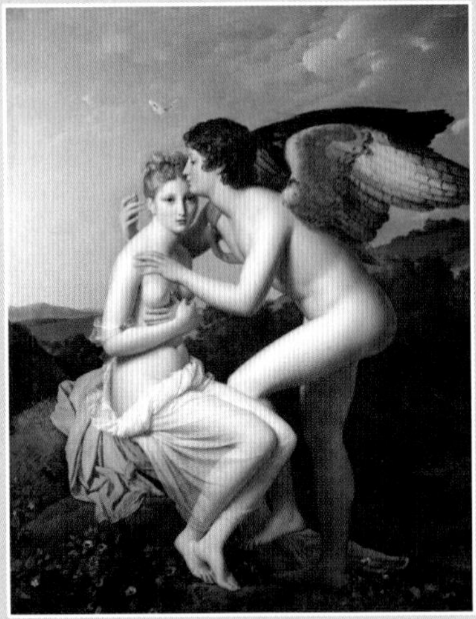

사랑은 신과 같다

프랑수아 제라르
〈에로스와 프시케〉

FRANCOIS GERARD
CUPID AND PSYCHE
1798

영국 정신분석학자 니컬라 에이벌 허슈는 인간의 가장 원초적이며 근원적인 영역인 사랑의 의미를 이렇게 설명했다.

에로스는 인간이라는 존재가 가진 여러 가지 요소를 신체적으로는 성을 통해, 정서적으로는 사랑을 통해, 정신적으로는 상상을 통해 한데 묶는 힘을 의미한다.

에로스가 인간의 신체와 정신, 감정을 결합하는 가장 강력한 힘이라는 것을 보여주는 최초의 사례는 세계 신화나 전설에서 찾을 수 있다. 대표적으로 고대 로마 소설가 루키우스 아풀레이우스가 서기 170년에 쓴 소설 『황금 당나귀』원제목은 '변형담'에 나오는 큐피드 에로스와 프시케의 사랑 이야기가 꼽힌다. 줄거리를 요약하면 이렇다. 사랑의 신 큐피드와 인간 세상의 아름다운 공주 프시케는 금기를 깨고 운명적인 사랑에 빠지지만 혹독한 사랑의 대가를 치르게 된다. 프시케는 큐피드의 신뢰를 잃고 헤어지는 위기를 겪지만, 두 연인은 고난과 시련을 이겨내는 통과의례를 거쳐 사랑을 되찾고 부부의 연을 맺어 행복한 결말을 맞는다.

역경을 이겨내고 이뤄낸 지고지순한 사랑, 미성숙한 사랑에서 성숙한 사랑으로 거듭나는 성장 스토리, 욕망, 질투, 갈등, 배신, 애착, 용서, 소유 등 인간의 다양한 심리적 원형이 살아 있는 큐피드와 프시케의 사랑 이야기는 인류의 영원한 주제인 에로스를 탐구하는 예술가들에게 영감을 줬다.

많은 예술가가 큐피드와 프시케의 신화에 도전했지만 그중에서도 프랑스 화가 프랑수아 제라르Francois Gerard, 1770~1837가 스물일곱 살인 1798년 살롱전에 선보인 <에로스와 프시케>Cupid and psyche, 1798가 가장 유명하다.

프랑스 루브르 박물관의 인기 소장품인 이 작품은 18세기 후반~19세기 초반 이탈리아가 낳은 가장 위대한 조각가인 안토니오 카노바의 대표작 <큐피드와 프시케>1793와 함께 '에로스와 프시케' 신화를 주제로 한 최고의 걸작으로 평가받고 있다.

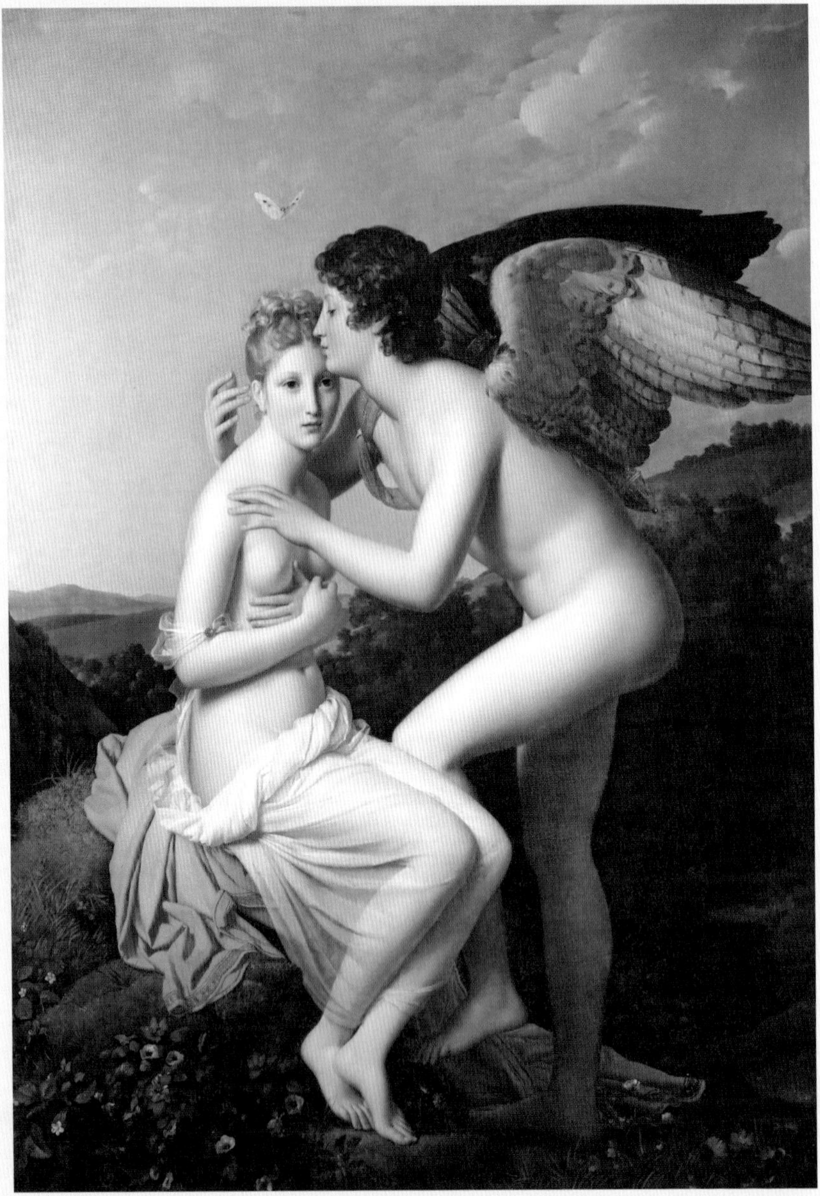

프랑수아 제라르, 〈에로스와 프시케〉, 1798년
루브르 박물관, 파리, 프랑스

제라르는 아풀레이우스의 소설 속 큐피드와 프시케의 사랑 이야기에서 가장 감동적인 부분에 해당되는 장면을 이 그림에 담았다. 즉, 큐피드가 죽음처럼 깊은 잠에 빠져든 프시케를 부활의 키스로 깨어나게 하는 극적인 순간을 포착했다. 금발의 미녀가 꽃들이 핀 바위에 앉아 있다. 이 여인은 미의 여신 아프로디테가 그의 미모를 질투해 아들인 큐피드의 능력을 빌려 저주를 내렸을 만큼 아름다운 인간인 프시케 공주다. 프시케를 다정하게 안고 입을 맞추는 날개 달린 청년은 사랑의 신 큐피드다. 그림을 자세히 살피면 눈길을 끄는 요소가 있다.

프시케는 하체를 감싼 투명한 베일 이외에는 아무 것도 걸치지 않은 누드 상태다. 프시케에게 키스하는 큐피드도 나체다. 프시케의 눈부신 미모, 도자기처럼 매끈한 피부, 아름다움의 상징인 '황금비율'의 완벽한 몸매, 벌거벗은 젖가슴 아래 수줍은 듯 두 손을 모은 자세는 남성의 성적 욕망을 자극할 만큼 관능적이다. 그러나 연인에게 키스하는 큐피드의 모습에서 성적 흥분이나 쾌락, 남성적 공격성은 찾아볼 수 없다. 대리석 조각상처럼 매끄러운 몸을 가진 큐피드는 새의 깃털처럼 부드럽고 공기처럼 가벼운 손끝으로 연인의 몸을 애무한다.

성적 욕구에서 초연한 큐피드의 태도는 그가 자신의 본능적인

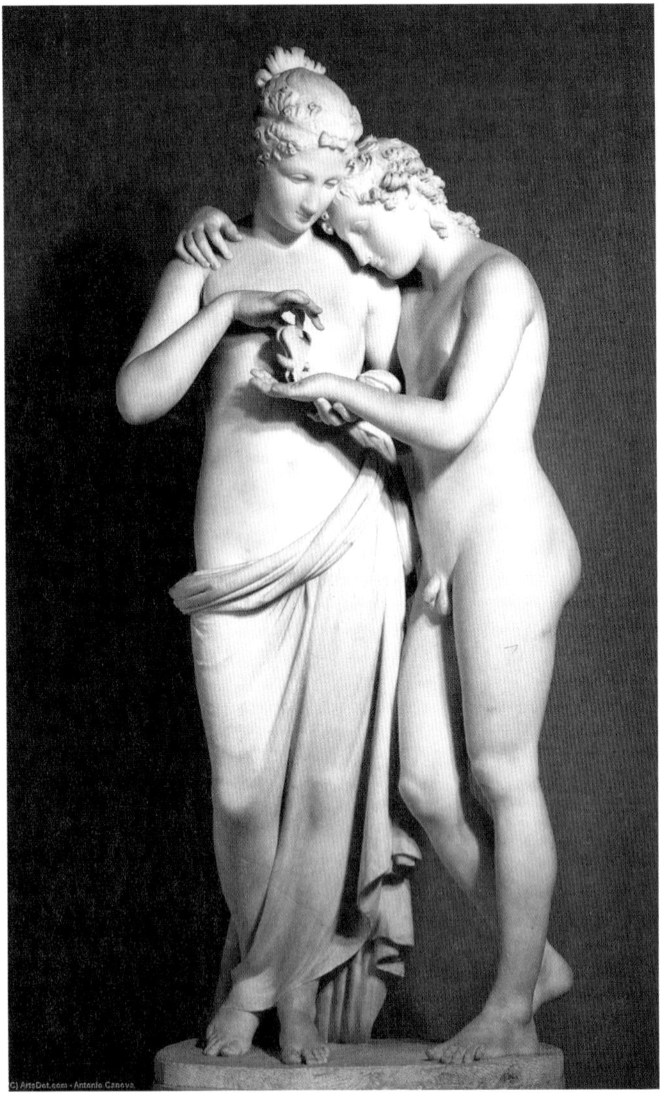

안토니오 카노바, 〈큐피드와 프시케〉, 1796년
루브르 박물관, 파리, 프랑스

욕망을 자제하거나 극복했다는 뜻을 담고 있다. 큐피드의 키스를 받는 프시케의 표정에서도 인간적인 감정의 동요는 전혀 느껴지지 않는다. 그녀는 큐피드의 모습이 눈에 보이지도, 그의 손길이 자신의 몸을 만지는 것도 의식하지 못하는 것처럼 보인다. 열정적 사랑에 빠진 두 연인이 성애적 열망을 극복하고 평온한 마음 상태를 유지하는 이유는 무엇일까? 그림 속 큐피드와 프시케는 인간의 몸을 빌려 구현된 사랑큐피드과 영혼프시케을 상징하는 이미지이기 때문이다.

'사랑은 신이다', 즉 '사랑은 신의 모습으로 나타난다'는 개념을 큐피드의 이미지로 시각화한 것이다. 한편 프시케Psyche는 고대 그리스어로 마음또는 영혼, 정신과 나비라는 두 가지 의미를 가진다. 프시케가 곧 영혼이라는 뜻이다. 두 연인의 머리 위로 노랑나비 한 마리가 날아다닌다. 이 나비는 영혼의 부활을 의미한다. 나비는 죽음을 연상시키는 번데기 시기를 거쳐 아름다운 모습으로 다시 태어나기 때문에 영원의 부활을 상징하게 됐다.

이런 정보를 바탕으로 그림을 감상하면 보이지 않았던 것들이 모습을 드러낸다.

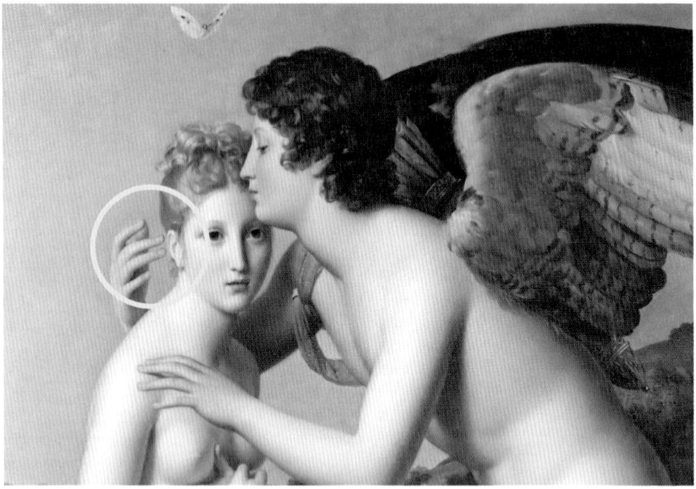

〈에로스와 프시케〉(세부)

자, 큐피드의 오른쪽 손가락 끝과 프시케의 오른쪽 귀 사이를 주목해보라. 두 연인의 신체 사이에 미세한 공간이 있다. 언뜻 큐피드가 프시케의 몸을 애무하는 것처럼 보이지만 실은 두 연인 사이에 신체적 접촉이 없다는 것을 말해준다. 제라르는 참되고 진실한 사랑은 불완전하고 유한한 존재인 인간을 구원하는 궁극적 원천이며, 사랑의 대상은 인간에게 생명 그 자체를 의미한다고 봤다. 가장 심오하고 숭고한 사랑은 고통과 시련을 이겨낸 사랑으로 육체적 욕구에서 시작되어 영혼을 나누는 단계로 발전한다고 생각했다. 그런 고대 신화에 담긴 사랑의 본질과 의미를 이상화된 남녀의 누드를 통해 신고전주의 양식으로 표현한 것이다.

신고전주의는 고대 그리스와 고대 로마의 고전적 예술로부터 영감을 받은 예술사조로 서구인의 이상적인 형태에 대한 갈망이 반영된 미술이다. 인체의 명확한 형태와 선, 매끈한 피부질감, 균형과 조화, 비례를 갖춘 구성, 자연스러운 명암 표현 등의 특징을 가졌다.

그리스 조각처럼 이상적인 아름다움을 지닌 두 남녀의 완벽한 신체, 질서와 엄숙함, 고요한 분위기의 고전적 구성, 사실적 형식미가 황홀한 조화를 이루는 이 작품은 다음과 같은 메시지를 전달한다. 사랑은 완전한 육체와 아름다운 영혼의 결합으로 인간에게 진정으로 필요한 것은 몸의 쾌락만이 아니라 육체와 정신을 잇는 사랑이라는 것. 유한에서 무한으로, 조건적인 것에서 절대적인 것으로 이끄는 사랑만이 영원한 가치를 지녔다는 것을.

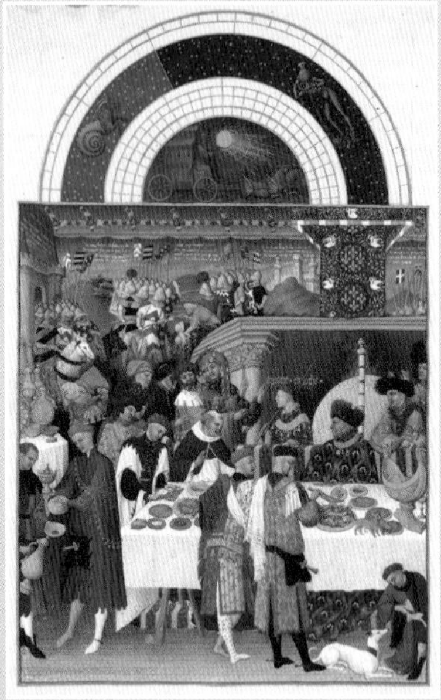

세계 최초의 명화 달력

랭부르 형제

〈베리 공의 매우 화려한 기도서〉

Frères Limbourg
Les très riches heures du Duc de Berry

1410~1416

책 한 권을 소유하거나 빌리는 것, 손에 책을 드는 것, 읽어 나가면서 기계적으로 책장을 넘기는 것, 지금 시대에는 대수롭지 않은 모든 동작들이 중세에는 드물고 엄숙하며, 학문이나 재산을 많이 가진 특권층에 국한된 것이었다.

프랑스의 중세 전문가 소피 카사뉴 브루케의 말이다. 1436년 독일의 요하네스 구텐베르크가 서양 최초로 금속활자를 발명하기 이전에는 모든 책이 오랜 시간 필경사의 손을 거쳐 만들어졌다.

'손으로 써서 만든 책'이라는 뜻을 가진 필사본 중에서도 '채색 필사본'은 최상급 양피지에 손 글씨를 쓰고 화려한 채색과 세밀화 등의 장식을 넣어 금은박, 보석으로 아름답게 장정한 책을 가리킨다. 세밀화가, 서예가, 채식사, 제지업자, 표지 제작자 등 당대 최고 장인들이 수년 동안의 공동 작업을 통해 세상에 단 한 권뿐인 명품 책이 태어났다. 따라서 책값도 엄청나게 비쌌다. 양피지로 책 한 권을 만들려면 새끼 양 수십 마리를 잡아야만 가능했다. 양피지에 쓴 채색 필사본은 중세시대 특권층인 왕족, 귀족, 성직자들만이 소유할 수 있는 고귀한 물건이자 부와 권력을 과시하는 최고의 사치품이었다. 채색 필사본은 중세인들의 의식주 문화와 시대상을 담은 중요한 역사적 자료이자 예술적 가치가 높은 미술작품으로도 높이 평가받고 있다.

중세에 제작된 채색 필사본 중 프랑스 콩테미술관 소장품인 〈베리 공의 매우 화려한 기도서〉는 '매우 화려한' very rich 이라는 수식어가 말해주듯 '채색 필사본의 제왕'으로 불릴 만큼 가장 화려하고 아름다운 작품 중 하나로 꼽힌다. 학자들은 희귀하고 값비싼 안료와 금박을 풍부하게 사용하고 많은 분량의 삽화가 수록된 이 책의 소장가치를 레오나르도 다빈치의 〈모나리자〉와 대등하게 평가한다.

이 진귀한 책을 주문한 사람은 프랑스 왕 장 2세의 셋째 아들이자 프랑스 왕 샤를 5세의 동생인 장 드 베리 공公이었다. 당시 프랑스 영토의 3분의 1에 달하는 영지를 소유했을 정도로 부유

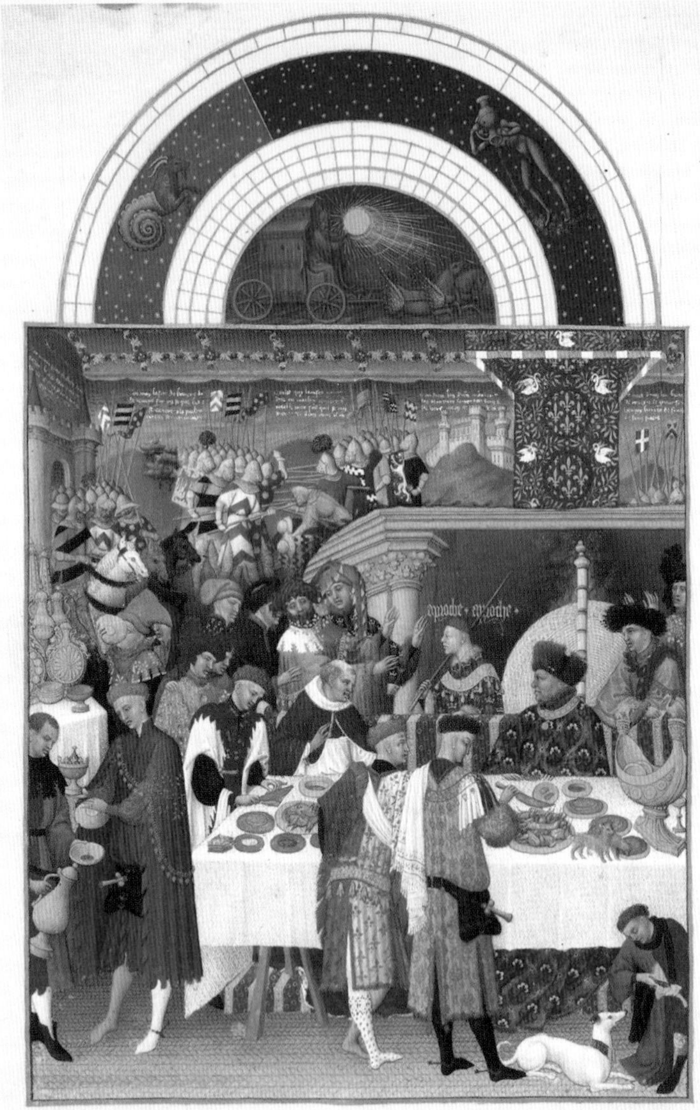

랭부르 형제, 〈베리 공의 매우 화려한 기도서〉, 1410~1416년경
콩테 미술관, 샹티이, 프랑스

한 베리공작은 진기하고 아름다운 미술품과 호화로운 채색 필사본을 수집하는 당대 최고의 소장가이자 예술 후원자로 유명했다. 그는 국제 고딕 양식의 필사본 삽화로 명성을 떨친 네덜란드 출신의 세 형제 화가인 랭부르 형제[?~1416]를 자신의 궁정으로 초대해 채색 사본과 세밀화로 구성된 두 권의 기도서 제작을 의뢰했다. 랭부르 형제는 세밀 묘사를 위해 확대경을 이용하고 정교한 붓을 사용했다고 전해진다.

기도서는 일반적으로 성무일과서 또는 시도서로 부르는데 기도문, 시편 찬송, 성자들의 축일 등 행사가 기록돼있다. 그 중 플랑드르풍의 섬세한 묘사와 화려한 채색으로 15세기 초 유행했던 '국제고딕양식'의 최고로 꼽히는 〈베리 공의 매우 화려한 기도서〉는 미학적 가치가 높을 뿐만 아니라 최초의 명화달력으로서 미술사적 가치도 매우 높다.

개인적으로 기도할 때 사용하는 종교적인 책인데도 별자리와 달력이 반원 형태로 그려져 있고 공작의 성을 비롯한 중세 건축물을 배경으로 열두 달의 자연 세계와 그 달과 관련이 있는 행사나 귀족과 농노들의 일상생활을 묘사한 세밀화가 월별로 실려 있다. 여기 소개하는 그림은 열두 장의 달력 그림 중 1월에 해당된

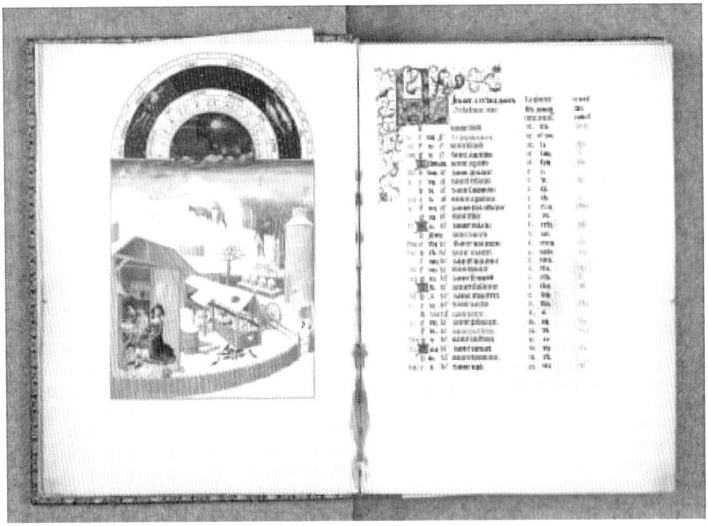

일 년 열두 달의 그림이 실린
〈베리 공의 매우 화려한 기도서〉

다. 베리 공의 호화로운 궁정 안에서 새해맞이 축하 잔치가 성대하게 열리고 있다. 당시 1월에는 세배객들이 연회가 열리는 궁정에 모여 새해 인사를 나누고 선물을 교환하는 풍습이 있었다. 베리 공은 황금 실로 장식된 파란색 옷과 값비싼 보석이 박힌 모피 모자를 쓰고 음식이 차려진 탁자 앞에 권위와 위엄을 보이며 앉아 있다. 그의 주변에는 대주교와 화려하게 치장한 귀족들이 공작에게 인사하거나 음식을 즐기고 있다.

화면 왼편에는 세배객들이 공작에게 새해 인사와 감사의 선물을 전하기 위해 줄지어 서 있다. 배경의 빨간 기둥은 공작 가문의 문장인 황금색 붓꽃과 백조 문양으로 장식됐는데 이 상징물은 베리공이 고귀한 왕족 혈통이라는 것을 말해준다.

벽 뒷면에는 중세 기사들의 전쟁 장면을 묘사한 호화로운 태피스트리여러 가지 색실로 그림을 짜 넣은 직물가 걸려 있다. 공작 가문의 문장, 태피스트리, 음식이 담긴 화려한 식기, 공작의 반려견들이 식탁 위에 올라가 고급 요리를 먹고 있는 장면을 연출해 베리 공의 막강한 재력과 사회적 지위를 강조하고 있다.

베리 공의 머리 뒤쪽 왼편 빈 공간에 '가까이 오라, 가까이 오라'는 황금색 글귀가 적혀 있는데, 연회에 참석한 사람들을 환영한다는 뜻이다. 공작이 고귀한 신분에도 불구하고 너그럽고 자비심이 깊으며 백성들의 존경을 받고 있다는 것을 선전하는 장치다.

이 세밀화가 1월의 달력 그림이라는 것을 보여주는 또 다른 증거물이 있다. 그림 위쪽 분도기 형태의 반원형의 천체 이미지 안에 태양을 상징하는 전차와 황도십이궁黃道十二宮의 하나로, 한 해를 시작하는 1월에 해당하는 염소자리와 물병자리가 그려져 있다. 황도 12궁이란 태양의 궤도황도를 분할하는 12개 별자리를 뜻한다. 별의 운행을 우주의 질서이자 자연의 섭리로 여겼던 중세인들은 하늘을 관찰하면서 절기를 알고 태양이 지나는 길황도을 따라 별자리 12개황도 12궁를 정하고 달력으로 사용했다.

랭부르 형제는 12장의 그림 상단에 각각의 달에 해당되는 2개의 별자리를 배치하고 하단에는 그 달과 관련이 있는 행사와 풍습, 귀족과 농민의 일상생활을 묘사한 세밀화를 배치해 천상과 지상에 동일한 자연법칙이 작용한다는 것을 보여줬다.

천문학과 점성술이 공존하던 시대상과 중세인들의 시간 개념, 새해 풍속을 한 화면에 결합한 이 그림은 최초의 명화 달력이 중세 채색 필사본에서 비롯됐다는 사실을 후세에 전하고 있다.

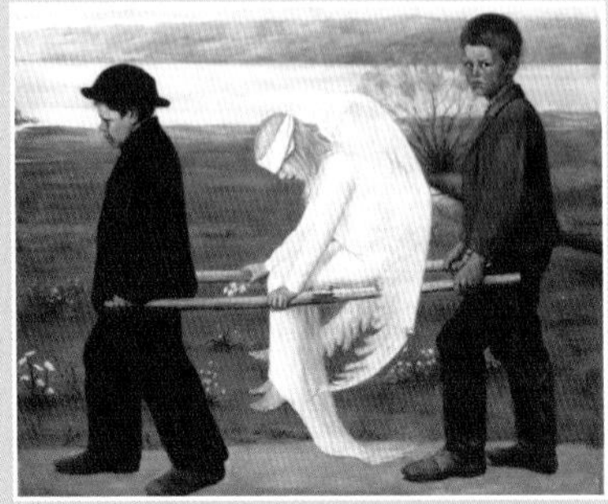

핀란드의 국가 그림

후고 짐베르크
〈부상당한 천사〉

HUGO SIMBERG
THE WOUNDED ANGEL

1903

-¦-

독일 영화감독 빔 벤더스의 「베를린 천사의 시」에는 인간을 너무도 사랑한 나머지 수호천사이기를 포기하고 인간이 된 다미엘이 등장한다. 불멸의 존재인 다미엘이 영원한 삶 대신 유한한 삶을 선택한 동기는 그의 독백에서 드러난다.

영원히 죽지 않으면서 천사로 순수하게 산다는 것은 참 멋진 일이야. 하지만 가끔 싫증을 느끼지. 영원한 시간 속에 떠다니느니 나의 중요함을 느끼고 싶어. 지구의 중력을 느끼고, 현재를 느끼고, 부는 바람을 느끼며 지금이란 말을 하고 싶어. 지금, 지금….

천사의 능력을 상실한 다미엘처럼 인간화된 천사를 묘사한 명화가 있다. 핀란드의 국민 화가 후고 짐베르크Hugo Simberg, 1873~1917의 걸작 〈부상당한 천사〉The Wounded Angel, 1903다.

이 작품은 1903년 핀란드 국립 아테네움 미술관 전시회에서 선보였을 때 큰 성공을 거뒀고 오늘날에도 엄청난 인기를 누리고 있다. 2006년 아테네움미술관에서 치러진 국민투표에서 '국가 그림'으로도 선정됐다. 수수께끼 같은 그림의 의미는 무엇이며, 왜 핀란드인에게 절대적인 사랑을 받고 있을까? 작품을 감상하면서 질문에 대한 답을 찾아보자.

짐베르크가 그린 것은 두 소년이 천사를 들것에 싣고 어디론가 데려가는 장면이다. 순백의 옷을 입은 맨발의 천사는 치명적인 부상으로 생명이 위협받는 것처럼 보인다. 혼자서는 움직일 수 없는 듯 몸을 앞으로 구부린 채 두 손으로 들것을 잡고 간신히 버티고 있다. 천사의 상처 난 두 눈은 흰 스카프로 동여맸고 왼쪽 날개 끝부분이 찢어졌으며, 새하얀 날개는 핏방울로 얼룩져 있다. 천사의 흰색 가운 자락이 땅에 닿아 흙길을 쓸고 가는데, 이는 환자의 상태가 그만큼 위독하다는 것을 암시한다.

그림 속 분위기도 어둡고 무겁게 가라앉았다. 하늘은 회색빛이고 그 아래 눈 덮인 산과 발트해 핀란드만灣의 차가운 기운이

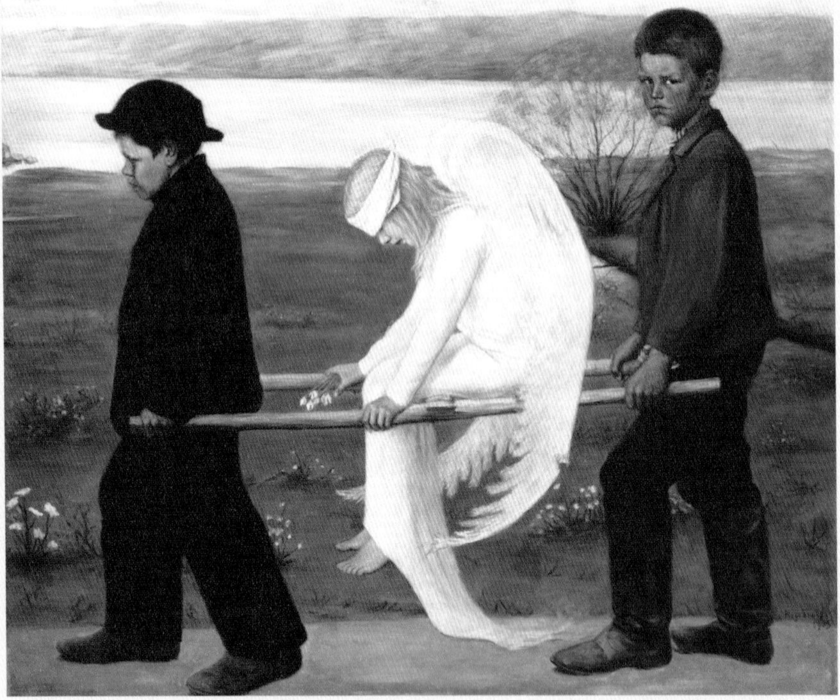

후고 짐베르크, 〈부상당한 천사〉, 1903년
아테네움 미술관, 헬싱키, 핀란드

침울하고 슬픈 분위기를 더한다. 두 소년은 가난하지만 동정심이 많은 성품을 지닌 것 같다. 검은 모자에 검은 옷을 입은 소년은 고개를 숙여 땅을 내려다보며 조심스럽게 길을 인도한다. 갈색 상의에 짙은 청색 바지를 입은 소년은 심각한 표정을 지으며 고개를 돌려 관객을 바라본다.

두 소년의 의복이나 표정에서 타인의 고통과 슬픔을 함께 나누려는 착한 심성이 느껴진다. 얼어붙은 황량한 들판에는 군데군데 흰색 봄꽃이 피었고 천사도 오른손에 똑같은 꽃을 쥐고 있다. 들판을 가로지르는 개울가에는 새잎이 돋아난 한 그루의 버드나무가 서 있다. 흰 꽃과 버드나무는 치유와 부활, 재생을 상징한다.

짐베르크는 그림의 의미에 대해서는 설명을 거부했지만 사람들의 마음을 울릴 수 있기를 바랐다고 한다. 화가는 장소와 주변 풍경을 통해 작품의 메시지를 간접적인 방식으로 전달했다. 두 소년이 걷고 있는 길은 헬싱키 중심부에 있는 대규모 공원인 엘레인타르하동물원과 인근 강가로 실제로 존재하는 장소다.

당시 엘레인타르하공원은 노동자 계급의 여가 활동을 위한 장소였고 그들을 위한 복지시설이 마련돼 서민층에게 인기가 많았다. 공원에는 양로원과 병원, 시각장애 소녀를 위한 학교와 기숙

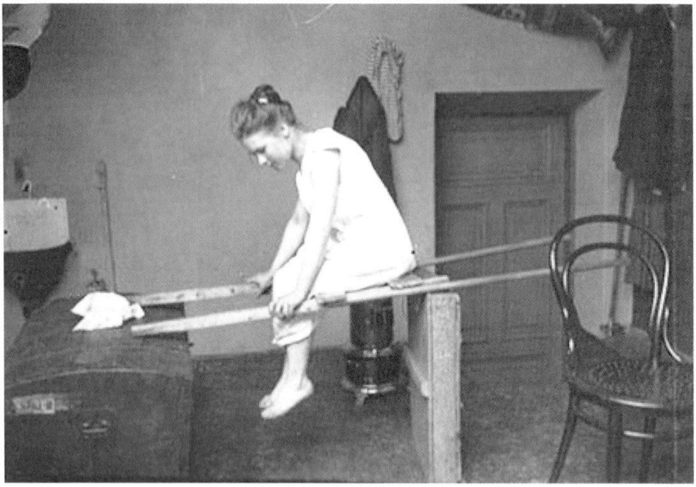

〈부상당한 천사〉를 그리기 전 모델이 취한 포즈

사 등 많은 빈곤층에게 서비스를 제공하는 자선기관이 있었다. 미술사학자들은 이 공원이 오늘날에도 존재한다는 사실을 토대로 두 소년이 부상당한 천사를 치료하기 위해 자선기관에서 운영하는 병원으로 가고 있다고 추정한다.

전문가의 해석을 토대로 핀란드의 역사를 되돌아보면 이 작품이 핀란드 국가 그림으로 선정된 배경을 미뤄 짐작할 수 있다. 핀란드 국민들은 수세기 동안 강대국인 스웨덴과 러시아의 점령하에 지배를 받았고 오랜 전쟁으로 인해 많은 고통과 슬픔, 절망을 경험했다.

600년에 걸친 스웨덴 시대와 100여 년 동안의 러시아 시대라는 긴 세월을 거치면서 작은 나라 핀란드가 겪었던 끔찍한 학살과 고문의 역사는 핀란드인의 몸과 마음에 큰 상처를 입혔다. 부상당한 천사는 온갖 고난과 박해를 받은 핀란드 민족성을, 순백의 의복과 날개는 인간의 잔인한 폭력으로 희생된 무고한 영혼들을 상징한다.

그런 한편으로 이 그림에는 과거의 고통과 상처를 치유하는 희망의 메시지도 담겨 있다. 들판에 핀 꽃과 천사가 손에 쥔 꽃은 평화와 화합을 갈망하는 인류애를 상징한다. 짐베르크 자신이 이 그림을 통해 몸과 마음의 상처를 치유한 개인사도 작품의 명성을 높이는 데 영향을 미쳤다. 당시 짐베르크는 뇌수막염으로 고통받고 있었는데, 길고도 추운 겨울 내내 중병을 앓다가 회복 중이었을 때 이 그림을 그리면서 위안을 받았다고 한다. 따라서 부상당한 천사는 화가의 분신이라는 것을 알 수 있다.

이 그림이 핀란드인들에게 감동을 주는 요인들을 정리하면 다음과 같다. 서민들을 대변하는 두 소년이 부상당한 천사를 불쌍하게 여기고 보호한다는 것, 즉 경제적으로 부유하고 행복한 사

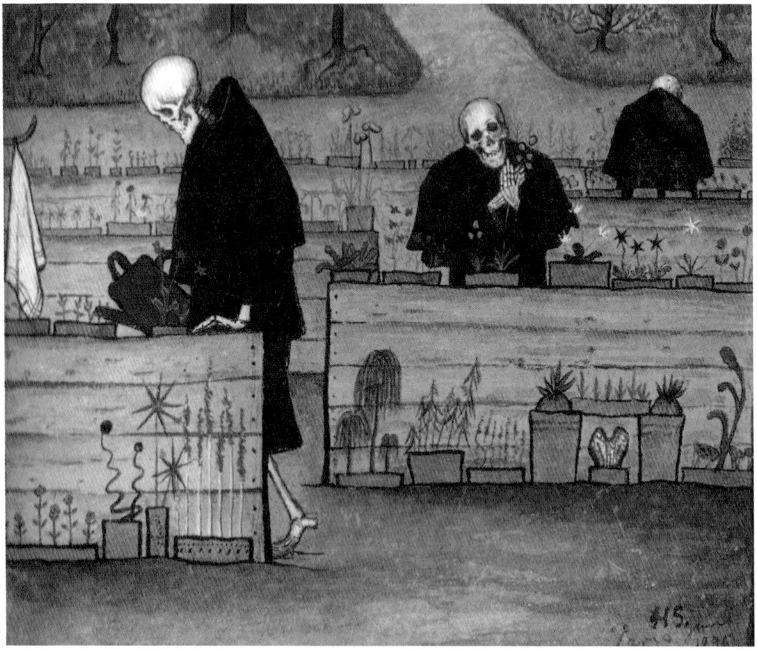

후고 짐베르크, 〈죽음의 정원〉, 1896년
아테네움 미술관, 헬싱키, 핀란드

람보다 가난하고 불행한 사람들이 타인의 고통에 더 공감하고 연민과 동정심을 갖는다는 뜻이다. 또 헬싱키의 토양과 풍경, 날씨가 작품에 표현됐다는 점도 국민적 공감을 이끌어내는 데 기여했다.

인류평화와 화합을 기원하는 치유와 희망의 메시지, 세계 최고 수준의 사회복지국가 핀란드의 자선사업, 헬싱키 특유의 척박한 환경과 열악한 기후 조건, 현지 풍습과 문화가 하나로 녹아들어 국민적 사랑을 받는 국가 그림이 탄생한 것이다.

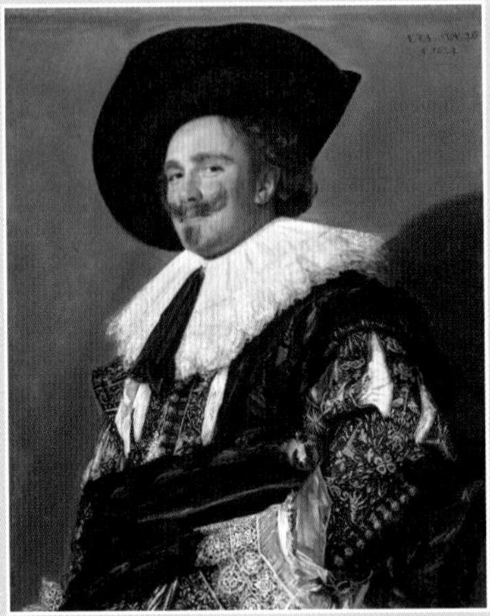

모나리자 이후 가장 유명한 초상화

프란스 할스

〈웃고 있는 기사〉

FRANS HALS

THE LAUGHING CAVALIER

1624

비판철학의 창시자 임마누엘 칸트는 80세까지 시계처럼 정확하고 규칙적인 일과를 보낸 것으로 유명하다. 매일 아침 5시에 일어나 책을 읽고 오후 3시 30분에 산책을 나갔다. 칸트가 산책하는 시간이 너무 정확해서 그의 이웃들은 칸트가 나타나면 시계를 맞출 정도였다고 한다.

웃음과는 거리가 멀게 느껴지는 엄격한 철학자의 전형인 그는 뜻밖에도 웃음 예찬론자였다. 칸트는 웃음과 건강의 관련성에 대해 이렇게 말했다.

웃는 사람을 기쁘게 하는 것은 웃으면서 드는 생각이 아니라 웃음에 의한 내적인 운동이다. 그것은 나무를 톱으로 자르거나 말을 타는 것보다 더 좋은 운동이다. (…) 웃음은 약보다 몸에 좋다.

일찍이 칸트가 웃음으로 건강을 유지하는 방법을 알려줬지만 스트레스와 질병, 폭력과 범죄, 경제적 부담으로 삶이 고단해진 현대인들은 웃음을 잃어버린 지 오래다. 일상에서 웃음을 빼앗긴 사람들에게 웃음을 되돌려주는 명화가 있다. 17세기 네덜란드의 초상화 대가 프란스 할스Frans Hals, 1580~1666년의 최고 걸작으로 꼽히는 〈웃고 있는 기사〉The Laughing Cavalier, 1624다. 영국 런던에 있는 월리스 컬렉션의 대표 소장품인 이 그림은 '모나리자 이후 서양 미술사에서 가장 유명한 초상화', '모든 바로크 초상화 중 가장 화려한 인물 중 하나'라는 찬사를 받고 있다.

초상화 속 모델의 매력적인 미소와 장난기 넘치는 눈빛, 자신감이 드러난 활기찬 표정, 인물의 개성은 이 작품이 불후의 명성을 얻는 데 크게 기여했다. 18세기 이전 제작된 초상화에서 웃거나 미소를 짓는 사람을 표현한 사례는 찾아보기 어렵다. 당시 다른 많은 화가의 그림에 나오는 인물들은 진지하거나 엄숙한 표정을 짓고 움직임이 정지된 자세를 취했다. 반면 할스의 초상화에 등장한 인물들은 유쾌하게 웃거나 기분 좋은 미소를 지으며 편안한 자세를 취하고 있다. 이는 할스만의 고유한 특징이며 그런 이유에서 그는 '웃음의 화가'로 불리게 된다.

할스가 웃음을 자극하는 유쾌한 초상화를 그리게 된 배경은 크게 두 가지다.

먼저 할스는 삶을 기쁨의 시선으로 바라보는 긍정적 인생관을 가졌다. 할스가 이 초상화를 그렸을 때, 그의 활동 무대인 하를렘에서 매우 성공적이고 존경받는 화가였다. 화면 구성의 다양성, 인물의 성격 묘사에서 그를 능가하는 화가는 없었다. 네덜란드 초상화의 창시자이자 완성자라는 평가를 받을 정도였다. 그는 평생 돈 문제로 고통을 받았지만 행복하고 즐거운 기분을 들게하는 인물을 좋아했고 그런 낙천적인 사람들을 초상화의 모델로 선택했다. 할스의 마음속에 자리한 자유로움과 삶의 여유가 주인공의 생기 넘치는 표정과 자신만만한 자세에 반영됐다.

다음으로 할스는 네덜란드 황금시대를 대표하는 화가였다. 17세기 네덜란드는 지구상에서 가장 풍요로운 나라였고 가장 먼저 도시화가 이뤄진 나라였다 시민들은 해상무역과 금융거래로 막대한 부富를 쌓았다. 당시 유럽 대부분의 나라에서는 왕과 귀족들이 초상화의 주요 고객이었지만 네덜란드는 부유한 상인들이 주로 초상화를 주문했다.

경제적 번영으로 예술과 과학기술이 찬란하게 꽃피웠던 황금시대 네덜란드인의 물질적, 정신적 풍요로움이 할스의 예술세계

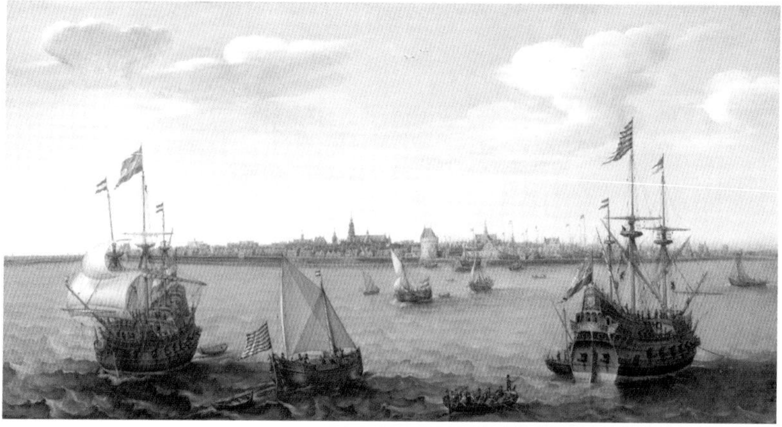

17세기 황금시대 네덜란드 상선들을 묘사한 그림. 헨드릭 코넬리스 브롬, 1622년

에도 많은 영향을 미쳤다. 그림 작품을 감상하면서 웃음의 효과를 보다 확실하게 느껴보도록 하자.

초상화의 주인공은 고급스럽고 세련된 옷차림의 젊은 남자다. 그는 몸을 뒤로 젖히고 비스듬히 선 자세로 왼손은 엉덩이에 얹고 얼굴은 왼쪽으로 살짝 돌려 관객을 내려다본다. 남자의 화려한 패션과 편안한 자세, 생기 넘치는 얼굴 표정, 양 끝을 위로 말아올린 독특한 콧수염, 뒤집힌 커다란 검정 모자는 그가 무척 부자이며 삶에 만족하는 명랑하고 쾌활한 성격의 사람이라는 것을 암시한다. 할스는 그림 오른쪽 위에 적힌 라틴어와 숫자로 모델

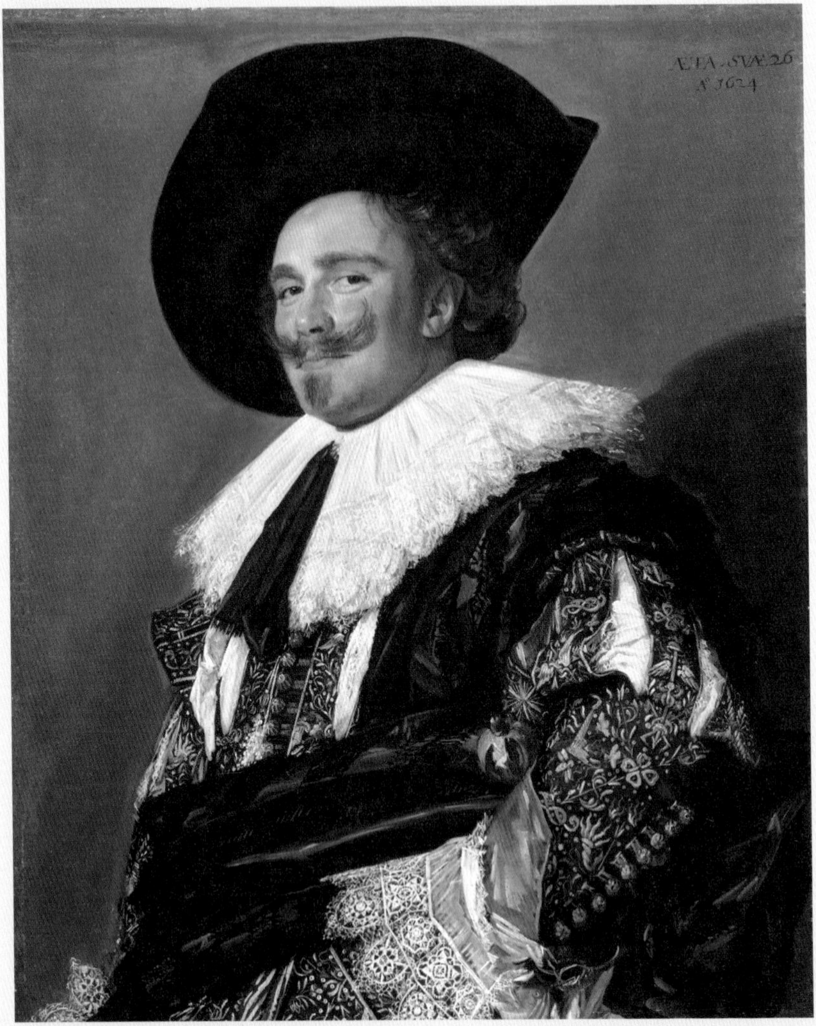

프란스 할스, 〈웃고 있는 기사〉, 1624년

월리스 컬렉션

의 나이는 스물여섯 살이며 초상화는 1624년에 그려졌다고 알렸다. 하지만 가장 중요한 남자의 신원은 밝히지 않았다.

모델이 누구인지도 모르고 실제로는 웃지 않고 미소만 지을 뿐인데도 왜 '웃고 있는 기사'라는 제목이 붙었을까. 원래 이 그림은 제목이 없이 '남자의 초상화'로 불리다가 1872~1875년 영국 국립 베스널 그린 박물관에서 개최된 전시회에서 공개된 이후 인쇄물로 대량 복제될 정도로 폭발적인 인기를 끌었다. 부와 자신감, 삶의 활기가 느껴지는 초상화의 쾌활한 분위기에 매료된 영국 대중과 비평가, 언론에 의해 '웃고 있는 기사' 타이틀을 갖게 됐다.

영국인들이 모델의 신분을 기사로 추측한 근거는 남자의 허리를 장식한 검은 비단 띠와 팔 안쪽으로 튀어나온 칼의 둥근 손잡이 끝부분 때문인 것으로 보인다. 남자의 사치스러운 검은 실크 의상, 목 주변에 두른 러프라고 부르는 정교한 흰색 주름 칼라, 흰색 레이스로 장식된 소매, 재킷의 화려한 자수 장식에 새겨진 다양한 상징적 의미도 엄청난 인기를 누리는 데 영향을 미쳤다. 비단재킷의 소매 장식을 관찰하면 불타는 횃불, 화살표, 꿀벌, 연인의 매듭 문양을 발견하게 되는데, 이는 사랑의 즐거움과

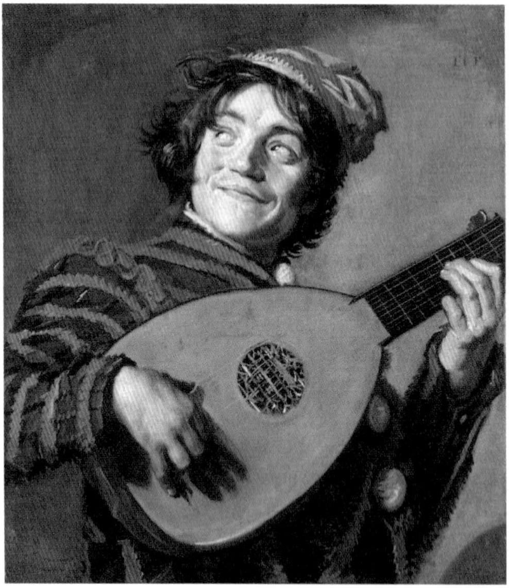

프란스 할스, 〈류트를 연주하는 광대〉, 17세기경
루브르 박물관, 파리, 프랑스

고통을 상징한다.

그리스 신화에 나오는 여행자와 상인의 수호신 헤르메스를 상징하는 모자와 뱀 두 마리가 감겨 있는 날개 달린 지팡이 문양도 눈길을 끄는데, 이것은 재산과 남자다운 미덕을 상징한다. 미술 전문가들의 해석에 따르면 다양한 상징물은 초상화가 그려진 목적을 말해준다. 즉, 돈 많은 남자의 약혼 또는 결혼을 기념하는 초상화였을 가능성이 높다는 뜻이다.

밝은 색채와 빠르고 자유분방한 붓놀림, 대담하고도 정교한 기법이 혼재된 할스 특유의 화풍이 절정에 달한 이 초상화는 에두아르 마네, 클로드 모네, 제임스 애벗 맥닐 휘슬러, 반 고흐 등 인상주의 대표화가들에게 영감을 줬다. 또 영국 소설가 바로네스 오르치의 세계적 베스트셀러 『스칼렛 핌퍼넬』 소설 시리즈가 탄생하는 데도 기여했다.

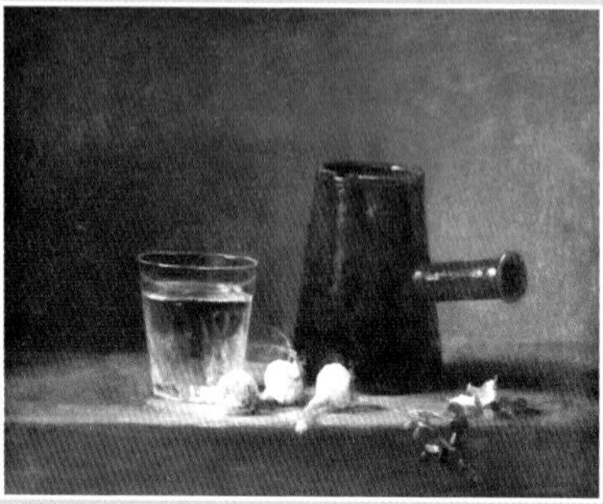

평범한 일상의 위대함

장 시메옹 샤르댕
〈물잔과 커피포트〉

JEAN SIMÉON CHARDIN
GLASS OF WATER AND COFFEE POT

1760

경영학자인 김위찬과 르네 마보안이 공동 집필한 『블루오션 전략』에 이런 구절이 나온다.

레드오션red ocean, 붉은 바다은 오늘날 존재하는 모든 산업을 뜻하며 이미 세상에 알려진 시장 공간이다. 블루오션blue ocean, 푸른 바다은 현재 존재하지 않는 모든 산업을 나타내며 아직 우리가 모르고 있는 시장 공간이다. (…) 블루오션은 미개척 시장 공간으로 새로운 수요 창출과 고수익 성장을 향한 기회로 정의된다.

미술에서도 블루오션 전략을 구사해 경쟁자가 없는 시장을 창출한 화가가 있다. '가장 위대한 정물화가' 중 한 명이라는 찬사를 받는 프랑스 화가 장 시메옹 샤르댕Jean Siméon Chardin, 1699~1779

이다.

샤르댕이 활동하던 시절 막강한 권위를 가진 프랑스 아카데미는 그림의 주제에 따라 등급을 매기는 규칙을 정했다. 최고 등급은 역사화, 다음은 초상화, 풍속화, 풍경화, 정물화 순으로 서열이 정해졌다. 왜 역사화는 미술의 모든 영역에서 가장 중요한 자리를 차지했고 정물화는 홀대받은 것일까. 아카데미는 국가 지원으로 운영되는 미술교육기관이었다. 미술을 통해 국가의 영예를 드높이고 사회 발전에 기여한다는 설립 목표를 달성하는 임무가 주어졌다. 따라서 화가는 그림을 잘 그리는 실기 능력뿐만 아니라 지적인 소양도 동시에 갖춰야만 했다.

역사화는 인간의 특별함과 도덕적 위대함을 보여주는 역할을 맡았다. 이런 역사화를 잘 그리려면 실기 능력뿐만 아니라 인간의 역사, 종교사, 고전, 신화 등과 관련된 지적 소양도 동시에 갖춰야 했다. 르네상스시대 이탈리아의 예술이론가 레온 바티스타 알베르티Leon Battista Alberti, 1404~1472는 저서 『회화론』1436에서 역사화의 중요성을 이렇게 기술했다.

역사화는 인간의 여러 유형과 연령대를 포함하며 다양성과 풍부함을 보여줘야 한다. (…) 배운 자나 못 배운 자를 가리지 않고 모든 사람의 눈을 사로잡고 영혼의 동요를 느끼게 만들어야 한다.

그런 이유에서 역사화는 최상급 대우를 받았다. 왕족과 귀족, 성직자, 재력가 등 상류계층의 형상을 묘사한 초상화는 상위 등급, 세속적 주제인 풍속화와 인간의 지배를 받는 자연이 주제인 풍경화는 하위 등급으로 분류됐다. 일상의 사물, 과일, 꽃 등 움직이지 않는(죽은) 대상이 주제인 정물화는 최하위 등급이었다. 당시 모든 화가는 역사화가로 성공하는 꿈을 꿨다. 역사화가로 명성을 얻으면 작품 주문이 많이 들어오고 그림도 비싸게 팔 수 있었다. 화가들에게 역사화는 출세의 지름길인 동시에 경쟁이 치열한 레드오션이었다.

샤르댕은 다른 화가들과 정반대 길을 걸었다. 그는 1728년 아카데미 미술분과 회원이 될 만큼 실력을 인정받은 화가였지만 소외 장르인 정물화를 선택하고 50여년이 넘도록 정물화를 그렸다. 더욱 놀랍게도 그는 역사화 훈련을 받으며 터득한 표현기법을 정물화에 적용했다.

1737년 살롱전에 정물화를 출품해 높은 평가를 받았다. 계몽주의 시대를 대표하는 '백과전서'파의 작가이자 철학자 드니 디드로Denis Diderot, 1713~1784는 샤르댕의 그림에 대해 '불가사의한 마

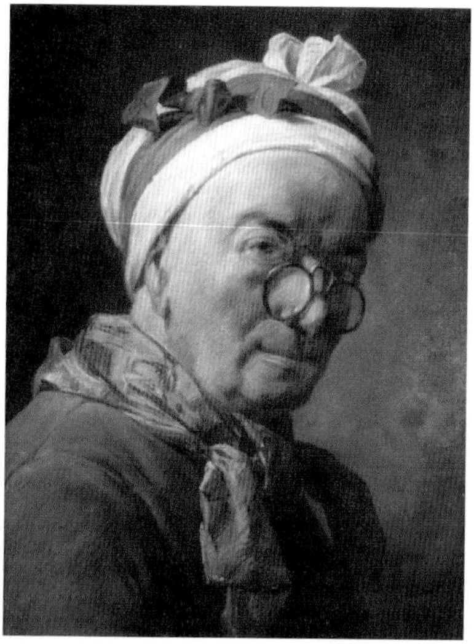

장 시메옹 샤르댕, 〈초상화〉, 1771년
루브르 박물관, 파리, 프랑스

력을 지녔다'고 극찬했다. 또 정물화인데도 역사화보다 더 높은 가격에 판매됐다.

파리를 넘어 스웨덴, 영국, 러시아, 오스트리아 등 유럽 전역의 왕족과 귀족들이 그의 정물화를 구입했다. 현존하는 시장에서 수요자를 찾지 않고 경쟁자가 없는 블루오션을 창출해 새로운 시장을 개척한 것이다.

샤르댕이 1761년에 그린 〈물잔과 커피포트〉Glass of Water and Coffee Pot, 1761는 그의 정물화가 왜 그토록 높은 평가를 받는지 이해하는

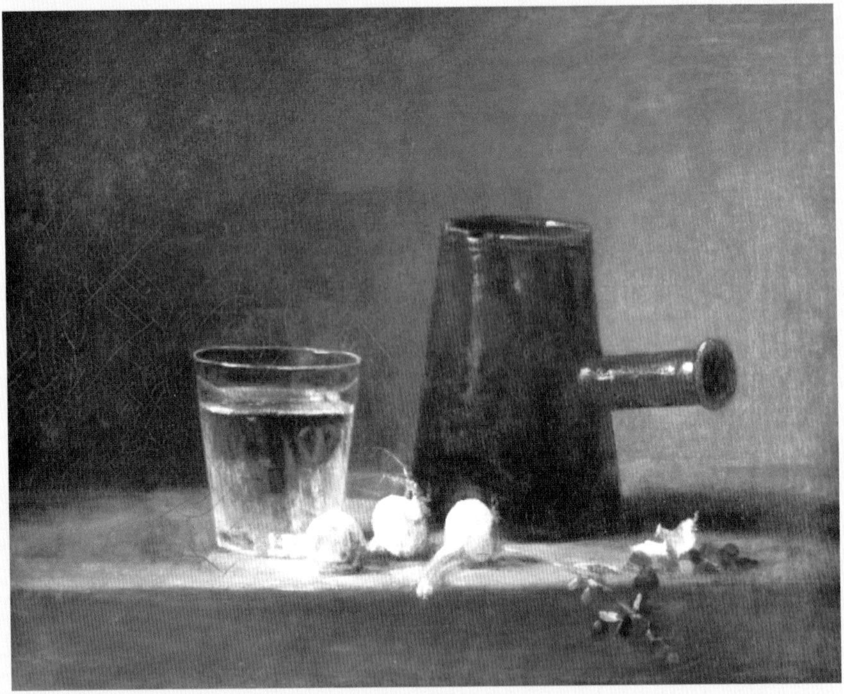

장 시메옹 샤르댕, 〈물잔과 커피포트〉, 1760년
카네기 미술관, 피츠버그, 미국

데 도움이 된다. 콘크리트 선반에 일상에서 흔히 볼 수 있는 평범한 부엌용품들이 놓여 있다. 오랜 기간 사용한 불에 타서 그을린 흔적이 보이는 구리 소재의 커피포트, 그 옆의 대각선 방향에는 물을 담은 유리잔, 그 사이에 통마늘 세 개, 오른쪽 아래 비스듬한 각도에 나뭇잎이 배치됐다. 이 그림에 등장한 소재들은 미술의 주제로 삼기에는 너무 하찮은 사물들이다. 너무도 평범해서 아무도 눈길을 주지 않은 부엌용 식기와 양념 재료에 불과하다.

아무도 눈길을 주지 않은 작고 하찮은 사물들을 그렸는데도 고요하고 명상적인 분위기가 느껴진다. 엄격한 기하학적 구성과 매혹적인 색의 조화, 부드러운 빛의 효과 등 아카데미 표현 기법으로 사물들을 묘사해 균형감과 통일감을 이뤄냈다.

그림을 자세히 살펴보자. 사다리꼴 형태의 커피포트는 아랫변이 윗변보다 길고 같은 형태의 유리잔은 윗변이 아랫변보다 길다. 즉 하나의 형태는 다른 형태의 반전이다. 커피포트는 무겁고, 불투명하고, 따뜻하고, 거칠고, 빛을 흡수하는 반면 유리는 가볍고, 투명하고, 차갑고, 매끄럽고, 빛을 반사하는 성질을 가졌다. 또 기하학적 형태의 단단한 식기 사이에 부드럽고 둥근 형태의 부서지기 쉬운 껍질을 가진 통마늘 세 개를 배치해 서로 대조되

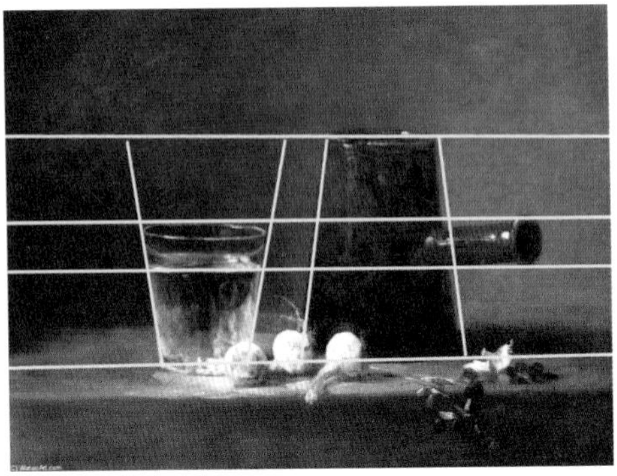

물잔과 커피포트 구도

는 두 가지 특성이 상호 조화를 이루도록 연출했다. 그 덕분에 화면에 균형감, 통일감, 리듬감이 생겨났다.

선반 기울기와 반대 각도로 녹색식물 줄기를 비스듬하게 비대칭으로 배치해 화면에 변화와 생동감을 불어넣었다. 커피포트와 물 잔, 잎줄기에 빛이 반사되는 흰색 하이라이트는 마늘의 하얀색과 조화를 이루며 눈부신 광채를 발산한다. 평범한 사물들을 그림의 주인공으로 선택해 아름다움과 가치를 새롭게 발견하도록 한 샤르댕의 정물화는 많은 예술가와 문인들을 매혹시켰다.

'공쿠르 형제 작가'로 유명한 에드몽과 쥘 공쿠르는 1863년 프랑스 예술잡지에 샤르댕에 관한 논문을 발표해 그의 예술적 업적이 프랑스 화단에서 재발견되고 새롭게 평가되는 데 기여했다.

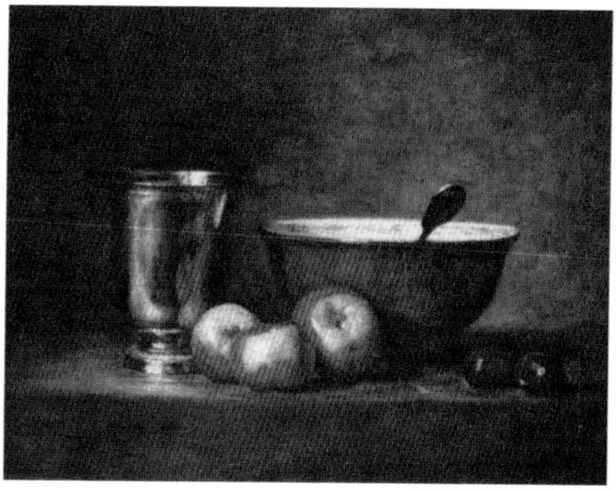

장 시메옹 샤르댕, 〈은잔〉, 1760~1768년경
루브르 박물관, 파리, 프랑스

공쿠르 형제는 "회화의 역사에서 보조 역할에 그쳤던 정물화를 가장 놀라운 조건으로 키워 예술의 가장 높은 수준으로 격상시켰다"고 평가했다.

소설가 마르셀 프루스트는 "샤르댕에게서 평범한 도자기가 귀중한 보석만큼 아름답다는 것을 배웠다"라며 격찬했다. 또 마네, 쿠르베, 반 고흐, 폴 세잔, 마티스, 피카소 등 미술사의 거장들이 샤르댕의 정물화를 탐구했다. 반 고흐는 1888년 동생 테오에게 보낸 편지에 "샤르댕은 렘브란트만큼이나 훌륭하다"라고 썼다. 샤르댕의 정물화 없었다면 20세기 모더니즘을 탄생시킨 폴 세잔의 정물화가 태어날 수 있었을까?

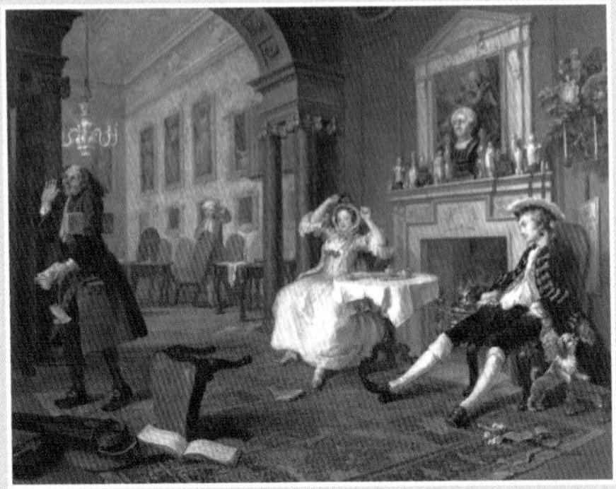

그림으로 보는 소설

윌리엄 호가스
〈당대의 결혼 풍속〉 연작

WILLIAM HOGARTH
MARRIAGE A-LA-MODE
1743~1745

인간은 누구나 스토리를 갈망한다. 스토리를 듣고 보고 말하고 다시 이야기하기를 좋아한다. (…) 스토리는 삶에 활력을 불어넣고 의미를 부여한다. (…) 소설을 비롯해 영화, 홍보 연설, 브랜드 광고 이미지, 가족이 운영하는 장난감 가게까지 우리가 사는 세상은 온통 스토리로 둘러싸여 있다.

미국 작가 매슈 룬의 저서 『The Best Story Wins』가장 좋은 이야기가 이긴다에 나오는 구절이다. 그 말처럼 오늘날 스토리텔링은 다양한 분야에서 엄청난 경제적 부가가치를 창출하는 문화 콘텐츠가 됐다. 미술에서도 탁월한 이야기꾼 자질을 발휘해 거장의 반열에 오른 예술가가 있다. 바로 스토리텔링의 선구자이자 탁월한 스토리텔러로 평가받는 18세기 영국 화가 윌리엄 호가스William

Hogarth, 1697~1764다.

도입 – 전개 – 결말로 이어지는 스토리 구성의 활용법을 호가스만큼 집요하게 탐구하고 회화에 결합한 화가는 드물다. 호가스는 재미난 이야기는 감상자의 시선을 사로잡고 공감을 얻는 힘을 발휘한다는 점에 주목했다. 이야기는 시간적 순차 구조에 의해 전개되는 반면 회화는 순차적으로 일어난 사건들을 한 장면에 압축하는 특징이 있다. 1730년대에 호가스는 '현대의 도덕적 주제화'라는 새로운 형식의 그림을 개발했다.

그것은 여러 편의 에피소드를 하나의 주제로 묶은 개별 작품들이 연속극처럼 서로 연결되어 이야기가 전개되는 과정을 보여주는 연작으로 구성됐다. '당대 결혼풍속도', '한량의 일대기', '매춘부의 일대기' 등 문학적, 회화적, 연극적 요소를 결합한 연작은 '그림으로 보는 소설', '회화로 보는 연극'으로도 불린다.

지금 소개하는 작품 두 점은 이야기 그림 연작 중 최고 걸작으로 꼽히는 <당대의 결혼 풍속> Marriage A-la-Mode, 1743~1745 6부작 중 첫 번째와 두 번째 장면이다. 하나의 사건이 6개의 다양한 에피소드로 구성된 연작을 통해 회화와 스토리텔링, 연극 등 문화적 경계를 자유롭게 넘나들었던 호가스 특유의 창작 비결을 엿볼 수 있다.

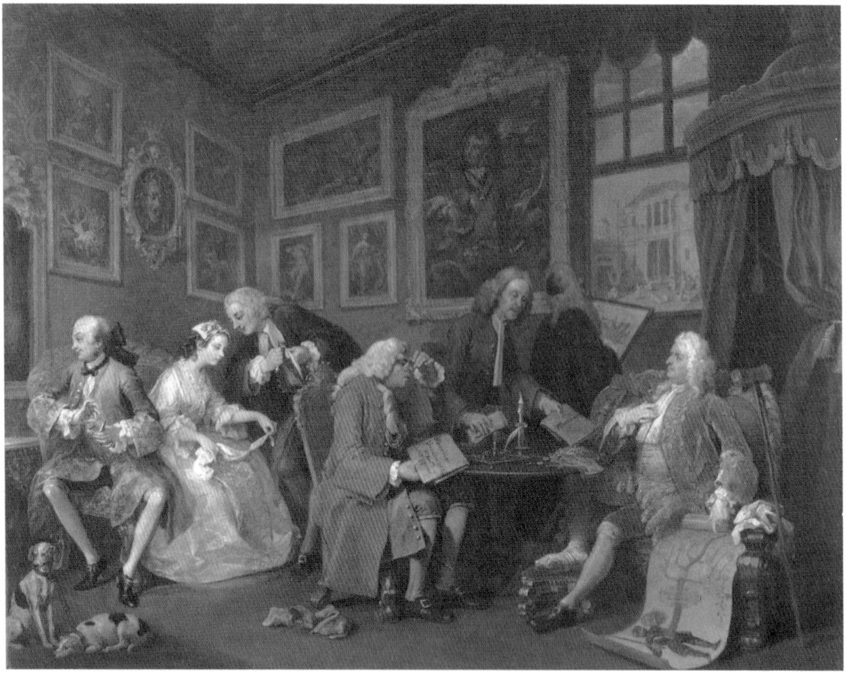

윌리엄 호가스, 〈당대의 결혼 풍속 – 결혼 전〉, 1743년
내셔널 갤러리, 런던, 영국

이야기는 파산한 백작 가문의 아들과 부유한 상인 계층 딸의 결혼 계약이 성사되는 장면을 묘사하면서 시작된다. 백작은 당시 유행한 호화로운 이탈리아풍 저택창밖에 공사가 중단된 저택이 보임을 짓기 위한 자금이 필요했다. 가진 돈이 없는데다 많은 빚을 지고 있던 그는 가문과 돈을 맞바꾸는 방법으로 정략결혼을 추진했다. 한편 상인은 자신의 신분을 높여 상류사회로 진입하기 위해 막대한 지참금을 내고 귀족 가문과 혼사를 맺으려고 했다.

백작과 상인에게 자식의 결혼은 단지 사업상 계약일 뿐이라는 사실은 등장인물의 의상과 몸짓, 실내 물건들을 통해 알 수 있다. 화려한 예복을 입은 백작은 고가의 그림들로 장식된 거실에 앉아 왼손 집게손가락으로 자신의 가계도를 가리키며 신랑감이 명문 가문의 직계 후손이라는 점을 과시한다. 통풍에 걸린 백작이 다리에 붕대를 감고 앉아 있는 장면을 연출한 것은 당시 통풍이 육류를 비롯한 값비싼 음식과 술을 즐기는 부유층의 병으로 간주됐기 때문이다. 한편 상인은 '싸게 사서 비싸게 판다'는 장사의 기본 원칙대로 '결혼 장사'에서 이익을 남기려고 계약서에 서명하기 전 안경을 쓰고 내용을 꼼꼼하게 확인하고 있다. 미래의 신랑과 신부는 소파에 함께 앉아 있는데도 서로를 쳐다보지도 않는다. 아버지를 닮아 허영기가 많은 백작의 아들은 화려한 옷을 입은 자신의 모습을 거울에 비춰보며 자기만족에 빠져 있다. 상인의 딸은 부인이 될 여자를 거들떠보지 않은 신랑감의 행동에 마음이 상해 울먹이고, 상심한 처녀를 변호사가 위로하고 있다. 처녀는 백작의 아들과 결혼한 이후 변호사와 불륜에 빠진다. 호가스는 사랑이 없는 두 사람의 결혼생활이 불행해질 것이라는 단서를 그림 속에 숨겨놨다. 화면 왼쪽 아래 사슬로 묶여 있는 두 마리의 개를 통해서다. 정략결혼이 서로의 족쇄가 돼 부부생활을 옭아맨다는 의미다.

실내를 장식한 그림들도 결혼이 파국으로 끝날 것이라고 암시한다. 그림 중에 죽음을 묘사한 장면들이 많다. 성경에 나오는 다윗이 골리앗을 죽이고, 성 로렌스가 화형당하고, 카인이 아벨을 죽이고, 유디트가 홀로페르네스의 목을 자르는 끔찍한 장면들이 나온다. 두 번째 그림에서는 사랑이 아닌 재정적인 이유만으로 맺어진 잘못된 결혼 이후의 이야기가 펼쳐진다. 마침내 둘은 부부가 됐지만 결혼생활은 결코 행복하지 않다. 몸도 마음도 멀어진 부부는 전날 밤을 각자 따로 보내고 아침에 응접실에서 만나고 있다.

남편은 간밤의 쾌락으로 기운이 다 빠져 의자에 축 늘어진 자

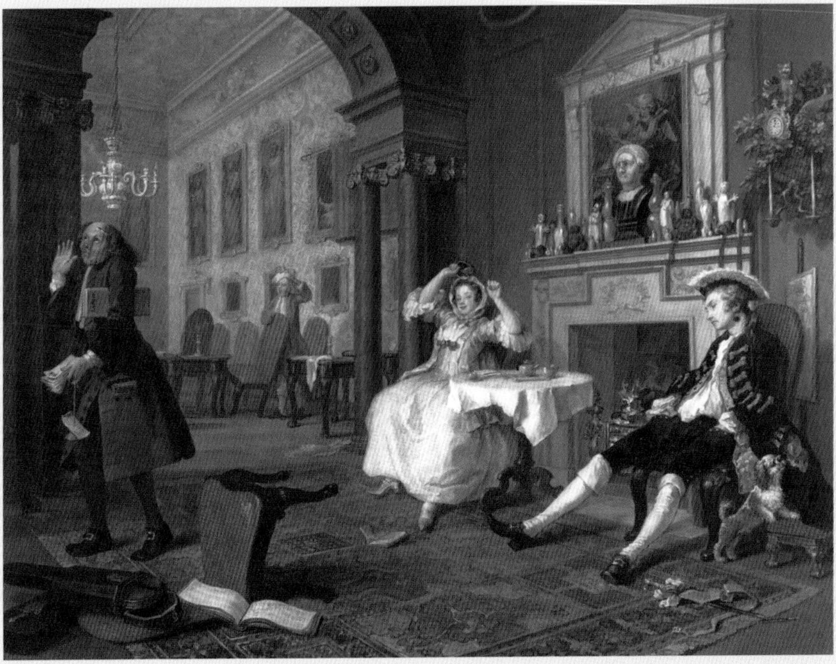

윌리엄 호가스, 〈당대의 결혼 풍속 - 결혼 후〉, 1743년
내셔널 갤러리, 런던, 영국

세로 앉아 있고 부인도 졸린 얼굴로 기지개를 켜고 있다. 값비싼 그림과 화려한 장식품이 즐비한 실내에서 남편과 아내의 지난 밤 행적을 추정할 수 있는 증거물들을 찾을 수 있다. 남편은 간밤에 누군가와 결투를 했고 패배했다그의 왼발 옆 바닥에 부러진 칼이 놓여있다. 그는 간밤에 혼외정사도 벌였다. 불륜의 증거는 다른 여자의 모자다. 개가 남자의 겉옷 주머니에서 냄새를 맡고 여자의 보닛을 꺼내고 있다. 그는 또 방탕한 생활로 매독에 걸렸다. 왼쪽 목의 검은 자국이 매독의 징후다.

아내는 지난밤을 어떻게 보냈을까? 귀족 부인으로 신분 상승이 된 그녀는 상류층의 향락과 사치 문화에 푹 빠져 있다. 저택에서 성대한 파티를 열어 밤늦게까지 사람들과 유흥을 즐기며 카드 게임을 하면서 밤을 새웠다. 광란의 지난 밤을 암시하듯 응접실 바닥에 트럼프와 악보, 악기가 어지럽게 널려 있고 의자도 넘어진 상태다.

집사는 사치와 방탕한 생활을 일삼는 철없는 부부에게 재정 파탄에 대해 경고하지만 둘은 귀담아 듣지 않는다. 집사의 겨드랑이에 낀 가계부와 왼손에 쥔 청구서 한 뭉치, 달랑 한 장만 지급된 계산서는 바닥이 난 재정 상태를 말해준다. 그가 오른손 손바닥을 들어 올린 채 응접실을 나오는 모습은 더 이상 방법이 없다는 뜻이다. 집사의 몸동작으로 결혼 생활이 절망적인 상황이라는 것을 전한다.

사랑보다는 돈을 위해 혼인하는 당시 상류층의 결혼 문화와 사치와 낭비를 일삼는 그들의 어리석음을 재치 있게 풍자한 〈당대의 결혼 풍속〉 유화 원작은 여섯 개의 연작 동판화로도 제작돼 엄청난 인기를 끌며 대중에게 판매됐다. 돈이 필요한 가난한 귀족의 아들과 사회적 지위를 원하는 부유한 런던 상인 딸 사이에 맺어진 정략결혼의 결말은 어떻게 됐을까? 부부간의 불화는 가정을 파괴하고 상호간의 불륜으로 치닫는다. 부인과 내연관계인 변호사는 둘의 밀회를 목격한 남편을 살해하고, 살인죄로 처형된다. 자신의 가혹한 운명을 비관한 부인은 독약을 먹고 자살하고 상인이 딸의 시체에서 값비싼 결혼반지를 빼는 마지막 장면에서 6부작 이야기는 끝난다.

당대 시대상, 인간의 악덕과 어리석음을 인과응보의 교훈적인 이야기에 담아 실제 사건처럼 재현한 이야기 그림은 많은 화가에게 영향을 미쳤고 문학적 회화라는 새로운 형식의 미술이 태어나는 데 기여했다. 그런 이유에서 영국의 비평가 윌리엄 해즐릿은 '호가스는 셰익스피어의 뒤를 잇는 희극작가'라고 평가했다.

그림 감상도 공부가 필요합니다

명화, 어떻게 읽고 이해할까

초판 1쇄 발행 2023년 2월 10일
초판 2쇄 발행 2023년 11월 30일

지은이 이명옥

주간 이동은
책임편집 성스레
편집 김주현
디자인 김주리
마케팅 사공성, 강승덕, 한은영
제작 박장혁

발행처 북커스
발행인 정의선
이사 전수현

출판등록 2018년 5월 16일 제406-2018-000054호
주소 서울시 종로구 평창30길 10
전화 02-394-5981~2(편집) 031-955-6980(마케팅)
팩스 031-955-6988

ISBN 979-11-90118-49-1 03600

• 북커스(BOOKERS)는 (주)음악세계의 임프린트입니다.
• 값은 뒤표지에 있습니다.
• 파본이나 잘못된 책은 구입하신 서점에서 교환해 드립니다.